高等院校旅游专业“十三五”规划教材

旅游市场营销

主　编　邓卓鹏　李　慧

副主编　谢　洌　郑　伟

王秋娜　李　佳

参　编　兰瑞英　杨　戈

金　丹　胡　松

湖南大学出版社 · 长沙

内容简介

全书由绪论、旅游市场营销环境、旅游者购买行为分析、旅游市场营销调研、旅游市场细分与目标市场选择、旅游市场营销战略与组合决策、旅游产品策略、旅游产品定价策略、旅游产品营销渠道策略、旅游促销策略、旅游创新营销和旅游市场营销管理12章组成，且每章附有二维码链接编者制作的PPT课件。

本书适合高等院校旅游类专业学生使用，也可作为旅游行业人员培训和资格考试教材，还可作为旅游者参考图书。

图书在版编目（CIP）数据

旅游市场营销/邓卓鹏，李慧主编．—长沙：湖南大学出版社，2018.8（2020.8重印）

（高等院校旅游专业“十三五”规划教材）

ISBN 978-7-5667-1587-6

Ⅰ.①旅… Ⅱ.①邓… ②李… Ⅲ.①旅游市场—市场营销学—高等学校—教材 Ⅳ.①F590.8

中国版本图书馆CIP数据核字（2018）第161619号

旅游市场营销

LÜYOU SHICHANG YINGXIAO

主　　编：邓卓鹏　李　慧
策　　划：严小涛
责任编辑：严小涛　**责任校对：**尚楠欣
印　　装：长沙超峰印刷有限公司
开　　本：710 mm×1000 mm　1/16　**印张：**15.75　**字数：**275千
版　　次：2018年8月第1版　**印次：**2020年8月第2次印刷
书　　号：ISBN 978-7-5667-1587-6
定　　价：48.00元

出 版 人：李文邦
出版发行：湖南大学出版社
社　　址：湖南·长沙·岳麓山　　**邮　　编：**410082
电　　话：0731-88822559(发行部),88823547(编辑室),88821006(出版部)
传　　真：0731-88649312(发行部),88822264(总编室)
网　　址：http://www.hnupress.com
电子邮箱：yanxiaotao@hnu.cn

前 言

中国正进入大众旅游时代，未来十年，中国旅游业将迎来新一轮的发展周期。旅游业具备融合度高、覆盖面广、拉动力强的综合特性。在新的发展时期，为了满足多元化旅游消费需求，如何通过产业融合开发旅游新业态将成为旅游供给侧改革的重要问题和考量方向。随着旅游消费需求的不断升级和产业变革的不断深化，旅游新业态不断涌现，市场上出现了“旅游＋互联网”“旅游＋地产”“旅游＋文化”“旅游＋虚拟现实（VR）/增强现实（AR）技术”等新概念。与此同时，在全域旅游的带动下，目的地全域大旅游综合协调管理体制能够发挥“旅游＋”功能，旅游与其他产业融合势必形成新的生产力和竞争力。可以预见，旅游业作为综合性产业在经济社会发展中的作用和影响将会更加广泛、更加深远。

随着中国社会经济的发展、旅游业的快速增长，作为旅游供给侧改革的一部分，旅游高等教育的重要性日益凸显。在质量强国、人才强国的理念下，以提高质量为核心的内涵式发展成为高等教育发展的必由之路。旅游高等教育质量的提升同样需要不断深化教育教学改革，探索新的人才培养模式和教育教学方法。在这个进程中，要加快旅游教育教学模式改革和人才培养机制创新，实现资源共享、优势互补，培养旅游产业急需的一流创新型、应用型人才。有鉴于此，为更好地服务旅游业，促进旅游高等教育的发展，湖南大学出版社精心策划，会集了重点高等院校旅游专业的专家、学者，组织编写了这套产教融合的旅游管理系列教材。本套教材直接为社会培养一线的实用型人才，强调学以致用，具有以下几方面特色。

第一，以学生为中心，贯彻高等教育新理念。人才培养是高等学校的根本任务，提高人才培养质量的重点是提高教学质量。当代教育理念告诉我们：学校及教师应该牢固树立“以学生为中心”的服务观念；解放思想，以学生为中心组织教学，发挥其学习主体的主观能动作用。

第二，以就业为导向，突出能力培养。旅游高等教育以实用为核心内容，把专业理论和操作技能系统地结合在一起，追求“零距离就岗”，即用最短的时间和最有效的方法，使学生熟练掌握某项技能，以适应中国旅游业发展的新趋势、新业态。这种模式弥补了传统教材讲练分离的不足，可收到事半功倍的效果。

第三，以新技术为工具，增强学习的趣味性。在数字化教材的框架下，本套教材用二维码链接编者的微课或 PPT 课件，生动形象地帮助学生更好地理解和复习所学知识。借助手机扫描二维码，学生能从枯燥无味的单色课本上体验到丰富多彩的视频教学服务；借助手机扫描二维码，大段的文字说明变成简单的演示，帮助学生更好地学习、掌握重点和难点知识。

总而言之，本套教材的编写体现了产教融合的特点，提供了国际前沿的行业资讯和实践范例，具有一定的创新性和引领价值。

本套教材包括《旅游学概论》《旅游文化学导论》《旅游经济学》《旅游心理学》《旅游人力资源管理》《旅游市场营销》《中国旅游客源国概况》《中国旅游地理》《酒店管理概论》《前厅服务与管理》《客房服务与管理》《餐饮服务与管理》《酒店市场营销》《酒店英语实训教程》《商务礼仪》《西餐服务教程》等。本套教材适合高等院校旅游专业学生使用，也可作为旅游从业人员行业培训和资格考试的教材，还可作为旅游者的参考图书。

编委会

目 次

第一章 绪 论

第一节 市场营销与旅游市场营销……001

第二节 旅游市场营销的产生与发展……006

第三节 旅游市场营销学及其内容体系……010

思考与习题……011

第二章 旅游市场营销环境

第一节 旅游市场营销环境概述……012

第二节 旅游市场营销宏观环境分析……013

第三节 旅游市场营销微观环境分析……020

思考与习题……025

第三章 旅游者购买行为分析

第一节 旅游者购买行为概述……026

第二节 影响旅游者购买行为的因素……029

第三节 旅游者购买决策过程分析……037

思考与习题……040

第四章 旅游市场营销调研

第一节 旅游市场营销调研概述……041

第二节　旅游市场营销调研的内容与程序……043
第三节　旅游市场营销调研的方法和技术……051
➤➤➤　思考与习题……059

第五章　旅游市场细分与目标市场选择

第一节　旅游市场细分概述……060
第二节　旅游市场细分的标准、程序与原则……063
第三节　旅游目标市场的选择……073
第四节　旅游目标市场的营销策略及影响因素……077
➤➤➤　思考与习题……079

第六章　旅游市场营销战略与组合决策

第一节　旅游市场营销战略概述……080
第二节　旅游市场定位战略……085
第三节　旅游市场增长战略……090
第四节　旅游市场竞争战略……096
第五节　旅游市场营销组合战略……105
➤➤➤　思考与习题……111

第七章　旅游产品策略

第一节　旅游产品概述……112
第二节　旅游产品生命周期与营销策略……117
第三节　旅游新产品开发策略……124
第四节　旅游产品组合策略……133
➤➤➤　思考与习题……139

第八章 旅游产品定价策略

第一节 旅游产品定价概述……140
第二节 旅游产品定价方法和程序……147
第三节 旅游产品定价策略和技巧……152
➤➤➤ 思考与习题……159

第九章 旅游产品营销渠道策略

第一节 旅游产品营销渠道概述……160
第二节 旅游中间商……167
第三节 旅游产品营销渠道策略……173
➤➤➤ 思考与习题……185

第十章 旅游促销策略

第一节 旅游促销概述……186
第二节 旅游促销方式……189
第三节 旅游促销组合策略……195
➤➤➤ 思考与习题……199

第十一章 旅游创新营销

第一节 网络营销……200
第二节 事件营销……206
第三节 关系营销……208
第四节 整合营销……213
➤➤➤ 思考与习题……217

第十二章 旅游市场营销管理

第一节　旅游市场营销管理过程……220
第二节　旅游市场营销计划管理……225
第三节　旅游市场营销组织……233
➤➤➤　思考与习题……240

参考文献……241

第一章
绪　论

➤**教学目标**　知识目标：了解市场、旅游市场、市场营销、旅游市场营销等概念，掌握旅游市场营销的特征，了解旅游市场营销的发展趋势，掌握旅游市场营销的基本内容

能力目标：学会用发展的眼光分析市场营销理念的发展和未来旅游市场营销的发展趋势

➤**教学难点**　市场营销理念的发展

➤**教学重点**　市场营销理念的发展，旅游市场营销的特征

第一节　市场营销与旅游市场营销

一、市场营销

（一）市场

市场是社会生产和社会分工的产物，属商品经济范畴。人们对市场的认识是随着生产力的发展和社会分工的扩大而不断深化、充实和完善的。市场最初是指商品、货物买卖的场所。经济学的市场概念，不仅是指具体的交易场所，而且更多的是指销售者和购买者实现商品交换关系以及供需状况的总和。

市场营销学是从商品销售者的角度来认识和理解市场含义的。商品销售者研究的是如何采取有效的措施满足消费者需求，因此，“市场”就等同于“需求”。所谓市场，是指具有特定需要和欲望，而且愿意并能够通过交换来满足这种需要或欲望的全部潜在顾客。市场包含了三个要素，即人口、购买力和购买欲望。三个要素相互制约，缺一不可。只有三者结合起来，才能构成现实的市场，才能决定市场的规模和容量。

（二）市场营销

所谓市场营销，是指对潜在顾客、企业的政策和活动进行分析、计划、组织和监督，是指满足所选择的顾客的需要，并在此基础上实现盈利。此概念有三个要点：

①潜在顾客，即未来顾客。顾客需求的发展趋于个性化、求新多变、对服务的要求越加苛刻、挑剔。

②所面向的不是泛泛概念的顾客，而是所选择的顾客，即市场定位。市场是个庞大的、复杂的异质市场，任何一家企业都没有能力满足整个市场的需要，只能满足部分市场的需要，企业应该根据目标市场的特点，开发、优化产品，使自己的产品成为这部分市场的最佳选择。

③在满足需要的基础上实现收入。最大限度地满足顾客的需要和企业实现最大效益是一致的。美国著名管理学家彼得·德鲁克说过："市场营销的目的就是使销售成为不必要。"市场营销意味着企业应该先有市场，后开工厂。

（三）市场营销的发展

1. 生产观念——皇帝的女儿不愁嫁

这种观念产生于20世纪20年代。当时，资本主义社会生产力相对落后，处于求大于供的卖方市场。顾客主要追求的是产品价格低廉和可以随处购买；企业经营哲学不是从消费者需求出发，而是从企业生产出发，其主要表现是"我生产什么就卖什么"。当时，企业主要任务是提高生产效率和分销效率，扩大生产，降低成本，以扩展市场。以旅游业中的饭店为例，中国在20世纪70年代末80年代初，国门骤然打开，海外游客蜂拥而至，而当时接待能力明显不足，很多饭店把办公室用来接待客人，客人挤在大堂里过夜是常事。饭店预订要提前几个月才行。在这一生产观念的推动下，大家争先恐后建设饭店，大批饭店拔地而起。这种"以产定销"的生产导向是一种重生产，轻市场营销的思想，没有考虑市场需求的变化，而是我能生产什么，就卖什么。它的缺点是明显的，即忽视了市场需求及变化。

2. 产品观念——好酒不怕巷子深

这种观念产生于20世纪30年代前期，这一时期市场供求矛盾趋于缓和，生产处于饱和状态，生产者的注意力由产品的数量渐渐转移到产品的质量上来。越来越多的旅游企业管理者认识到，质量是旅游企业的生命，旅游企业不仅仅是游客享受导游服务和交通服务的输出方，舒适、方便、享受已越来越成为游客所追求的目标。因而旅游企业已更多地在旅游服务质量上下工夫，追求服务的标准化和规范化，使旅游企业的设施和服务日臻完善。但是，旅游消费者购买产品并不是为了产品本身，而是为了满足自己的某种需要，或者说是为解决某一问题。以产品观点作为经营指导思想的人员往往只考虑改进产品质量，而不是去研究如何使本旅游企业的产品适应不断变化的市场形势，以便更好地满足消费者的需要和愿望。最常见的问题表现为“营销近视症”，即企业只关心自己产品的质量而看不到消费者需求的变化。

3. 推销观念——有饵便有游鱼来

此观念产生于20世纪30年代后期，这一时期西方一些国家市场出现供大于求的现象，竞争激烈。市场趋势由卖方向买方过渡，大量产品销售不出去，因而迫使企业重视采用广告和各种推销手段去销售产品。推销观念表现为“我卖什么，顾客就买什么”。其进步之处是：通过广告和各种推销手段向外沟通，开始重视销售工作，设置销售部门，开始关心消费者，但只停留在吸引其购买上。其缺点是：一锤子买卖，无法摆脱“生产积压—推销—生产—积压”的恶性循环。时至今日，我国旅游业中的饭店行业、旅行社多数仍然奉行推销导向，最有代表的现象就是降价推销。

4. 市场营销观念——顾客至上

这种观念产生于20世纪50年代初。二战后，西方国家物质、文化产品极为丰富，由卖方市场转为买方市场。这种观念认为，消费者有选择产品的权利，生产者必须了解消费者的需求，按消费者的意愿和需求进行生产。市场营销观念与推销观念有根本性的差别：推销观念以企业为出发点、以产品为中心，销售成功靠的是推销技巧和手段；市场营销观念以市场为出发点、以顾客需求为中心。市场营销观念认为，首先要满足消费者需求，企业才能获得利润，销售成功靠的是消费者的满意度。

5. 社会营销观念——救救地球

这种观念形成于20世纪70年代，市场营销观念偏重于分析消费者的需求，只关注消费者短期需求的满足和企业的利益，与此同时却往往忽略了消费者和社会的长期利益。有人认为市场营销观念导致了产品过早淘汰，资源大量浪费，环境严重污染等问题。为解决这些问题，出现了社会营销观念。社会营销观念认为企业在进行营销决策时，不仅要考虑到消费者的利益，而且要兼顾企业自身的利益和社会的利益。

二、旅游市场营销

（一）旅游市场

从经济学的角度来说，狭义的旅游市场（tourism market）是指旅游产品交换的场所，广义的旅游市场是指在旅游产品交换过程中各种经济活动现象与经济关系的总和。在旅游市场中存在着相互对立又相互依存的双方，即旅游产品的需求者与旅游产品的供给者，他们之间的矛盾推动着旅游经济活动的发展。此外，旅游经营者之间、旅游者之间、旅游经营者与供应者、中间商之间的各种关系，也最终通过旅游市场再现出来。所以，旅游市场也就是旅游产品供给与旅游需求过程中所表现出来的各种经济关系的总和。从市场学角度来说，旅游市场是指在特定的时间、地点与条件下，具有购买欲望与支付能力的群体，即某种旅游产品的现实购买者与潜在购买者。这种意义上的旅游市场即旅游需求市场，也即我们通常所说的旅游客源市场。与其他行业相比，旅游市场具有以下特征：

1. 旅游市场的全球性

首先，旅游市场的全球性表现为旅游者构成的广泛性，现代旅游已由少数富裕阶层扩展到工薪阶层和全民大众，包括学生。其次，交通运输业的发展使旅游者的活动范围遍布全球各地，旅游需求市场十分广阔。再次，世界各国和许多地区都在大力发展旅游业，纷纷将旅游业视为促进本国或本地经济发展的支柱产业来抓，旅游的供给市场也逐步在全球范围内建立与完善。

2. 旅游市场的多样性

首先，旅游者的年龄、性别、受教育程度、职业、偏好等因素的差异性导致旅游需求市场的多样性，同时为旅游经营者创造了多样化的市场空间。其次，从旅游供给的角度看，旅游经营者依托不同的自然景观与人文景观进行不同的产品组合，旅游经营者还可以依据旅游者购买形式的不同，采取包价旅游、散客旅游等多样灵活的经营方式。再次，随着现代旅游业的发展，一些并非专为旅游服务的其他社会文化资源也转化为旅游资源，人们还创造了大量人造景观，随着人类旅游需求在量和质上的不断提高，旅游活动的内涵还会不断拓展，变得更加丰富多彩。

3. 旅游市场的季节性

首先，旅游目的地与气候有关的旅游资源在不同的季节其旅游价值有所不同，其旅游资源在特定的气候条件下旅游价值较高于平时，会形成淡旺季的差异。其次，旅游目的地气候本身也会影响旅游者观光游览活动。旅游者出游一般选择旅游目的地康乐性气温的时机，或春暖花开，或秋高气爽。再次，旅游者闲暇时间分布不均衡也是造成旅游市场淡旺季的原因。旅游者一般利用节假日出外旅游，而世界各地人们假日的长短和时间不一样，因而不同时期客流量也有明显差异。旅游经营者应根据旅游市场季节性的特点，探索针对性的旅游淡旺季经营策略，避免旺季接待能力不足，淡季设施闲置的现象。

4. 旅游市场的波动性

第一，旅游消费的季节性是引起旅游市场波动的原因之一。如果旅游目的地政府和经营者不采取有力措施缩小旅游淡旺季的差距，有可能使淡旺季市场产生较大波动。第二，旅游业内部与相关部门之间的比例关系，也会引起旅游市场的波动。旅游餐饮、旅游宾馆、旅游交通、旅游景区（点）、旅游商品、娱乐业之间必须保持合理协调的发展速度。如果这些行业之间发展比例失调或经营不利，会影响旅游产品的整体效能，引起旅游市场的波动。第三，汇率变化、经济危机、政府政策、战争、国际关系变化、贸易壁垒、地震、疾病、环境污染、生态恶化等都会引起旅游市场的变化和波动。

（二）旅游市场营销

旅游业是一个特殊的行业，旅游商品是一种特殊的商品。它既不可贮存，也不可转移。因此，旅游市场营销与一般市场营销相比，有着自己的特殊规律。从某种意义上来说，与其他行业相比，市场营销对于旅游业更为重要，如不把饭店的一个房间或航班上的一个座位销售出去，那么，在一定时间内这种商品便失去了它的价值。可以这样理解旅游市场营销：它是旅游经济个体（个人或组织）对旅游产品的构思、定价、促销和分销的计划和执行过程，以满足旅游者需求和实现旅游经济个体目标为目的。与传统的有形产品市场营销不同，旅游市场营销具有如下特点：

1. 人的个性差异对旅游市场营销有极大影响

旅游是一种面对面的服务消费，顾客与旅游服务人员有着互动关系，相互影响很大。人的思想、文化、道德、修养、性格、心理、习惯、素质等差异很大，同时人的行为和情感也容易受个体所处环境的影响和感染。在市场开发和旅游服务中，旅游者的需求和服务人员的业务素质千差万别，因此，既要对旅游者仔细甄别、认真归类、精心安排和组织，同时也应对服务人员采用有效管理手段进行激励，发挥他们的主观能动性，做好接待和服务工作。

2. 企业内部管理在旅游市场营销中处于核心地位

搞好旅游市场营销的关键是企业能够提供优质的服务，使旅游者满意。旅游服务不像普通商品那样通过测量来检验其质量是否符合标准，而是通过顾客感受达到的满意程度来衡量其质量的。旅游企业除了规范的服务之外，

更多的要靠服务人员“用心”去服务才能达到质量的最高标准。做到这一点靠的是企业加强内部管理，让企业内部员工和各个部门相互配合、相互促进、相互支持。

3. 信息传递极为重要

旅游信息传递包括旅游需求信息向旅游企业传递和旅游企业信息向旅游消费者传递两个相反方向。这两种信息传递都需要旅游企业来操作，一个叫信息的收集，另一个叫信息的传播。一方面，由于旅游需求是差异化的、分散的，旅游企业需收集信息并找出一个地区旅游消费的共同需求作为市场开发目标；另一方面，由于旅游产品不是生活必需品，需要展开详细的、全面的、连续的、诱导式的宣传，让消费者受到强烈的刺激才能收到良好的效果。

第二节　旅游市场营销的产生与发展

一、20 世纪旅游市场营销的发展

第二次世界大战结束后，世界旅游业得到迅速发展。20 世纪 60 年代，旅游业的发展进入了第一个高峰时期。旅游企业的竞争日趋激烈，旅游业像其他服务业一样引入了市场营销学的理论，旅游市场营销中的问题开始得到研究，旅游业的经营管理人员开始重视市场营销活动，重视研究市场营销理论，并借鉴其他行业的研究成果，对旅游企业的组织结构进行调整。一些饭店成立了销售部，旅行社也设置了营业部，但这些部门的活动以销售、推销为主，采用的销售手段主要是广告、宣传和推进性营销。整个 70 年代，推销观点在西方旅游企业的经营思想中占据统治地位。

随着生产力的发展，旅游业迅速发展，竞争也越来越激烈，企业开始认识到，即使餐厅能提供最佳的菜肴，饭店能提供最清洁的客房，也不一定能压倒竞争对手，因为有大量的旅游产品可供选择。同时，投资费用的不断上升也迫使经营者开始分析研究旅游者的需求，以需求为导向设计、开发产品，从而使企业更具竞争力。由此，了解、分析旅游者行为的影响因素，把握其规律，成为旅游市场营销活动的重点。

进入 80 年代后，西方旅游业逐渐进入了细分市场时代。旅游企业更加清晰地认识到，能否满足旅游者的需求和偏好，是决定旅游企业经营成败的关键。旅游企业经营者开始根据人口分布的特点、旅游者的兴趣、生活方式等对旅游者进行分类，从而提供相应的旅游产品和服务。在销售过程中，市

场定位理论逐渐得到推广。

20 世纪 90 年代早期，旅游业以 5 亿人次的年接待量，3000 亿美元的年消费额，1.2 亿人的就业规模，成为世界上最大的产业并一直独占鳌头。旅游者对旅游产品和服务的选择余地更大了，使得旅游企业的竞争进一步加剧。旅游企业经营者必须注重研究市场竞争、旅游者需求及企业在行业内的竞争地位，采取重新定位或渗透已确立的细分市场的策略，以便在竞争中获胜。

我国旅游业经历了两个阶段。1978 年以前，我国旅游业属于外事接待的事业性质，只有上级下派的任务，而无任何营销活动可言。20 世纪 90 年代，全国各地掀起了发展旅游的热潮，旅游竞争开始激烈，那种“坐等顾客上门”的形势已一去不复返了，旅游企业的市场行为也从简单的销售转向了调查、研究、预测市场的需求，设计自己的产品和调整产品结构，确定现实目标市场和促销策略，预测潜在市场并进行先期的市场培育，注重旅游者对旅游产品质量的反应和处理，搞好售后服务等方面。

二、21 世纪旅游市场营销新趋势

进入 21 世纪，旅游市场营销也呈现出了一些新的特点与发展趋势，如出现了旅游网络营销、旅游绿色营销、旅游服务营销、旅游文化营销和旅游关系营销等新概念。其中，旅游网络营销与旅游绿色营销是旅游市场营销两大新的焦点。

（一）旅游网络营销

旅游网络营销是以计算机互联网技术为基础，通过与潜在旅游者在网上直接接触的方式，向旅游者提供更好的旅游产品和服务，达到满足旅游者需求和商家诉求的新型营销模式。全球旅游网络营销飞速发展，有超过 17 万家旅游企业提供网上综合、专业的旅游服务，8500 多万人次享受过旅游网站的服务，旅游网络营销正逐渐成为旅游营销的重要方式。从我国旅游网站发展现状来看，旅游网站大致分为两种类型：一类是第三方服务提供商，其中最大的是携程网和艺龙旅行网，它们占据了绝大部分的旅游线上预订市场，此外，还有同程网和去哪儿网等服务商；另一类是旅游企业自行组建的旅游网站，但这些网站大多数只是提供旅游信息查询和咨询服务，并不提供旅游产品在线预订服务，其中一些旅游企业网站产品信息更新慢、信息技术落后，没有达到网络营销的目的。旅游网络营销与传统的营销模式相比具有以下优势：

1. **成本优势**

通过互联网向世界推销企业的旅游形象和旅游产品，既可大大节省成本，又能深入到每一个互联网组织和个人。利用网络营销方式可提供全天候的广告及服务而无须增加开支。另外，网络可进一步加强政府与旅游企业之间的合作，让企业更多地参与到旅游目的地营销系统的运营，整合整个目的地供给，使目的地以较低的建设和运营成本更有效地出现在全球化市场上，并以低成本为旅游管理部门和旅游企业提供信息和决策支持，同时为区内大量没有实力独立上网的企业提供面向世界旅游市场的平台。

2. **市场优势**

（1）创造更多市场机会。首先它突破了传统市场的地理位置分割，打破展销会参展群体的限制，只要有网络的地方，营销活动就可以开展；其次，没有时间的限制，营销活动可以每周 7 天，每天 24 小时进行；再次，网上订购方便快捷，不受时间和地理位置的限制，大大增加了潜在销售机会。

（2）更加方便快捷地进行市场调研。通过网络，在全球范围内分销产品，在线了解和追踪旅游者的行为，帮助旅游企业收集相关信息，这种调研比传统方式更加省时省力省钱。

（3）最大限度地细分市场。利用网络营销，企业可以最大限度细分市场，按照游客的个性、个人特点和需求进行个性化的定制营销方案，满足每一个顾客的需求。

（4）为散客提供便捷的个性化服务。随着经济的进步和旅游业的发展，旅游者越来越追求主动性和个性化，散客旅游日益成为潮流。因为散客的居住地分散，旅游时间随意，对旅游产品的需求多样，所以，对散客的营销有特殊的难度，而网络营销可以解决此难题。随着散客的不断增多，互联网对散客市场的营销作用将越来越重要。

3. **客户服务优势**

（1）增加旅游者满意度。游客的满意度在很大程度上取决于有关信息的准确性和综合性。传统的以纸质材料为主的宣传，信息量较少，旅游者往往得不到全面及时的旅游信息。网络具有全天候面对全球市场以及多媒体的特性，可以实现实时传送声音、图像和文字等全面的信息，能缩短旅游者期望得到的服务和实际得到的服务之间的差距，减少因信息不适时、不全面、不对称而带来的误解，从而提高旅游者的满意度。

（2）增强与旅游者之间的沟通与联系。网络营销是一对一和交互式的营销方式，旅游者完全可以参与到企业的营销活动中来。因此，旅游企业借助互联网能加强企业与旅游者之间的沟通和联系，了解旅游者的需求。

（二）旅游绿色营销

旅游绿色营销是指旅游企业在整个营销过程中充分体现环保意识和社会意识，向旅游者提供科学、无污染、有利于节约资源和保持生态平衡的旅游产品和服务，引导并满足旅游者有利于环境保护及身心健康的旅游消费需求。旅游绿色营销主要体现在以下两个方面：

1. 旅游景区的开发与建设

在进行旅游景区建设时，注重对周围生态环境的保护，制定能够适合植物生长、动物栖息以及旅游者与附近民众居住的合理规划方案。与此同时，对于气候、周围的山水、绿地等进行充分的利用，创造出优美的景区内部绿色环境，增强生态功能。景区内尽量禁止破坏环境资源的相关产业的建设，采用环保型交通工具，如使用以太阳能为能源的机动车、自行车或畜力交通工具，构建供自行车和行人慢旅游的绿色通道，以减少噪音的产生和有害气体的排放，保持空气的清新和环境的幽静。

2. 旅游饭店的开发与经营

20 世纪 90 年代中期以来，我国饭店行业紧随国际饭店业的绿色趋势，在绿色饭店的创建方面取得了更大的成绩。许多饭店把生态环境保护纳入酒店的决策要素之中：采用新技术、新工艺，减少有害废弃物的排放；节约资源，开发中采用“消耗最小”准则，即节约自然资源、适度消费，提倡使用诸如太阳能、风能等可再生资源，改变以往一次性客用品的使用习惯，床单、被套、毛巾、牙刷、拖鞋等用品改一次换为一客一换，尽量做到重复使用；对废旧物品进行回收处理和再利用；积极保持社区内的环境整洁，推动对员工和公众的环保宣传；餐厅推广绿色有机食品，服务员以顾客为本，向点菜客人推荐菜肴时，做到经济实惠、营养配置合理、资源不浪费；在客房里放置小册子，宣传保护环境资源的日常方法，引导客人绿色消费，树立绿色饭店的良好形象。旅游绿色营销追求经济效益、社会效益和环境效益的统一，既能满足当代人的需要，又利于子孙后代的发展，是现代旅游企业营销活动的理想选择。

第三节　旅游市场营销学及其内容体系

一、旅游市场营销学

旅游市场的形成和发育，不仅规范了旅游企业的市场行为，而且促进了旅游市场营销学的产生和发展。旅游市场营销学是以满足现实和潜在旅游者的消费需求为中心，以经济学、行为学和现代管理理论为基础的一门综合性、边缘性、实践性的应用科学。

二、旅游市场营销学的内容体系

（一）旅游产品策略

现代旅游市场营销学强调一切经济活动都应从旅游者的需求出发，根据旅游市场的需求设计、开发旅游产品。旅游产品策略主要指旅游企业如何根据自身的优势和特点，在激烈的市场竞争中适时地生产出自己的旅游产品和提供服务。同时，根据旅游产品生命周期特征，积极及时研制开发新的旅游产品和服务，真正做到“人无我有，人有我特，人特我新”，从而在市场竞争中处于主动地位。旅游产品策略主要包括旅游产品生命周期与营销策略、旅游新产品开发和旅游产品组合策略。

（二）旅游产品定价策略

建立合理的价格体系是旅游企业市场营销的重要一环。旅游产品的价格必须以价值为基础。我国旅游业的发展是一种先国际旅游后国内旅游，以国际旅游带动国内旅游发展的非常规发展。因此，研究和制定旅游产品的定价策略必须与国际旅游市场的价格策略相结合，尤其要认真研究发达国家旅游业的旅游产品定价策略。发达国家中的旅游经济个体，如饭店、旅行礼等都可自行决定产品的价格。旅游产品价格的制定成为实现市场营销的一种基本手段。此外，市场经济体制中的旅游产品价格，受市场供求关系的影响极大，各旅游经济个体可根据各自不同的条件采取多种多样的定价方法和策略。处于经济体制转型时期的我国旅游业，必须研究国际旅游市场、发达国家旅游业的产品定价策略，研究我国国际旅游市场以及我国国内旅游市场的产品定价策略。旅游产品定价策略主要包括旅游产品定价的影响因素及步骤、旅游产品定价方法及旅游产品定价策略。

（三）旅游产品营销渠道策略

现代旅游企业为追求规模经济而不断地扩大旅游产品的生产规模，而如何将各种类型的旅游产品通过某种途径传递到旅游者手中，自然成为旅游市

场营销的一个重要方面。旅游产品营销渠道策略对于更好地满足旅游者的需求，使旅游企业快捷地进入目标市场，缩短旅游产品传递过程，节省产品的销售成本起到重要作用。现代旅游产品的营销渠道一般都要经过批发商、代理商、零售商等多重环节才能传递给旅游者，尤其是国际旅游，更需要通过其他国家旅游中间商等多个环节，从而加大了旅游产品的营销成本。因此，旅游产品营销渠道策略是否选择正确，某种程度上决定着旅游产品市场营销的成败。旅游产品营销渠道策略主要包括旅游产品营销渠道的选择、旅游产品营销中介的建立及旅游产品营销渠道计划的制订三个方面。

(四) 旅游产品促销策略

旅游产品促销是将有关旅游产品的信息，通过各种宣传、吸引和说服的方式，传递给旅游产品的潜在购买者，促使其了解、信赖并购买自己的旅游产品，以达到扩大销售的目的，其实质就是要实现旅游营销者与旅游产品潜在购买者之间的信息沟通。

在旅游业发达国家，旅游企业在产品促销过程中积累了丰富的经验，由此总结出成套的促销艺术，包括人员推销、广告、营业推广和公共关系等。另外，旅游企业的售后服务也成为促销策略的附加内容。旅游产品、旅游产品定价、旅游产品渠道和旅游产品促销，构成了旅游市场营销学的基本内容，被称为旅游市场营销学的“四大支柱”。此外，旅游市场营销学还包括旅游市场营销环境、旅游者购买行为分析、旅游市场营销调研、旅游市场细分与目标市场选择、旅游市场营销战略与组合决策、旅游市场营销的控制与管理等。

思考与习题

❶ 旅游市场营销的特征有哪些？

❷ 旅游市场营销近几年产生了哪些新的理念？

❸ 旅游市场营销学的基本内容包括哪些方面？

第二章

旅游市场营销环境

➤**教学目标** 知识目标：了解旅游市场营销调研概念和特点，掌握影响旅游市场营销环境的宏观因素、微观因素

能力目标：学会分析旅游市场营销宏观环境对旅游企业的具体影响及微观环境对旅游企业的具体影响

➤**教学难点** 旅游市场营销的宏观环境

➤**教学重点** 旅游市场营销环境的特点，旅游市场营销的宏观环境

第一节 旅游市场营销环境概述

一、旅游市场营销环境的概念

旅游市场营销环境是指影响旅游企业营销活动及其目标实现的各种因素和动向，影响因素包括环境威胁和市场机会两方面，对营销环境的分析是旅游企业营销活动的基础性工作。旅游市场营销环境由宏观环境和微观环境两部分组成。

旅游市场营销宏观环境是指旅游企业营销活动的外部大环境，对旅游企业来说，既不可控制又不可影响，但对旅游企业的营销活动有着重要的影响，影响因素主要包括人口因素、自然因素、政治法律因素、经济因素、社会文化因素、科学技术因素等。

旅游市场营销微观环境是存在于旅游企业周围，并直接影响旅游企业营销活动的各种因素和条件，包括供应商、中间商、购买者、竞争对手、公众等。

二、旅游市场营销环境的特点

（一）动态性

旅游业是特别容易受到环境因素影响的行业。经济收入的波动，自然灾害的发生以及流行性疾病的出现等，都会直接影响旅游企业的生存和发展。当然，不同因素对旅游市场营销环境的影响有快慢大小之分，如科技、经济

等因素的影响相对大而快，而人口、社会文化、自然生态等因素的影响相对较慢较小。旅游市场营销环境的变化对旅游企业产生的影响主要有两方面：一方面，环境的变化导致旅游企业新市场机会的产生，即出现营销机会；另一方面，环境的变化对旅游企业形成新的威胁，即产生环境威胁。

（二）客观性

旅游市场营销环境对旅游企业来说是不可控的，是不以人的意志为转移的。旅游企业无法控制更无法摆脱营销环境，因此，面对客观存在的机会和威胁，旅游企业只能主动适应。

（三）关联性

旅游市场营销环境中的各个因素是相互依存、相互影响、相互制约的，因而，旅游企业在进行市场营销环境分析时，不能只关注单个因素的影响，还要充分注意各种因素之间的相互作用。如政治法律和经济因素的变化会引起竞争者数量的变化，而竞争对手的数量会影响竞争格局，竞争格局的改变又会影响营销组合的变化，等等。

（四）差异性

从整体上看，同一国家、同一地区的市场环境基本上是相同的，旅游企业比较容易适应，而对于不同国家来说，由于社会经济制度、民族文化、经济发展水平等存在区别，市场环境显示出差异性。一方面，不同国家或地区的环境因素可能是一致的，如中国大陆与中国台湾，许多风俗习惯、文化特点都是比较接近的，表现为异地文化的同一性；另一方面，同一国家的不同地区的某些环境因素也可能是不一致的，如我国的不同地区在地理、自然条件乃至民族文化等方面也有所不同，分析研究市场环境这一特点，将有助于旅游企业因地制宜地制定出可行的市场营销组合方案。

第二节　旅游市场营销宏观环境分析

旅游市场营销宏观环境是指旅游企业或旅游业运行的外部大环境，对企业营销起着重要作用。在旅游市场营销中，宏观环境因素主要包括政治法律环境、经济环境、文化环境、人口环境、地理环境以及科学技术环境等方面。

一、政治法律环境

政治法律环境是旅游企业的营销活动所处的外部政治法律形势和制度状况。旅游营销活动是社会经济生活的组成部分，必然受到政治与法律环境的管制与约束。旅游企业总是在一定的政治法律环境下进行营销活动的，政治法律环境包括政治环境和法律环境两方面。

（一）政治环境

政治环境是指一个国家和地区的政治局势、状况和国家的方针政策。政治环境主要通过有关政策对市场的干预，调节着旅游企业营销活动的方向。

1. 政治局势

政治局势是旅游企业营销活动所在的国家或地区的政治稳定状态。政局稳定、经济发展、人民安居乐业，生产力水平和人均收入就会提高，旅游营销环境就好；政局不稳、社会矛盾尖锐、社会秩序混乱，会阻碍经济发展、削弱居民购买力，旅游营销环境就差。如 2018 年，由于政局出现动荡，一度被誉为度假天堂的马尔代夫旅游业遭受重创；而改革开放 40 年以来的中国，由于政治稳定，入境旅游人数一直稳定增长。

2. 国家的方针政策

各国在不同的时期，会根据社会经济发展的不同要求提出相应的方针政策，指导经济发展，引导企业行为。这些方针政策（如一个国家旅游业的发展政策、外汇政策、税收政策、工资政策、物价政策等）不仅会影响本国旅游企业在国内的市场营销活动，也会影响外国企业在本国的营销活动。如中国在 2018 年提出进一步深化改革开放，放宽国外旅游企业的业务范围和准入条件的相关政策。这些政策会对旅游企业的营销环境产生影响。

3. 国际关系

国际关系是指国家之间在政治、经济、文化、军事等方面的关系状态。国家之间的外交关系也明显影响两国互送旅游客源。若两国间保持良好的关系，会为旅游企业的营销活动创造有利的条件；若两国间处于敌对状态，旅游企业就无法正常开展旅游营销活动。自尼克松访华以后，美国骤然兴起旅华热潮。一方面是由于名人效应，但更重要的是这次访华预示着中美外交关系的和解，从而促进了美国人民的旅华动机。目前，对中国公民实行免签和落地签的国家越来越多，这都得益于中国和其他国家良好的国际关系。

资料2-1

"八项规定"之后我国高端餐饮出现负增长

据中华全国商业信息中心主任王耀在2013年中国市场商品销售统计结果新闻发布会上介绍，2013年，全国限额以上企业（年营业额200万元以上）餐饮收入8 181亿元，同比下降1.8%，增速较2012年大幅下滑14.7个百分点，为该数据进行统计以来首次出现同比下降。

与此同时，食品市场中主要靠"三公消费"拉动的高档酒品、滋补养生食品销售也明显下滑。统计数据显示，2013年全国重点大型零售企业酒类商品零售额同比下降9.2%，低于上年同期11.5个百分点，滋补食品类零售额同比增长10.3%，低于上年同期11个百分点。

高端消费快速下降也刺激了大众消费的快速增长。据统计，限额以下企餐饮收入同比增长15%，比上年同期加快1个百分点，对餐饮收入增长的贡献率为107.2%，比上年同期大幅提高39.2个百分点。王耀认为，2014年，反腐败、反浪费、反奢靡的行动将继续保持高压态势，高端餐饮和食品的收入增速仍将放缓。

（二）法律环境

国家经常运用法律手段，干预和调节社会经济生活。因而政府的法令条例，特别是有关旅游业的经济立法，对旅游市场需求的形成和实现具有不可忽视的调节作用。而这些法律或规定都是在企业的控制范围之外，其调整变化将对旅游企业营销活动产生很大影响。如2013年开始实施的《中华人民共和国旅游法》，对旅游过程中的强制购物、强制消费、零负团费、导游拿回扣、旅游者投诉无门等问题的处理作出了明确规定，这些条例的颁布有利于旅游业健康、持续发展。

二、人口环境

（一）人口数量

人口数量决定着客源市场规模的上限，人口数量的增加也会为旅游企业扩大市场空间和创造市场机会提供可能。如列支敦士登、梵蒂冈等小国人口仅几万人，其市场规模自然很小，而中国人口14亿多，市场自然就大；发达国家的人口出生率降低，年轻夫妇有更多的闲暇时间和收入用于旅游，而非洲许多国家人口过度增长，经济不发达且购买力不强，旅游人数较少。所以对于人口数量与旅游市场的关系应结合其他环境综合分析。

（二）人口结构

除了人口数量外，人口结构也是影响旅游营销的重要因素。随着旅游业的竞争日趋激烈，旅游企业必将进一步进行市场细分，以求更有效地满足旅游者的个性化需求，因而对人口的构成进行分析就显得越发重要。人口构成主要是指人口的年龄结构、民族结构、人口发展的阶段特征等三个方面。

1. 人口结构

不同年龄旅游者的旅游消费观念、消费需求和消费方式不一样。青年人大部分喜欢冒险、体验和参与式旅游，中年人偏爱度假享受型旅游，而老年人过去被认为观念倾向节俭，但近几年情况在逐渐发生变化。根据 2017 年国家统计，中国 60 岁以上的老年人已突破 2 亿。老年人特别是城镇有稳定退休收入的老年人，在旅游、异地养老、异地买房等方面释放出强劲的市场需求。此外，旅游者的性别差异也会导致不同的消费需求和购买行为。随着女性社会地位和经济条件的改善，女性在购物旅游、美容旅游、康体旅游等领域表现突出。因此，旅游企业应了解人口年龄结构的变化，及时开发新的旅游产品，满足不同年龄段旅游者的消费需求。

2. 民族结构

中国是多民族国家，其中以汉族人口最多，约占全国总人口的 92%，其余民族人口约占全国总人口的 8%。受不同民族习俗、信仰的影响，旅游者对旅游产品需求也呈现出多样化趋势。由于我国大多数人是汉族，因而在旅游营销中，对少数民族的旅游需求重视不够，旅游产品的设计、宣传等没有符合不同民族的特点。

3. 人口发展的阶段特征

在不同的历史阶段，人口还会出现特殊的特征，这也会影响消费习惯和消费方式，进而改变旅游需求结构。如 90 后喜欢分享，喜欢自拍，更喜欢冒险刺激，喜欢有巨大文化冲击力的地方；而 80 后更加偏向自我中心，喜欢谨慎熟悉的旅游目的地旅游。旅游企业应及时分析不同年龄阶段的旅游消费特征，为他们设计不同的旅游产品和旅游服务。

（三）人口分布

人口分布是指人口在不同地区的密集程度。人口分布与旅游营销有着密切的关系。首先，由于自然地理条件和经济发展程度等多种因素的影响，人口的分布不可能是均匀的。中国人口分布基本上是农村人口多、城市人口少，东部人口多、西部人口少。人口的分布密度对旅游营销的传播方式会产

生较大的影响，人口密集的地区便于营销活动开展，人口稀少的地区则不利于旅游营销。其次，人口分布状况也不是固定不变的，由于信息化、经济全球化的加速推进，人口分布也在不断变化。中国城镇人口占总人口的比重也逐年提高，中国人口城市化已开始了由以小城镇为主向以大城市为主的过渡，即进入由以发展小城镇为主过渡到以发展大城市和超大城市为主的发展阶段，城市化的速度明显加快。综合来说，我国东部地区的城市人口是旅游企业的重点营销群体。

三、经济环境

经济环境是指影响旅游消费者购买力和支出结构的各种因素，是开展市场营销活动的经济基础。一般来说，影响旅游市场营销活动的经济环境主要包括国民生产总值、个人收入与消费和汇率变动等。

(一) 国民生产总值（简称：GNP）

国民生产总值是反映国民经济发展的综合指标。人均国民生产总值能反映出一个国家人民的富裕程度。有研究指出，人均 GNP 到 800 美元就会兴起国内旅游，而人均 GNP 达到 1 000 美元就会有出境旅游的需求。特别是人均国民生产总值为 1 500 美元以上的国家，旅游增长速度更为迅速。美国、瑞士、挪威、德国、日本等国家以其较高的人均 GNP 成为世界上主要的旅游客源国。

(二) 个人收入与消费

经济条件是人们进行旅游活动的必要条件之一。个人收入，尤其是个人可自由支配的收入更是决定旅游消费者购买力和支出的决定性因素。据统计，在经济发达国家中，每个国民的旅游消费支出占个人收入的 4%～6%。因此，个人收入是衡量当地市场容量、反映购买力的重要尺度。一般来说，高收入的旅游者往往比低收入的旅游者在旅游过程中平均逗留时间长、平均花费高。旅游者在旅游中选择参加的活动类型、购买的旅游产品也因收入不同而有较大差别。

(三) 汇率变动

汇率是两国货币的比价，对国际旅游需求的变化也起着重要作用。一方面，当外国货币升值时，对国外旅游者有利，入境旅游人数会增加；另一方面，当目的地国货币升值时，对国内旅游者有利，出境旅游人数会增加。如 2014—2015 年，人民币对美元汇率维持在 6.2∶1，人民币升值，这两年出境旅游人数的增加就特别明显。

四、文化环境

文化环境是指由于社会地位和文化素养的长期熏陶而形成的生产方式、价值观念和行为准则，是一个社会的教育水平、语言、宗教与民族特征、风俗习惯、价值观、人口、社会组织等的总和。教育水平不仅影响人们的旅游欣赏水平，而且影响旅游企业的市场调研与促销方式；宗教与民族影响着人们的价值观，行为准则与认识事物的方式，从而影响着人们的消费行为；风俗习惯对消费行为、营销方式影响重大。此外，价值观念、审美观念、人口、家庭规模、生活方式以及社会团体的行为等都对旅游企业的营销活动产生直接或间接的影响。

（一）教育状况

教育反映一个国家或地区一定的社会生产力、生产关系和经济状况。一个国家或地区的教育水平与经济发展水平往往是一致的。不同的文化修养表现出不同的审美观、购买商品的选择原则和方式。通常，教育水平高的地区，消费者对商品的鉴别力强，容易接受广告宣传和接受新产品，购买的理性程度高，对旅游的需求也高。受教育的程度不同，营销的手段也会有很大的区别。如在文盲率高的地区，用电视、广播和当场示范表演形式，容易为人们所接受。另外，企业的分销机构和分销人员的受教育程度等，也会对企业的市场营销产生一定的影响。

（二）价值观念

价值观念是人们对社会生活中各种事物的态度、评价和看法。不同的文化背景下，人们的价值观念差别是较大的，影响着消费者的消费心理、消费需求和购买行为。如西方一些发达资本主义国家，有超前消费的意识。常常会采用分期付款、赊销等形式进行各种消费。在我国，勤俭节约是我们的传统美德，大多消费都在支付能力范围内，量入为出。可见，不同的价值观念在很大程度上决定着人们的生活方式，决定着人们的消费行为。因此，对于不同的价值观念，旅游企业营销人员应采取不同的策略。对于乐于变化、喜欢猎奇、富有冒险精神、较激进的消费者，应重点强调旅游产品的新颖和奇特；而对于一些注重传统、喜欢沿袭传统消费习惯的消费者，企业在制定促销策略时应把产品与目标市场的文化传统联系起来。如，东方人将群体、团结放在首位，广告宣传往往应突出人们对旅游产品的共性认识；而西方人则注重个体和个人的创造精神，其旅游产品应显示出标新立异的特点。

（三）风俗习惯

风俗习惯是人们根据自己的生活内容、生活方式和自然环境，在一定的社会物质生产条件下长期形成，以及由于世代相袭而成的一种风尚和由于重复、练习而巩固下来并变成需要的行动方式等的总称。它使人们在饮食、服饰、居住、婚丧、信仰、节日、人际关系等方面，都表现出独特的心理特征、伦理道德、行为方式和生活习惯。不同的国家、不同的民族有不同的风俗习惯，对消费者的消费嗜好、消费模式、消费行为等具有重要的影响。不同的国家、民族对图案、颜色、数字、动植物等都有不同的喜好和不同的使用习惯。如在新加坡人们特别喜爱蝙蝠图案，而在西方国家蝙蝠则是吸血鬼的代表；在中国，荷花具有出淤泥而不染的寓意，而日本人却很忌讳荷花；西方国家多忌讳数字“13”；西方国家送礼物时候喜欢送单数，而中国人送礼则喜欢送双数，寓意好事成双。

（四）宗教信仰

不同的宗教信仰有不同的文化倾向和戒律，影响人们认识事物的方式、价值观念和行为准则，从而影响着人们的消费行为，产生特殊的市场需求，特别是在一些信奉宗教的国家和地区，宗教信仰对市场营销的影响力更大。宗教不一样，信仰和禁忌也不一样。这些信仰和禁忌限制了教徒的消费行为。对于有的新产品，宗教组织会提出限制和禁止使用，认为该商品与该宗教信仰相冲突；相反，有的新产品，会得到宗教组织的赞同和支持，号召教徒购买、使用，起到一种特殊的推广作用。因此，旅游企业应充分了解不同地区、不同民族、不同消费者的宗教信仰，提供适合其宗教信仰的旅游产品，制定适合其特点的营销策略。

五、科学技术环境

（一）科学技术对竞争优势影响

首先，充分利用先进技术，可以为旅游企业创造一定程度上的竞争优势，如中国知名的旅游网站——携程旅行网就是利用先进技术涉足旅游业，并迅速做大做强的典型代表；其次，新技术还能够促进旅游相关行业的发展，如计算机和互联网的应用使航空公司、旅行社、饭店等旅游企业可为消费者提供更好的服务和许多其他便利；最后，新技术（如互联网）能够使企业得以建立庞大的直销网络，有利于企业将产品销售给世界各地的用户。

（二）科学技术对旅游者的影响

科学技术对人们生活的影响是巨大的。战争年代新技术首先应用于军事，而和平年代，新技术则应用到娱乐业。新技术的娱乐项目已经成为旅游者的旅游活动吸引物的重要构成部分，如闻名遐迩的迪士尼乐园就是集光、声、电等多种技术于一体的产物；互联网和支付技术的进步，使旅游者足不出户就可以预订各类旅游产品，提前安排好旅游行程。

（三）科学技术对旅游活动的影响

旅游饭店设施设备的现代化为旅游者提供了方便。目前，国际上许多饭店在客房设置无线网络，客人可以使用电脑联网进行工作和娱乐，网络对于旅行接待业有着深远的影响。大部分的旅行社、酒店、出租车公司等旅游企业都已建立了自己的网上预定系统，顾客可通过网络直接进行预定，酒店也采用这种促销方式，比印制宣传册要便宜得多。新技术使得旅游者的消费行为、消费结构产生了翻天覆地的变化。

第三节　旅游市场营销微观环境分析

旅游市场营销微观环境是指存在于旅游企业周围并直接影响企业营销活动的各种参与者，又称为行业环境，主要包括旅游供应商、旅游购买者、旅游中间商、竞争者、社会公众以及旅游企业自身。旅游企业对面临的微观环境进行分析，可认清环境的变化，调整企业的营销策略，使营销活动顺利开展。

一、旅游供应商

供应商是指向旅游企业及其竞争者提供旅游产品生产上所需的资源的企业和个人，提供的资源包括原材料、能源、设备、劳务、资金、人才等。旅游市场营销工作一个很重要的方面就是保持与旅游供应商之间良好的关系。景区应注意与旅游资源供应者的联系，饭店应注意与商品供应者、水电部门、公安部门等单位的联系，旅行社应注意与旅游风景管理区、交通部门、宾馆饭店、娱乐单位、定点旅游用品商店的联系等。营销者对供应商的价格变化情况要尽可能加以控制，以使综合报价中利润的构成达到最大限度。为了保证资源的供应，进而保持和增强企业的市场竞争能力，旅游企业通常都会尽可能地与供应商建立稳定、良好的合作关系。

此外，由于旅游行业人员流动性很强，营业还存在较明显的淡旺季，很多酒店、旅行社员工流动性很高，致使员工不足，尤其在营业旺季，员工更是缺乏，结果影响生产、影响服务、影响效益。旅游企业应加强和提供人才的机构，如学校、人才中心、导游公司等的合作，把能够给企业提供实习生或员工的供应商纳入合作范围，建立长期的合作关系，互惠互利。

二、旅游中间商

旅游中间商是指处在旅游企业与旅游者之间，参与商品流通业务，促使买卖行为发生和实现的集体或个人，包括经销商、代理商、批发商、零售商、交通运输公司、营销服务机构和金融中间商等。旅游中间商一方面要把有关产品信息告知目前已有的和潜在的旅游者，另一方面又要使旅游者愿意克服空间障碍，从旅游客源地来到旅游目的地。

旅游中间商一般都处于旅游者密集、经济发达的大中城市里，他们都有各自的客户群体。因此，可通过他们建立旅游企业和旅游者之间的联系。旅游中间商是一批旅游专门人才，一般都受过旅游专业训练，懂业务，有经验，最了解市场，也掌握旅游者的心理，能够给旅游者提供最有价值的信息，帮助旅游者选择最理想的旅游产品。

三、旅游购买者

（一）个人购买者

旅游者是指旅游产品和服务的直接消费者，包括购买旅游产品的个人或家庭，如观光旅游者、度假旅游者、商务旅游者、会议旅游者、体育旅游者等。个人旅游购买者是为了满足个人或家庭物质和精神需要而购买旅游产品，并无牟利动机，此类旅游者具有以下特征。

1. 人多面广

购买旅游产品的旅游者包括各种类型、各个阶层的人员。就人口特征而言，个人旅游购买者既包括不同年龄段、不同性别、不同民族的人员，也包括不同职业、不同宗教信仰的人员；就客源地而言，个人旅游购买者不仅包括国内旅游购买者，还包括国外旅游购买者；就收入而言，个人旅游购买者既有高收入群体，也有中、低收入群体。总之，个人旅游购买者人数众多、分布面广。

2. 需求差异大

“知者乐水，仁者乐山；知者动，仁者静”。旅游者因性别、年龄、习惯、职业等不同，对旅游的需求存在较大的差异。随着收入水平的增加，人们的个性化差异会越来越大。

3. **购买数量较小**

个人旅游购买者大多数是小型的购买集体，如家人、同学、同乡、同事等组成的小规模群体，购买数量一般较小。

4. **购买频率较高**

个人购买者的购买量虽小但品种多样，频率较高，尤其是每年的黄金周假期，旅游者购买的频率较高。对于商务会议等旅游者而言，每年的购买频率会远远超过家庭和个人旅游者。

5. **价格敏感性较大**

个人购买者，特别是中低收入的个人购买者，比较在意旅游产品的价格，对所需消费的旅游产品多会慎重选择。

旅游营销人员应该根据企业本身的特点来分析企业所提供的产品和服务最适合于哪一种旅游者类型、购买行为以及消费方式，以实现卖者卖其所有，买者买其所需。

（二）组织购买者

组织购买者是指各种企业或组织为开展业务或奖励员工而购买旅游产品和服务的购买者，是旅游企业营销的重要目标，如到海南举行年会或展销会的企业就属于此类购买者，其特点如下。

1. **组织购买者数量较少，但购买规模较大**

组织购买者大多是企业单位或机关团体，购买者的数目必然比个人购买者的数目少得多，但因为组织是为举办会议或奖励旅游等用途购买，所以，购买规模较大。

2. **组织购买需求弹性较小**

因为组织是为开展业务而购买，费用由单位支出，所以，组织购买者对旅游商品和服务的需求受价格变动的影响较小。

3. **专业人员购买**

组织有专门的采购人员，他们经常办理这类事务并积累了一定经验，属于比较内行的专业人员采购。

掌握上述特点对旅游企业开展营销活动具有重要意义，如专业人员购买，他们重视产品和服务的质量，一般的广告宣传对他们影响不大，对于此类购买者，旅游企业可采用高价优质旅游营销策略。

四、竞争者

旅游企业在从事旅游营销活动时，会遇到各种类型的竞争。竞争者是旅

游企业市场营销微观环境因素之一。竞争者的状况直接影响企业的经营活动。旅游企业面临的竞争者有以下几种情况。

（一）愿望竞争者

愿望竞争者是指提供不同产品以满足不同需求的竞争者。对旅游企业而言，生产电冰箱、洗衣机、家具等不同产品的企业就是愿望竞争者，如促使消费者更多地首先购买旅游产品，而不是首先购买电冰箱等，就是一种竞争关系。

（二）一般竞争者

一般竞争者是指提供能够满足同种需求的不同产品的竞争者，如海南游、马尔代夫游、泰国游，都可以满足人们热带滨海旅游需要。这三种旅游产品就构成一种竞争关系，就相互成为竞争者。

（三）产品形式竞争者

产品形式竞争者是指生产同种旅游产品但规格、方式不同的竞争者，如同是“海南三日游”，但两种旅游产品中的交通工具、入住酒店、餐食等的档次不同，而导致价格迥异。这两种旅游产品就是产品形式竞争者。

（四）品牌竞争者

品牌竞争者是指产品相同，规格等也相同，但品牌不同的竞争者，如不同品牌五星级酒店之间的竞争。

旅游企业在开展市场营销活动时，应当充分了解目标市场上的竞争者情况，了解竞争对手的市场地位、产品和市场策略，发挥自身优势，争取在市场竞争中取得主动。

资料2-2

提升我国旅行社竞争力的对策

一、产品差异化策略

目前我国旅行社产品比较单一，长期以来形成了团体、全包价观光旅游一统天下的局面，各旅行社及在团体观光业务独木桥上大打价格战，已走进了死胡同。但可以预见，观光旅游比重将会下降，度假旅游、特种旅游的比重将会上升。即便是观光旅游，那种半军事化、拉练式的旅游也将会受到排斥，旅游追求舒适性、文化性的趋势将会越来越突出。旅行社想要有所发展，必须要加大创新力度，针对度假旅游、商务旅游、购物旅游、农业旅游、修学旅游、探险旅游等市场前景广阔的旅游类型，不断推出新产品，在竞争中不与同行同过一条独木桥，而是另辟蹊径，以异致胜。

二、加强品牌建设

品牌是信息化时代旅行社的核心竞争力的表现，是强化旅游产品差异化的有力手段，是赢得竞争优势的关键环节。加强品牌建设要注重品牌设计，品牌的设计要简洁、得体、清新、高雅。同时，要提高旅行社品牌宣传功效，如设置公共关系部门或广告部门，配备业务熟练、精明强干的人员从事宣传，并不断研究改革宣传手段等。

三、网络营销策略

信息技术已成为21世纪旅游业竞争的主要利器。尤其对旅行社行业的远距离、多批次的小额交易，特别需要借助电子商务高速度、高精确度和低运行成本的优势。当前中国旅游市场需要旅行社高效、准确地满足中国及世界各地游客的需求，旅行社要在很短的几分钟内就能为散居千里、万里之外的游客提供咨询、售票、组团、出游等服务。旅行社经营手段的网络化已提到重要议事日程上来，不管食、住、行、游、购、娱，也不管大、中、小型旅行社，以至两三人的小型代售处都必须将网络化作为刻不容缓的一种基本设施建设。如果将网络营销策略运用于旅行业，必将节约促销费用，减少销售中介，扩大市场覆盖面，提升品牌的深度和影响力，提高工作效率，扩大利润空间。

五、社会公众

旅游企业在开展营销活动时，不仅要考虑竞争对手与之争夺目标市场，而且要考虑到这种营销方式是否能得到社会公众的认可和欢迎。良好的公众关系和社会环境是旅游企业生存和发展的必要条件。所谓公众是指对一个组织完成其目标的能力有着实际或潜在影响的群体，包括以下几方面。

（一）金融公众

金融公众是指那些关心和了解并影响旅游企业取得资金能力的任何集团，如银行、投资公司、证券经纪行和股东等。

（二）媒介公众

媒介公众主要是指报纸、杂志、广播和电视等有广泛影响的大众媒介。一篇优秀的新闻报道能够提升企业的信誉；反之，一篇坑害消费者的报道则会给企业带来巨大的负面影响。特别是在网络时代，信息传播速度极快。旅游企业应善于与媒体公众保持良好关系。

（三）政府公众

政府公众是指负责管理旅游企业的业务和经营活动的有关政府机构，如

旅游发展委员会、旅游协会等。

（四）民间团体公众

民间团体公众包括保护消费利益的组织、环境保护组织、少数民族组织等。它们对立法、政策以及舆论有着较大的影响，是一支不可忽视的力量。

（五）地方公众

地方公众是指旅游企业附近的居民群众、地方官员等，与他们保持良好的关系，能为旅游企业树立良好的口碑。

（六）旅游企业内部公众

旅游企业内部公众主要包括企业董事会、经理、职工等。

旅游企业必须采取适当措施与周围各种公众搞好关系，因为这些不同公众都能促进或阻碍企业实现其目标。

思考与习题

1. 旅游市场营销环境的特征有哪些？
2. 经济因素如何影响旅游市场营销的宏观环境？
3. 人口因素如何影响旅游市场营销的宏观环境？
4. 旅游市场营销的宏观环境和微观环境各包括哪些因素？
5. 试分析中国进入老龄化社会对旅游业的影响。

第三章 旅游者购买行为分析

➤**教学目标** 知识目标：了解旅游者购买行为；掌握旅游者购买行为的类型，旅游者购买行为的作用与意义，影响旅游者购买行为的外部因素以及内部因素，旅游者购买决策过程分析

能力目标：能够分析购买行为的外部因素以及内部因素，旅游者购买决策过程分析

➤**教学难点** 旅游者购买决策过程分析

➤**教学重点** 掌握旅游者购买行为的作用以及内外部的影响因素

第一节 旅游者购买行为概述

一、旅游者购买行为的涵义

旅游者购买行为是指旅游者为了满足其生理和心理的旅游需求与愿望而进行的选择、调查、咨询、评估、支付和反馈等一系列活动的总和。旅游购买行为并不单纯是手持货币的旅游者与拥有旅游产品的旅游生产者或经营者之间相互交换价值的活动，而是一个系列过程，该过程在实质购买行动之前就开始了，并包括了购买后的行为。旅游营销人员对购买行为的研究与分析的主要问题有：旅游购买者目标是什么？兴趣何在？为什么购买？购买什么？何时购买？如何购买？何地购买？购买多少？购买什么种类？与谁一起购买？由谁进行购买？谁是决策者？谁是影响者？怎样支付？购买决策程序怎样？相关购买心理因素是什么？

二、旅游者购买行为的类型

（一）按旅游购买决策单位分类

1. 个体和群体购买行为

它主要是指个体、家庭及小群体的购买行为，又可细分为个体旅游者购买行为和群体旅游者购买行为两种类别。

2. 组织机构的购买行为

它主要是为自身消费或赢利目的而进行的购买行为。进行购买行为的组织机构一般是公司企业、政府机构、各种协会、会议机构等。此外，购买的组织机构还有旅游中间商，它们是基于赢利目的而从事转卖或代理销售活动的组织机构。据此，组织机构的旅游购买行为亦可细分为自身消费和代理转卖两种类别。

（二）按购买方式分类

①单项购买。旅游者根据自己的需要以零星方式进行购买。

②组团包价购买。一定数量的游客群体购买旅游企业综合包价旅游线路，包价旅游线路中的费用包括综合服务费、房费、交通费及专项附加费等四个部分。

③半包价购买。不含午、晚餐费用的综合包价。

④小包价购买。即选择性旅游，仅包括房费、早餐、接送费、交通费、手续费等，其他部分现付。

⑤委托代办购买。按旅游购买者的委托请求，提供指定服务或产品的付费性质购买。

⑥散客包价购买。与组团包价购买并无两样，唯一区别在于旅游者的数量，散客包价购买是单个旅游者的购买。

⑦零包价购买。旅游者必须共同前往和离开旅游目的地，但在旅游目的地的活动完全自由，如同自由旅游。

⑧组合购买。旅游者从不同地方到达旅游目的地，然后在当地进行旅游活动。

（三）按购买季节分类

世界各国、各地区、各景点旅游淡旺季往往不同，据此，旅游者购买行为可分为：①淡季购买，我国旅游淡季一般是 11 月至第二年 2 月；②平季购买，我国旅游平季一般是 3～7 月；③旺季购买，我国旅游旺季一般是 8～10 月。旅游购买行为的季节性除受自然因素影响外，还深受社会因素的影响。如 12 月至 2 月份，北半球中高纬度地区天气一般寒冷，西方国家在圣诞节期间，中国在春节期间，是探亲访友、欢庆佳节、观光旅游的好时候，成为旅游淡季的亮点。

（四）按购买能力分类

这主要是以旅游购买者的消费能力为标准区分的。消费能力直接影响市场容量和旅游企业提供产品的数量与质量。按此方式划分，旅游购买行为分为：①经济型购买；②标准型购买；③豪华型购买。

（五）按费用来源分类

①自费旅游：全部旅游费用由旅游者个人或家庭承担。

②公费旅游：全部或绝大部分旅游费用由相关政府部门、企事业单位或社会团体承担，公务旅游、商务旅游、会议旅游均属此列。

③社会资助旅游：指由社会有关方面通过各种资助或补贴的方式帮助收入过低的贫困家庭参加到旅游活动中来，这种情况多见于西欧。

④奖励旅游：指企事业单位为奖励工作成绩突出的员工而组织的免费旅游。

（六）按旅游目的分类

可分为：度假旅游、商务旅游、公务旅游、会议旅游、探亲访友旅游、医疗保健旅游、求学旅游、宗教旅游、体育活动旅游。

除了上述六种分类标准以外，旅游者购买行为还可按旅游者购买形式、购买范围、购买参与程度、购买地域以及旅游者的需求特点等进行分类。

三、研究旅游者购买行为的作用与意义

（一）落实“以游客为中心”理念的基本要求

现代旅游市场营销战略和策略，都把旅游消费者放在第一位，旅游企业对顾客进行研究分析的重要任务就是对旅游者购买行为进行研究分析。这不仅对激发旅游购买行为具有重要意义，还对旅游服务和旅游者后续行为的研究有重要作用。

（二）旅游企业市场决策的基本依据

旅游企业决策的基础是了解游客需求、分析游客购买行为。面对特定的营销环境和旅游者的购买行为特征，旅游营销人员一方面要适应营销环境，制定符合旅游者购买行为特征的营销策略，才能取得较好的营销效果；另一方面，旅游企业不应该指望一套市场经营组合计划可适用于所有市场，也不能被市场牵着鼻子走，而应当积极主动地、创造性地去适应市场环境。对旅游者购买行为的研究，有助于旅游企业找准目标，纠正偏差，为市场提供所需要的产品和服务，满足旅游者的购买要求。

（三）有利于旅游企业提供针对性旅游服务

企业通过对旅游者购买行为的分析，充分了解旅游者的需求，为他们提供所需的特定产品和服务，并尽量满足旅游购买者的特殊需要，提高旅游者

满意程度。

(四) 有助于旅游企业建立客户档案

旅游企业建立客户档案能记录相关客户信息资料，以便在以后的相互接触与交往活动中提供辅助性信息，更好地为游客服务。对旅游者购买行为分析虽不是建立旅游企业客户档案的唯一途径，但通过旅游者调研，搜集有关信息，可以建立较为完整的客户档案，有助于旅游企业提供因人而异的服务，从而吸引更多的回头客。

第二节　影响旅游者购买行为的因素

一、外部因素

尽管旅游者购买行为可根据不同标准进行各种各样的分类，各种购买行为之间的差异较明显，但是影响旅游消费者购买行为的因素却趋于一致，包括外部因素和内部因素。从影响旅游者购买行为的外部因素看，主要有政治因素、社会因素、经济因素、文化因素、旅游者自身非心理因素等。

(一) 政治因素

旅游者消费需求是一种社会经济现象，旅游者购买行为同有关国家的政治状况有着直接的关系，大多数国家都注重旅游业发展，积极为旅游者购买行为的实现提供和创造条件。

(二) 经济因素

1. 社会富裕

旅游是一种社会经济现象。只有在一定的社会物质条件下才会出现旅游者，旅游者的产生有赖于社会经济的发展。社会经济高度发展、科技进步、社会生产率增长、社会富裕、居民生活水平提高，社会就能为广大旅游者提供各种相应的服务条件。社会经济的发展、社会富裕是产生旅游需求的首要物质条件。

2. 个人富裕

一个人的收入水平或其家庭的富裕程度的高低往往决定其能否实现旅游及其旅游消费水平的高低。决定一个家庭或一个人能否实现旅游的经济条件是其可任意支配的收入的多少。只有实现了个人富裕，个人才能成为旅游购买者，但并不是说凡可自由支配收入达到一定水平的人或家庭就都会外出旅游，事实上许多个人富裕程度相当高的个人或家庭却不愿意外出旅游。据日本白皮书显示，1991 年日本人均国民收入达 20 185 美元，可以说日本人出

国旅游是完全可能的，然而其海外观光者仅占日本总人口的8.6%。因此，可自由支配收入水平只是经济上的影响因素，而非唯一决定性因素。

3. 经济距离

经济距离对旅游购买行为的影响主要表现在两个方面：一是旅游目的地同客源地间的距离及国际交通运输价格的变化。对旅游者而言，完成一次旅游所支付的实际花费包括往返交通费用，在预算有限的情况下，交通开支的大小势必影响其对旅游目的地的选择。二是旅游目的地和客源国之间的消费水平、通货膨胀程度和货币汇率等方面的差距，同样一笔旅游支出，在实际使用方面会因上述因素的不同而具有不同的效用。这些都会影响旅游者对旅游目的地的选择，如1997年亚洲金融危机爆发后，泰铢大幅贬值，吸引了不少国际观光客赴泰旅游。

4. 产品与服务结构

旅游产品是综合性产品，只有内部结构合理，旅游消费结构才会合理，旅游需求才能得到最大满足。旅游产品质量同样影响旅游消费结构，旅游者只愿意购买合格产品，更愿意购买优质、具有特色的旅游产品和服务，如果其中有一部分产品质量不好，那么旅游者就会改变其购买方向，甚至取消既定的旅游购买行为。因而在分析旅游者购买行为之际，我们不能忽视产品和服务的结构与特点。

（三）社会因素

1. 收入阶层

社会阶层是一种区分人们在社会上所扮演角色的等级系统，是由每个成员的地位、职业、角色、声望、价值观以及生活方式等构成的相对稳定的人的集合，对每个成员都产生各种各样的影响。同一收入阶层的旅游行为具有相似性，如高收入者外出旅游，会注重成熟感和成就感，强调生活潇洒文雅，花钱符合身份地位，购物要有象征意义，对入住高档宾馆、乘坐豪华交通工具感兴趣；中等收入者外出，一般表现为自信开明，讲究体面；低收入者外出常表现为一种立即获得感和立即满足感的行为。不同收入层次的旅游行为具有差异性。

2. 家庭群体

家庭群体是一个人最基本、最重要的所属群体，对人们的购买消费行为产生直接和长远的影响。这些影响主要来自家庭形态和家庭生命周期两大方面。家庭形态有三类：夫妻式、核心式、延续式，其中由丈夫、妻子和子女

所组成的核心式家庭最具代表性。家庭形态对旅游者购买行为的影响主要取决于成员在家庭中的地位和作用。家庭周期是指家庭的发展过程，是由婚姻状况、家庭成员年龄、家庭规模和工作状况等变量系统结合而成的复合变量。家庭周期的变化实际上是家庭成员年龄的变化，家庭周期依据年龄分为青年、中年、老年三个阶段，家庭周期的阶段不同，对旅游购买行为的影响也不同。传统的家庭周期中的青年阶段，一般包括已婚无子女阶段，是外出旅游的理想时期。在进入有子女阶段后，家庭经济状况与生活方式常常会有所改变，由于子女年幼，出行不便，致使旅游购买欲望降低甚至不可能发生购买行为。中年阶段是比较复杂的阶段，主要生活方式或多或少地围绕子女进行，若家庭收入较高或事业有成，一般进行旅游购买的可能性很大。老年阶段的旅游购买行为取决于老年人退休后的收入水平及其身体状况，那些经济收入较高、有积蓄、身体条件好的老人，具备了成为旅游者所需的两个最基本条件——闲暇时间和购买力，常常会产生旅游购买行为。

3. 社会群体

社会群体会对个人施加各种影响，使群体成员的态度、行为、知觉、判断、信仰等表现出与群体中多数人相一致的特征。社会群体主要包括除家庭成员之外的亲属、同事、朋友等，是个人获取外界信息的主要来源，其从群体所获取的信息往往对购买行为产生明显影响，购买者会认为这些信息更加可靠，更加愿意接受。

4. 闲暇时间

一个人能否产生旅游购买行为，是否有闲暇时间也是一个很重要的限定因素。闲暇时间也就是可自由支配时间，即不受其他条件制约完全根据个人意愿去支配的时间，分为社会闲暇和个人闲暇两类，具体包括以下。

（1）每日闲暇。这部分时间历时较短而且零散，虽可用于娱乐休息却不足以外出旅游活动。

（2）每周闲暇。表现为周末休假时间，伴随五天工作制的实施，人们周末假日增至两天，闲暇时间比较集中，有利于开展周末度假旅游或一日游、二日游活动。

（3）公共假日。通常指节假日，各国节假日放假时间长短不一，目前我国长的公共节假日采用七天制，为人们提供了外出旅游的好时机。在西方国家中典型的长假日是“圣诞节”和“复活节”。这些节日往往是人们外出旅游度假的高峰时间。

(4) 带薪假期。目前许多国家都有带薪休假制度，该期间闲暇时间较多且连续集中，也是人们外出旅游度假的最好时机。

根据上述分析可见，并非任何闲暇时间都可参加旅游活动，只有拥有一定数量且连续集中的闲暇时间才有可能实现旅游购买行为。

(四) 文化因素

文化因素对旅游者的消费观念和行为标准有很强烈的影响力。人在不同的社会中成长，会形成不同的价值观念、偏好及认识事物的方法等，决定了一个人的行为，从而对一个人购买旅游产品的种类、购买方式及消费方式产生影响。如西方人忌“13”，认为它是个不吉祥数字，若恰逢星期五，就更加忌讳，西方人出游时会回避这个日子，住宿也会回避这个数字的楼层和房间。日本人忌讳“4”“9”，因为它与“死”“苦”同音。在中国仙鹤是吉祥长寿的象征，到了法国却是蠢汉与淫妇的代称。文化因素决定了人的行为标准，使得人们在旅游活动中对符合自己文化要求的则趋之，不符合的则避之。研究文化因素对旅游者购买行为的影响，能让经营者从文化的角度为旅游购买者提供针对性和令其满意的旅游产品和服务，以求最大限度地满足购买需要。

(五) 区位交通因素

区位交通因素往往成为旅游者购买选择的先决条件，良好的区位交通条件自然对旅游者有吸引力，有助于旅游产品项目的开发与完善。区位交通条件不佳，再好的旅游资源也只能是“养在深闺人未识”。如湖北神农架，论资源、论品位，神农架是华中第一峰，有茫茫原始森林、神奇白化动物、高山金丝燕、野人之谜等，其景色不亚于九寨沟、张家界，但其区位交通极为不便，神农架对外既无铁路，也无水路交通和空中航线，只有一条公路与外界相通，且山路盘旋陡峭，路面起伏不平，不少路段晴通雨阻、下雪即封，游客出入极为费时、费力。落后的交通不仅制约了神农架的发展，而且制约了旅游者的实际购买行为。

(六) 环境质量因素

环境质量已经越来越成为旅游者选择旅游地的重要标准。随着世界环境日益恶化，暂时摆脱严重污染的环境，到少污染或无污染的地方去恢复健康、增强体质、修身养性越来越成为人们出游的重要动机之一。优越的环境质量对旅游者有很强的吸引力，环境质量的变化影响着旅游者对旅游目的地的选择。如湖北省武汉市的东湖景区过去曾无人问津，现在到此游览的游客

日益增多，这与当地政府致力改善东湖环境，清理污染是分不开的。环境质量问题不仅是影响旅游购买的重要因素，也是当今社会所关注的焦点问题之一。

（七）旅游者自身非心理性因素

1. 年龄

年龄对旅游需求有一定影响，具体表现在需求程度、旅游动机、旅游方式、消费水平及消费结构等方面。因年龄不同而出现上述差异的实质原因并非年龄本身，而是年龄所致使的身体状况和生活周期阶段的变化。

2. 性别

性别对旅游购买需求的影响客观上是存在的。男性旅游者在旅游者队伍中所占的比例一直高于女性。对旅游经营者而言，要重视性别因素的影响，提供符合不同性别需要的差异性产品与服务。其实性别本身并不构成旅游需求的障碍或促成因素，主要原因在于男性和女性在社会和家庭生活中所扮演的角色不同、所处的地位不同，从而使他们对旅游需求产生了差别。

3. 健康因素

任何一项旅游活动都要耗费一定精力和体力，因此，旅游者身体健康状况直接影响购买行为和旅游方式，影响旅游目的地与旅游消费形式等。如患有严重心脏病的人一般不会选择有剧烈运动和较刺激的旅游产品，如坐过山车、爬高山等。

二、内部因素

（一）需求层次性

影响旅游者购买行为的因素除了外部因素外，旅游者自身的心理因素也是影响旅游者购买消费行为的动因，其中，最基本的因素是旅游需要。旅游者的需要具有多样性的特点，既包括生理、安全方面的需要，又包括社交、尊重、自我实现方面的需要；既有物质方面的需要又有精神方面的需要。旅游者的需要也表现出层次性，旅游者为了排解紧张、缓解压力、寻求舒适的环境和宜人的气候、友好交往、提高声望、获得尊重、好奇求知、追求美好事物、施展才华、显示自己价值等而外出旅游。不同的旅游需要影响着旅游者购买行为的目的性、方向性和选择性。

（二）旅游动机

如果说旅游需求是旅游行为的基本动力和源泉，那么旅游动机则是旅游行为的直接动力。一个人同时会有多种需要，产生多种动机，只有最强烈的动机才会引发行为。因此掌握了旅游者的动机结构，也就等于掌握了旅游者的行为导向。旅游动机对旅游行为具有明显的预示作用，常见的旅游动机主要有以下类型。

1. 健康动机

指旅游者为了身心健康而外出旅游，包括度假休息，参加体育活动、娱乐活动以及其他直接同保健有关的活动。长期紧张的工作、城市环境的喧嚣、繁杂的家务等不仅造成身体的疲劳，而且造成精神上的紧张感、心理上的压抑感，人们由此产生健康动机，需要通过旅游活动来消除紧张。

2. 文化动机

指人们为了增加见识、增长才干、丰富阅历而外出旅游，主要包括认识和体验异地他乡的政治、经济、文化、教育、历史、艺术、宗教状况以及风土人情、生活习俗等。这是人们求知欲、追新猎奇的心理表现。旅游是高品位享受，文化是其灵魂，旅游者因追求文化动机而产生购买行为。

3. 交际动机

人们为了进行社会交往，建立或保持某些人际关系，摆脱某些人际环境而外出旅游，属于交际动机，如探亲访友、应约访问、结交新朋友的旅游行为。

4. 地位和声望动机

主要是出于关心个人成就和个人发展需要，通过旅游实现自己得到社会承认、受人尊重、引人注意、受人赏识、获得好名声等的愿望。

5. 宗教动机

人们为了宗教信仰而参加宗教活动，或为从事宗教考察、观礼等而外出旅游，如许多在特定地点举行的祭祀活动，就吸引了许多信众前往参观、考察。

6. 业务动机

人们为了各种公务、商务活动等外出旅游，如参加学术考察、交流，到异地洽谈业务、经商、参加交易会等。

7. 购物动机

人们为购买物品而进行的旅游活动。如中国香港素有“购物天堂”之美誉，许多旅游者去香港旅游主要是为了购物。

（三）兴趣

1. 兴趣的广泛性

兴趣的广泛性是指兴趣的范围。有的旅游者兴趣非常广泛，什么活动都

喜欢参与；而有的则兴趣狭窄，除一两种活动外，什么都不能吸引他。一般而言，年轻人兴趣较广泛，而老年人的兴趣则趋于专一。

2. 兴趣的倾向性

兴趣的倾向性是指针对特定的事物，不同类型的旅游者有不同的兴趣倾向性。有的人性格活跃，喜欢参加社会活动，而有的人性格内向，喜欢自我思忖；有的人看重物质享受，而有的人则偏爱精神愉悦；有的人对新的旅游景点感兴趣，而有的人却喜欢故地重游；有的人对娱乐性及刺激性强的活动感兴趣，而有的人往往喜欢参加活动量不太大的旅游活动。

3. 兴趣的持久性

兴趣的持久性是指兴趣稳固程度和持续时间的长短，这与旅游者对所购买的旅游产品的价值与意义认识相关。旅游企业应设法激起旅游者的兴趣，提高旅游者的兴趣程度，维持旅游者兴趣的稳定性，促使旅游者持续购买。

（四）态度

态度是个人对待外界对象较稳固的内在心理倾向，是影响旅游购买行为的一个重要心理因素。态度介于知觉和行为之间，与行为有十分密切的关系，在很大程度上决定着行为方向，对人的旅游行为产生指导性和动力性的影响。态度总是针对一定对象而言的，如热爱旅游、喜爱购物等都是主体对于旅游活动所持的态度。态度具有稳定性，在旅游活动中，若是没有较为强烈的刺激因素，人们往往拒绝态度的改变。

在选择旅游线路、购买旅游产品和服务时，人们希望得到与自己态度相一致的评价，从而增强自己的信念和稳定自己的态度。一般而言，当态度处于形成初期，任何新信息的导入、好奇心和感情等都容易使态度发生变化。

（五）知觉

知觉有整体性、选择性、理解性和恒常性等特征，对旅游者购买行为有一定影响。知觉之所以具有整体性，是因为事物的各个部分和它的各种属性总是作为一个整体对人产生作用，使人们对事物形成完整、正确的认识。如宾客来到饭店，看到的不只是饭店的装饰布置，服务员的举止、着装等方面，而是饭店整体形象。知觉对旅游购买者的心理认同感受有很大影响，进而影响其购买行为。知觉具有选择性，能对外界信息进行选择性地加工，使人们的注意力集中到少数重要刺激或刺激的重要方面，排除干扰，从而更加有效地认识外界事物。如餐厅服务员上菜时，若能给客人加以必要的解释与描绘，就能使顾客提高对该菜肴知觉的理解性，形成鲜明知觉，从而可能刺

激消费并招徕更多的客人。

（六）个性与性格

个性是一个人与别人相区别的、比较稳定的心理特征的综合，它表现为个人的基本精神面貌。来自各地方、各阶层的旅游购买者都分别具有各自不同的个性特征，个性特征直接影响旅游购买者的旅游行为，不同个性的人所选择的旅游目的地和购买方式往往有差异。了解旅游者的个性特征能针对性地提供令他们满意的旅游产品与服务，以实现旅游市场营销的初级目标。旅游购买者的个性有着不同类型，主要有以下。

1. 舒适安宁型

这一类型一般以老年旅游者居多，他们大都较有教养、爱整洁，注意自己的健康。不少老年游客生活条件优越，家庭观念强，看重活动中能否获得舒适的享受，不喜欢剧烈活动，也不愿冒风险，因而，他们喜欢选择环境优美、幽雅宁静的地方，喜欢参与钓鱼、野营、读书、下棋、日光海水浴等轻松活动。旅游企业对这类旅游者推出“舒适型”产品，往往能使他们产生购买行为。

2. 追新猎奇型

这类旅游者以年轻人居多，往往体格强健，精力充沛，不看重享受，喜欢参与探险、攀登、荒野露宿、深入原始环境或人烟稀少的地方等有刺激性的活动。新奇事物和没有完全开发或新开发的项目对他们最有吸引力。旅游产品的“新、奇、特”是最佳“卖点”。

3. 交际活跃型

这类旅游者喜欢结交新朋友，乐意参加各种集会和其他社会活动，他们往往把旅游作为扩大交际、增加社会联系、促进自己事业成功和取得成就的手段。这类人一般比较随和，不强调休息和疗养，容易相处。交际活泼型旅游产品，容易激发这类旅游者的购买兴趣。

4. 研究考察型

这类人一般有较高的文化修养，受传统文化影响较深，多数是学者。他们喜欢参观博物馆、艺术馆等，对文物、古迹、历史传说、诗词等特别有兴趣。研究考察型旅游产品，对这类旅游者有吸引力。旅游营销人员应重视个性因素对购买行为的影响，因人而异采用不同的营销手段，以个性化的旅游产品分别满足不同类型旅游者的需求。

（七）学习

学习是一种接受知识的受教育过程。学习对人们的旅游动机、旅游态

度、旅游消费，对知觉、个性、兴趣、需要等产生一定影响，从而影响旅游购买行为。如减轻焦虑的旅游动机并不是与生俱有的，往往是受别人的愉快经历所影响，或是从自身体验中获得的。这种通过学习获得的减轻焦虑动机的需要，又会在很大程度上影响其对旅游目的地、旅游交通工具、活动项目等方面的选择与决策。旅游消费的学习，能使旅游购买者学会区别相互竞争的旅游产品和服务，教会旅游者怎样对待在购买决策中所包括的风险和未知因素。旅游产品和服务的更新，个人需求的变化等都能使人们调整和改变自己的行为，以适应变化发展了的情况。为更好地适应变化就需要学习，即使有经验的人也需要继续学习。对旅游购买者而言，就是要学会购买适合的产品、接受适合的价格，以及应对风险和不可知因素。旅游者参与旅游的活动过程也是学习过程，从旅游活动中汲取经验教训。经验教训的获取又直接地影响下一次购买行为，同时也影响周围人的购买行为。旅游市场营销人员可以鼓励旅游者学习产生新的动机来影响其旅游购买决策行为。

（八）审美心理

无论旅游者旅游动机如何，进行旅游活动时都包含着对美的追求，旅游的核心是美的享受。就旅游审美活动而言，表面上似乎是旅游观赏行为在一定时空中的直接表现，而实际上是旅游审美需求的结果。审美是促使人们购买旅游项目，从事旅游观赏活动的内驱力。若个体不能产生美的感知或因某种原因达不到美的享受，必然也会影响其进行旅游购买的欲望与积极性。审美旅游因人而异，如有的旅游者喜欢旅游产品的阳刚之美，具有冒险精神，喜欢攀悬崖，登绝壁，探洞穴，潜海底，漂江河，追慕险峰绝处的无限风光；有的旅游者却喜欢阴柔之美，赏明月，听流泉，荡平湖，偏爱和谐安逸的清雅环境，热衷婉秀妩媚之美；有的旅游者既喜欢阳刚之美，又喜欢阴柔之美。旅游企业经营者应善于营销“美”，以美的享受激发旅游者的购买欲望。

第三节　旅游者购买决策过程分析

一、旅游者购买决策行为的种类

1. 习惯型决策

又称惯例型决策或常规型决策，是指决策者在解决一般性的旅游问题时，根据以前处理此类问题已形成的观念、知识和经验，迅速作出选择某个旅游目的地或购买某种旅游产品和服务的决策。如有的西方旅游者喜欢年复

一年地到某个滨海旅游地度假，这就属于习惯型决策。在习惯型决策中，旅游消费者的投入程度比较低，通常跳过决策过程中的某个阶段想当然地作出决策，很少考虑购买风险。又如旅游者对于七天连锁店的选择，他们不需要征求任何意见，就可以迅速决策，是因为他们对七天连锁店了如指掌，无论在任何城市，只要是相同的连锁店，其消费期望的效用都是一样的，所以，其消费过程与结果无需再做评估。只有当消费产品出乎预期效果时，此类旅游者才考虑购后评价。

2. 扩展型决策

又称广泛型决策或外延型决策，是指对旅游中一些复杂的重大问题所作出的决策。为了解决这类复杂的旅游问题，旅游者要耗费很多时间和精力，广泛收集相关信息，考虑多种可供选择的备选方案，通过认真评估，从中作出购买选择。由于这类问题比较复杂，选择旅游目的地时涉及的外延比较大，通常情况下，旅游者要解决此类问题还必须具有丰富的旅游经验、渊博的知识、敏锐的洞察力和灵活的思维，在旅游决策时要考虑如旅游目的地的满足程度、自身的经济条件和闲暇时间的长短等因素，可能还会求助于旅游代理商、旅游专业人士、政府旅游管理部门或朋友、同事和旅游媒介等，甚至要采取共同决策的方式以确保决策的正确性。

3. 冲动型决策

又称“一分钟决策”或者瞬时决策，是指事先没有任何周密考虑而瞬时作出的决策。这种决策和习惯型决策截然不同，它不像习惯型决策那样把旅游决策建立在以往经验的基础上，而是通常由广告牌或其他形式的户外广告，或旅游者自身的从众行为，如朋友旅游的体验分享或劝说等行为诱导而引起的。此类决策具有瞬间突发奇想的特点，带有很大的偶然性或不确定性。

对于不同的旅游者，以上三种类型的决策其适用性不同。对于经常出游、具有丰富旅游经验的旅游者来说，一般情况下其决策模式以习惯型决策为多。对于初次出游者而言，由于旅游经验缺乏，自信不足，旅游决策时往往更多采用扩展性决策；有时对某些旅游十分注重的旅游者或喜欢求新求异、追求完美体验的旅游者也经常采用扩展型决策。即使同一个旅游者，其决策方式也不可能一成不变，他每次旅游决策时都有可能对购买决策进行调整。通常情况下，旅游者的决策行为处于习惯型决策和扩展型决策之间。

二、旅游者购买决策过程

旅游决策是一个持续系统的过程，旅游决策包括个体旅游者决策和群体旅游者决策。

1. 个体旅游者消费决策过程

个体旅游者的消费决策相对比较简单，其过程可通过三个持续系统的步骤来完成。

（1）识别旅游需求。这是旅游者消费决策的萌发阶段，旅游需求的识别主要有两个方面：一是弄清行为主体的旅游动机、偏好，明确旅游目标；二是了解行为客体即特定旅游目标的属性及其满足旅游需求的特点，如旅游决策时旅游者需要了解旅游动机和偏好，了解旅游需求所在，并认真了解景区景色等一般性目标，了解旅游交通、旅游酒店档次等具体性目标。

（2）收集与整理信息。这是旅游者接受广告媒介、朋友劝说等外界刺激，进行旅游机会选择的阶段。消费决策之前，旅游者针对特定旅游目标，收集相关信息，加工信息，整理信息，初步拟定旅游备选方案，进入旅游行为选择的持续过程。

（3）评估信息并做出决定。这是旅游者消费行为选择的结束阶段，即旅游者对拟定的备选方案，基于旅游者出游动机与旅游产品属性及其满足需求的特点，展开评估与论证，从中筛选出最满意的出游方案，最终作出购买决策，使旅游者正式开启出游的过程。

2. 群体旅游者消费决策过程

与个体旅游者消费决策相比较，群体旅游者的消费决策比较复杂，其决策过程表现为一个在内外因素作用下，从个人需要萌发到群体共同动机确定，经过信息收集、出游方案共同评估，直至决策形成等几个持续统一的动态过程。具体包括如下几个前后相随相续的步骤：

（1）个体需要萌发。旅游行为产生于动机，旅游需要则是动机的基础。当旅游者对自己的生活现状产生不满足感，心理失衡达到一定程度，并在内心意识到某种强烈的期望时，寻找某种机会释放心理压力，追求一种新环境下的心理平衡，自然就成为了新环境下的生活需求，旅游需要就此产生。

（2）群体共同动机确认。在个体心理已产生某种旅游动机的情况下，当旅游者意识到自己的旅游期望在某个特定的群体或阶层中得到一定认同时，他就会有意识地去进一步巩固和强化这种动机，希望能通过与他人结伴或组团的方式共同出游度假。加之在旅游媒介宣传等外界的刺激下，出游度假的

可能性更进一步得到认同和强化，共同动机由此得到确认。

（3）信息的收集。信息收集是旅游决策的重要基础，是在文化、社会、个人等多种因素的影响下，由个体分别进行的工作。信息来源主要有个体的知识积累和旅游体验带来的反馈，有来自亲朋好友、左邻右舍及同事的意见，还有旅游公司等相关团体的推销、广告以及其他商业信息。

（4）出游方案的共同评价。围绕某个旅游目标，旅游者广泛收集相关信息。旅游者个体在收集信息时可能已经不自觉地对信息进行初步评价和筛选，当群体集中汇总共同需求意见时，旅游者个体将及时提出个人比较满意的方案。众多的备选方案得到共同评估，经过协商达成共识，产生能最大化满足群体成员旅游需求的最佳旅游方案。

（5）决策的形成。得到群体内大多数成员认可的最佳方案会被确定为最终方案。尽管此方案不可能满足所有成员的个性化需求，但群体强大的凝聚力会让所有成员服从群体旅游的共同目标，接受群体多数成员认可的旅游方案，决策最终形成，群体旅游者的旅游体验因此开始。

思考与习题

1. 影响旅游者购买行为的因素有哪些？
2. 旅游者购买决策行为的种类有哪些？
3. 如何判断旅游者购买行为模式？

第四章

旅游市场营销调研

➤**教学目标**　知识目标：了解旅游市场营销调研的概念和类型，掌握旅游市场营销调研的内容和程序，熟悉旅游市场营销调研的方法和技术

能力目标：学会设计调查问卷，学会撰写旅游市场调研报告

➤**教学难点**　旅游市场营销的调研技术

➤**教学重点**　旅游市场营销调研的类型、内容和方法

第一节　旅游市场营销调研概述

一、旅游市场营销调研的概念

随着经济全球化的发展和市场界限的无国界化，消费者需求因为交通与通信的发展而越来越多样化和多变化，企业之间的竞争也日益激烈。如何分析市场、发现市场和确定市场已是旅游企业关注的关键问题。

旅游市场营销调研是指旅游企业要达到特定的经营目标，运用科学的方法，有针对性、系统地收集整理和分析有关旅游营销活动方面的信息，从而掌握旅游市场的现状与发展趋势，为旅游企业经营决策提供依据的活动。

二、旅游市场营销调研的意义

旅游市场营销调研的目的可能是制定旅游企业长远性的战略性规划，也可能是为制定某阶段规划或针对某问题的具体政策而提供参考依据。科学的旅游市场营销调研是旅游企业不断发展的基础，具体来说，主要有以下意义。

（一）有利于旅游企业发现市场空缺和市场机会

市场竞争环境错综复杂，瞬息万变，要想立于不败之地，必须不断地寻找增长点。企业只有不断开展大量、系统、准确的市场调研活动，才能了解市场环境状况，分析市场空缺，准确把握市场机会。

（二）有利于了解消费者需求，开发新产品

通过对消费者消费行为、态度的研究，了解消费者对某种产品或服务的需求，使企业在进行新产品的开发和设计时，能充分考虑消费者意见，最大限度满足消费者需求。

（三）有利于及时评估、监测市场运营状况

企业营销决策方案一旦形成，就需要不断地监控实施效果。企业营销管理者需要通过市场调研，获知市场经营状况的及时反馈，了解某一种营销策略的执行情况，及时进行方案调整，否则可能会带来不必要的资源浪费。

三、旅游市场营销调研的类型

（一）探测性调研

探测性调研是旅游企业对市场情况把握不太清晰或不知从何着手时所采用的方法。探测性调研具有灵活的特点，虽然有时也规定大致的调研方向和步骤，但是一般没有一个固定的计划。这种调研不排斥任何收集或分析资料的方法，但更倾向于应用第二手资料，如分析现成的市场报告、咨询旅游专家、学习以往类似案例等。探测性调研可用于以下几种情况：第一，探寻潜在的问题或机会；第二，寻找解决有关问题的新理念和新思路；第三，更精确地确定企业所面临的问题。因此，探测性调研的特点是规模较小、方法比较简单。

（二）描述性调研

描述性调研是一种常见的项目调研，是指对所面临的不同因素、不同方面现状的调研，其资料数据的采集和记录，着重于客观事实的静态描述。大多数的旅游市场营销调研都属于描述性调研，如旅游产品使用情况调研、旅游产品促销效果调研、旅游者消费特征调研等。与探测性调研相比，描述性调研和关注的问题更为具体。描述性调研需要有较为详细的调研计划和实施步骤，以保证调研结果的准确性。描述性调研解决的是总体的描述性特征的问题，寻求关于“谁”“什么”“什么时候”“哪里”和“怎样”等问题的答案。

（三）因果性调研

因果性调研是指为了查明项目不同要素之间的关系，以及查明导致产生一定现象的原因所进行的调研。描述性调研可以说明某些现象或变量之间相互关联，但要说明某个变量是否引起或决定着其他变量的变化，就需要因果

关系调研。首先，进行初始调研，以便找出所有可能的原因。其次，以伴随变化和相继发生作为标准，对每一个可能的原因进行考察，减少可能原因的数目。这需要分三步来进行：第一步，先是应用第二手资料、已知事实和推理删除一些因素，通常这一步可把大部分可能的因素删除掉；第二步，应用搜集到的各种必要的原始数据或资料及其分析结果作为证据，再在剩余的原因中删除一些因素；第三步，为将其范围进一步缩小，一般要采用实验法，实验虽然不是确定因果关系的唯一方法，但它却是有效控制有关因素的唯一方法。经过这样的调研与分析过程，我们就有把握确定哪些因素影响了哪一个因素，或哪一些因素发生了怎样的变化。

(四) 预测性调研

预测性调研是指专门为了预测未来一定时期内，某一环境因素的变动趋势及其对企业市场营销活动的影响而进行的市场调研。这类调研的结果就是对事物未来发展变化的一个预测。预测性调研是利用事物之间已知的因果关系或数学模型，用一个或数个事物的变化趋势推断另一个或几个事物的变化趋势。

第二节　旅游市场营销调研的内容与程序

一、旅游市场营销调研的内容

旅游市场营销调研的内容主要分为旅游市场宏观环境调研、旅游市场需求调研、旅游市场供给调研和旅游市场营销组合调研。

(一) 旅游市场宏观环境调研

旅游市场宏观环境是指旅游企业运行的外部大环境，主要包括以下几个方面。

1. 经济环境调研

经济环境主要是指全球的经济发展形势，某一国家或地区的经济发展阶段和发展水平，居民的收入、消费状况等。

2. 政治、法律环境调研

政治、法律环境主要是指某一国家或地区的政治制度以及法律制度，包括现行的政策、条例和法规。这些制度对所有处于其中的人们都会产生直接的影响。

3. 社会文化环境调研

社会文化环境主要是指一个国家或地区的文化、道德以及社会等因素，还包括人口的结构、分布以及受教育程度、宗教信仰与风俗习惯等。

4. 自然环境调研

自然环境主要是指一个国家或地区的区位条件、地质地貌、气候特征以及各种自然资源等。

5. 科学技术环境调研

科学技术环境主要是指一个国家或地区技术的发展阶段、应用状况以及发展趋势等方面的情况。科学技术在多方面影响和制约着旅游企业的发展。如在一个电力缺乏的自然风景区，想通过建立一个迪士尼乐园来发展旅游业几乎是不可能的。

(二) 旅游市场需求调研

旅游市场开发和旅游产品设计必须以消费者的需求为导向，才能获得持久的经济效益。于是，掌握旅游市场需求信息就成为旅游市场调研的重要任务，具体调研内容包括以下几方面。

1. 旅游者调研

包括旅游者基本情况信息，如旅游者的国籍、年龄、性别、职业、民族等，旅游者的收入状况与闲暇时间，旅游者人口特征，旅游者对旅游产品的评价。

2. 旅游消费行为调研

包括旅游者旅游时间、旅游方式、目的地选择、消费水平选择等，以及旅游者作出这些选择的原因。如旅游者为何选择“十一”长假高峰后去登庐山；是乘飞机还是坐火车；是选择在九江住一般的旅馆，还是在牯岭过夜等。

3. 旅游动机调研

旅游动机是旅游者消费行为产生的根本原因，是促使一个人有意于旅游以及到何处去做何种旅游的内在驱动力。旅游者外出旅游的动机多种多样。如现在很多大学生利用假期和朋友结伴去西藏旅游，一方面他们是为了欣赏西藏独特的自然风光，另一方面是为了追寻西藏深厚的文化，这是大学生提高自我、实现自我需要的体现；有的人出去旅游仅仅是为了暂时摆脱身边的不愉快，调节紧张的生活节奏。在了解了消费者旅游的动机后，可有意识地加以引导，进而影响其旅游行为。

(三) 旅游市场供给调研

1. 可进入性调研

即旅游目的地同外界的交通联系以及旅游目的地内部交通运输的通畅和

便利程度，包括陆路、水路和空中通道的基础设施的状况以及各种交通运输工具的运营安排。如果涉及出入境旅游，还需调研签证手续的繁简程度、出入境通关效率、信息咨询的便利性和有效性等。

2. 旅游吸引物调研

旅游吸引物包括能够吸引旅游者到来并能激发游客游兴的自然、人文、社会等事物、事件或现象。旅游吸引物的范围很宽泛，如深圳经济特区的经济、科技、社会发展成就都可以算作旅游吸引物。旅游吸引物的数量和质量决定了旅游目的地对旅游者的吸引力。

3. 旅游服务调研

这包括为旅游者食、住、行、游、购、娱提供服务的餐饮、娱乐、交通、住宿等旅游企业的服务质量、企业形象、经营水平等信息。

4. 旅游目的地承载力调研

承载力是指一个旅游目的地在不至于导致当地环境的破坏和来访旅游者的游览质量出现不可接受的下降的前提之下，所能吸纳外来旅游者的最大能力。旅行社必须获取有关旅游承载力的信息，以此为依据来决定所组织的旅游者规模，以保护旅游地环境，促进旅游的可持续发展。

（四）旅游企业市场营销组合调研

旅游企业的市场营销活动主要围绕产品、价格、渠道和促销在内的“4P”营销组合展开，因此，旅游市场营销活动的调研也应对企业自身和竞争对手的营销组合情况进行调研。

1. 旅游产品调研

旅游产品调研的对象主要包括旅游产品生命周期、旅游产品的市场占有率、新产品的开发、旅游产品品牌等。

2. 旅游产品价格调研

旅游产品价格调研的对象主要包括旅游新产品定价，现有旅游产品定价的合理性，影响旅游产品价格的主要因素，旅游者对旅游产品价格的反馈，旅游产品的需求弹性等。

3. 旅游产品营销渠道调研

旅游产品营销渠道调研的对象主要包括产品营销渠道的数量、分布和业绩，现有营销渠道的畅通程度，其他旅游中间商对营销渠道的评价、管理，新营销渠道的构建等。

4. 旅游促销调研

旅游促销调研主要包括促销对象调研、促销方法调研、促销投入调研、

促销效果调研等。

二、旅游市场营销调研的程序

（一）前期准备阶段

1. 确定调研目标和问题

调研目标是调研所要达到的具体目的，包括旅游企业产品和服务问题、经营中出现的困难、市场竞争问题及未来发展方向等。为使调研目标明确具体，必须要考虑调研的目的、调研的内容、调研结果的用途及调研结果的阅读者等问题，从而为下一步调研工作的顺利进行奠定基础。

2. 确定收集资料的范围和方式

一般而言，旅游企业市场调研收集资料的范围包括企业内部、政府机构、行业协会、商业机构、同行等。旅游企业市场调研收集资料的方式有直接方式和间接方式两种。直接方式是旅游企业自己采用各种市场调研方式（如典型调研、重点调研、抽样调研）和各种市场调研方法（如观察法、实验法、访问法等），对市场信息进行收集、整理、分析。直接收集的市场资料实用性强、可信度高，但取得直接资料需要较高的成本。

间接方式是指从别人组织的各种调研所收集和积累起来的资料中，摘取和整理出的旅游市场及其有关的资料。报纸、年鉴等都是其重要来源。间接资料的主要特点是节约费用，可以充分利用别的组织提供的而自身企业无法获得的调研资料，但需考证其真实性，且适用性较直接资料低。

3. 拟订调研工作计划

在确定调研目标后，就要拟订调研工作计划。调研工作计划是对某项调研本身的具体设计，设计内容主要包括调研的组织领导、调研工作要求、调研对象、调研的地区范围、调查表、样本抽取、工作进度和费用预算等，目的是使调研工作能够有计划地进行，以保证调研方案的实现。

（二）调研实施阶段

1. 对调研人员的培训

（1）基础培训。它包括基本的礼仪、着装；如何应对拒访等突发情况；提高、追问、记录的技巧。

（2）业务培训。它包括解释调查问卷；统一问卷的填写方法。

2. 实地调研

实地调研，就是到现场去获取第一手资料，并对它进行分析研究。

(三) 调研结果处理

1. 调研资料的整理与分析

旅游市场调研资料的整理和分析也是市场调研充分发挥作用的关键。实地调研结束后，调查人员需对调查表进行细致检查，剔除不合格的调查表，然后对合格调查表进行编号，以便于统计。有些数据还需要进行科学的加工处理，加工处理过程中必须保证信息的精确性和完整性。调研资料分析分为经验分析和数学分析两种类型。经验分析是指凭借专业人员的经验和智慧，对调研资料进行定性分析。数学分析是指利用先进的统计学方法和决策数学模型，辅之以经验分析与判断，以保证调查分析的科学性和正确性。

2. 撰写调研报告

调研报告是旅游市场营销调研的最终成果，也是制定旅游市场营销策略的重要依据。调研报告分为两种类型，分别是专题性报告和一般性报告。专题性报告主要的阅读者是专业人员，如总经理、营销总监、营销经理等。因此，专题性报告尽可能数据准确、内容翔实。一般性报告的阅读者是公众或旅游企业非营销部门人员。因此，一般性报告尽可能短小精悍、避免太过于专业，而影响阅读效果。调研报告的结构一般包括以下几个方面。

(1) 封面。主要包括报告题目、完成人、完成时间、完成部门等。

(2) 目录。目录一般应覆盖三级标题，并标注页码，让读者能尽快找到感兴趣的内容。

(3) 摘要。摘要是用简短的文字客观陈述研究结果，以便企业领导迅速地了解报告的核心内容和重要结论。

(4) 前言。介绍本次调研的调查目的、调查对象、调查范围、调研方法和抽样方法等。

(5) 调研结果。主要是对调查结果辅以图表，进行有条理的陈述与分析，要求用语准确、逻辑清晰。

(6) 结论与建议。在调查结果的客观展示的基础上，得出主要结论，并结合企业自身情况明确其面临的优势与困难，提出解决下一步工作的建议或对策。

(7) 附录。附录是附在调研报告的主体部分之后，对调研报告主体部分的有益补充和必要说明，一般包括调查问卷、抽样名单、相关统计表格、检验计算过程与结果等。

资料4-1

2011年三亚市“春节”黄金周旅游市场抽样调查报告

前言

为了准确、及时地了解游客在我市春节黄金周期间的旅游消费情况，根据三亚市政府春节黄金周分工要求，我局对775名国内旅客在我市春节黄金周期间的旅游消费情况进行了为期6天（2月3日—2月8日）的抽样问卷调查工作，现将所调查的有关内容综合并分析如下：

第一部分　调查样本的基本信息

1. 被调查的全部游客问卷中，国内过夜游客700份，一日游游客75份。

2. 从过夜游客构成看，广东游客占13.1%，位居第一，同比提高6.0个百分点；北京游客占7.7%，同比下降0.1个百分点；四川游客占7.7%，同比提高1.7个百分点；湖南游客占5.4%，同比提高0.3个百分点；浙江游客占5.4%，同比下降0.4个百分点；比重占4%以上的还有江苏游客（4.7%）、河南游客（4.1%）。从区域分布的地缘情况来看，广东、广西、湖南三省游客占全部游客比重达到21.5%，同比提高7.2个百分点。从传统客源市场看，北京、上海、广东三省市游客所占比重达到24.5%，同比提高4.9个百分点，而东北三省则下降3.9个百分点。

第二部分　主体问卷部分

一、过夜游客到三亚旅游的意向调查

1. 国内游客到三亚的目的调查中，观光旅游占67.4%，同比提高5.5个百分点；休闲度假占29.4%，同比下降3.8个百分点，探亲、访友商务分别占2.3%、0.5%，会议、文化和其他仅占0.4%。可以看出，三亚已经成为游客观光度假的目的地。

2. 在被调查的国内游客中，有49.3%的游客是第一次到三亚，同比下降2.5个百分点；有50.7%的游客是第2次及以上到三亚，同比提高2.5个百分点，三亚优美的自然风光吸引了越来越多的回头客。

3. 从旅游方式上看，虽然国内游客散客占比下降1.5个百分点，但仍然达到64.6%，散客依然是我市旅游市场的主体，参团仅占35.4%。

二、对三亚旅游环境的评价

经过一年来的全市旅游环境综合整治，特别是今年春节前夕，我市召开旅游环境综合整治工作大会，对城市交通、旅游市场、社会治安、城市卫生、行业安全等进行针对性的全面部署，并实行工作问责制，取得明显成效。在接受调查的775名游客中，综合满意率达96%，同比提高0.8个百分点。

1. 接受调查的国内过夜游客对我市的旅游价格、旅游服务质量、餐饮、民航、景区秩序与厕所卫生、文化娱乐、购物、旅行社与导游服务等旅游要素进行评价，综合满意率为95.8%，同比提高1.0个百分点。其中，景区秩序与厕所卫生满意率为96.8%，同比提高5.8个百分点；餐饮满意率为94.0%，同比提高1.0个百分点。

2. 接受调查的一日游游客综合满意率为97.3%，同比下降1.2个百分点。

三、游客在三亚的花费构成分析

从人均花费构成看，国内过夜游客为1 727.22元，同比增长4.0%；一日游游客为511.03元，同比增长18.8%。从人均停留天数看，国内过夜游客为3.09天，同比下降16.9%。从过夜散客花费构成看，“吃、住、行”占75.8%，同比提高6.0个百分点，“游、购、娱”占22.3%，同比下降3.4个百分点。从一日游游客看，“吃、行”占43.9%，同比提高3.6个百分点，“游、购、娱”占49.0%，同比下降4.0个百分点。我市的旅游发展仍停留在“吃、住、行”的粗放阶段，须进一步丰富旅游产品，挖掘游客在“游、购、娱”消费方面的潜力。

第三部分 调研报告结论

一、国内游客希望改进的方面

从总体上看，绝大多数游客对我市春节黄金周的旅游环境比较满意，但部分被访者认为有些美中不足之处影响了我市的形象。经整理，游客集中反映如下几个问题：

1. 交通方面。一是出租车少，有拒载、打的难的情况；二是交通拥堵，秩序混乱，摩托车乱闯红灯，停车位少；三是交通线路太少，公交车不准时，服务态度差，有拒载现象。

2. 物价方面。一是景区的物价贵，娱乐项目价格过高；二是三亚物价太高；三是购物时存在缺斤少两的行为；四是小商小贩乱定价，存在一定的消费陷阱。

3. 环境卫生方面。地上有槟榔渣；海边垃圾多；卫生间少。

4. 旅游产品。地方特色文化不浓；国际旅游岛内涵不够，如“远岛游”产品缺失；缺少精品意识。

5. 服务人员方面。餐饮、导游和景区服务人员态度不够好。

二、值得关注的几个问题

1. 接待设施的多元化。今年春节黄金周，随着家庭旅馆、社会旅馆、个人度假房产等接待设施加入旅游接待，对我市的旅游饭店带来一定冲击。据市旅游委游客抽样调查显示，30%的受调查游客选择入住自有住房或亲友住房，25%的游客选择入住家庭旅馆，选择入住高星级豪华酒店的游客仅占8%。三亚春节黄金周旅游饭店平均出租率为83.92%，同比下降2.56个百分点，而高星级旅游饭店是我市旅游服务业税收的纳税主体之一。

2. 东环高铁对我市客源的影响。一是带动海南人游三亚。由于开通东环高铁，海南游客占我市国内过夜游客的3.9%，同比提高了2.2个百分点。二是平抑我市旅游市场价格。由于东环高铁具有快捷、方便的运输特点，推动了全省旅游市场实现协调、均衡发展，我市的假日旅游市场价格偏高将得到平抑。

3. 旅游新业态受到游客的青睐。2011年是国际旅游岛建设的第二年，随着各项建设的加快推进，一些新旅游产品、体验型旅游产品受到游客热捧。据旅游委抽样调查显示，54%的受调查游客选择前往以热带雨林为主题的三亚亚龙湾热带天堂森林公园游玩，45%的游客选择温泉、康体疗养、海上游乐、潜水、高尔夫等水上娱乐和沙滩娱乐产品。高端豪华游艇体验等旅游新产品也受到一些游客的热捧。此外，随着“海南皇后”号进驻三亚，环海南岛邮轮度假旅游航线将开启，将开辟以三亚为母港的更多邮轮航线。直升机低空空域试飞活动的举行标志着以直升机为载体的旅游新产品也将逐步出现，邮轮和游艇、直升机等新型旅游业态将成为旅游产业将来的亮点。

三、几点建议

1. 开发好旅游主打产品，培育景区特色。要积极推出具有娱乐性、参与性、刺激性的旅游互动产品，旅游新产品要以本地为主，多在特色产品上下功夫，把景区的“一日游”变成“二日游”“三日游”，让游客在互动娱乐中增加旅游消费支出。

2. 继续提高城市管理水平，建立健全旅游管理长效机制。加强对出租车行业的经营管理，严禁出租车随意拒载，可考虑在春节黄金周采取临时发放短期出租经营牌照给愿意进行出租营运的私家车，以补充我市出租车动力不足，完善公共交通建设，改善城市交通环境；不断加大旅游服务人员的职业教育，提高旅游服务水平；继续加强的旅游市场价格监管工作，打击短斤少两、欺客宰客行为；加强城市环境治理，落实整治工作片区责任制，保持立体的网格式交叉管理，进一步建立健全旅游管理长效机制。

3. 积极开发新的旅游景点景区。由于我市景点景区仍然不多，而节假日期间，由于大量游客集中到来，导致景区景点过于拥挤，今年“春节”黄金周，一些景点景区连续几天达到日最佳接待量的100%以上，这可能会导致该景点景区旅游服务质量下降。因此，要以三亚独特的资源禀赋为特色，加大开发新的景区景点，积极打造新旅游景区品牌，做大做强旅游产业。

4. 加强对家庭旅馆和社会旅馆的监管。提高家庭旅馆的入市门槛，控制建设数量，防止低档住宿业过度发展对高星级酒店产生的冲击。

5. 适当控制商品房市场的发展，鼓励发展旅游房地产。一是商品房在购买时一次性交款后，就不再产生任何税收。二是由于在重大的节假日期间，在我市已购买商品房的大量“候鸟型”度假人群“归巢”或将房屋租借给别人，这必然分流我市部分客源，同时也会使我市的旅游环境、公共服务及市政设施等方面突然承载较大压力，有的购房者将房屋与别人进行交换，还将可能产生社会问题，增加社会不稳定因素。从长期看应适当控制商品房市场的发展，鼓励发展以经营性为主的产权式酒店等新型房地产业态。

第三节　旅游市场营销调研的方法和技术

一、旅游市场营销调研的方法

（一）访问调研法

访问调研法是调研人员与被调研者直接接触的实地调研方法，旅游市场营销调研人员通过将事先拟订好的调研问题以各种方式对被调研者进行访问，通过其回答获取所需资料。为了调研人员收集资料的规范与整理资料的方便，事先拟定的问题一般以调研问卷的形式出现，所以，调研问卷的设计直接影响调研的效果。访问调研法一般分为以下四种：

1. **面谈调研法**

由调研人员访问被调研者，根据调研提纲当面提问或电话提问，其方式有个人访谈、小组访谈、会议访谈三种。采用这种方法，调研人员可以依据被调研者的具体情况，灵活决定谈话方式、谈话内容和时间，并有助于消除被调研者的疑虑，建立融洽的访谈气氛，因而效果好、质量高。但是，这种方法费时间，费用也比较高，又容易受调研人员素质的影响，管理操作比较困难。

2. **邮寄调研法**

调研人员将设计好的调研问卷通过各种媒介（如利用邮政邮寄、发送电子邮件、报纸杂志刊登等）传递给被调研者，请其填写后寄回。这种方法可以调研比较多的内容，被调研者也可以有时间认真考虑、从容回答。但是，这种调研的回收率低、信息反馈时间长，从表格中也很难判断被调研者回答的真实性。因此，使用邮寄调研法可以用一定的物质刺激来提高调研表的回收率。

3. **留置调研法**

这种方式介于访问法与邮寄法之间，是调研人员在访问过程中留下调研问卷，让被调研者自由填写，过后再予以收回。这种方法可以避免访谈法时间比较短、仓促、问题简单的缺点，也避免了邮寄法回收率低的问题，但是费时间，成本高。

4. **电话调研法**

由调研人员根据抽样要求，选取样本，通过电话向被调研者直接征询相关问题以获取所需信息的方法。这种方法的优点是信息反馈快，费用比较低，但是，询问时间短，问题设置不可能太多，很难深入交流。

（二）文案调研法

文案调研法就是通过收集各种历史和现实的动态统计资料（二手资料），从中摘取与市场调研有关的情报，在办公室内进行统计分析的调研活动。所以也称间接调研法、资料分析法或室内研究法。就一般情况而言，统计数据的收集相对快捷，成本较低。

统计数据的资料来源主要是：旅游企业内部积累的各种资料，如旅游报刊以及一些内部文件；国家机关公布的国民经济发展计划、统计资料、政策、法规等一些内部资料；旅游行业协会和其他旅游组织提供的资料，或旅游研究机构、旅游专业情报机构和咨询机构提供的市场情报和研究成果；旅

游企业之间交流的有关资料；国内外公开出版物如报纸、杂志、书籍及图书刊登的新闻、报道、消息、评论以及调研报告。获取以上统计数据的方法主要有以下三种：

1. 文献资料筛选法

这种方法通常根据旅游市场营销调研目的和要求，有针对性地查找有关文献资料，从中分析和筛选出与旅游企业市场营销有关的信息情报。如某旅游企业要收集有关我国旅游者旅游消费支出状况的统计数据，就可以通过《中国旅游统计年鉴》查出不同年龄阶段、不同职业状况的旅游者在不同城市旅游消费支出状况，进而查出旅游者在餐饮、住宿、市内交通、购物、娱乐方面的状况。由于文献筛选法具有传播广泛、查找记录方便的优点，因而文献资料筛选法是旅游企业获取技术和经济情报的最主要来源。

2. 报刊剪辑分析法

这种方法是指调研人员平时从各种报刊中分析和收集旅游营销信息。信息社会突出的特点是信息量大和信息流快，市场情况的瞬息万变在日常新闻报道中都会有所体现。旅游调研人员如果仔细去观察、收集、分析各种公开发行的报纸与杂志中与旅游企业市场营销有关的信息，往往会收到意想不到的营销效果。因此，旅游企业应积极订阅与旅游相关的报纸杂志，同时还应该充分利用广播、电视、互联网等现代通信宣传渠道，收集情报信息，以及时发现市场机会，争取和占领市场。

3. 情报联络网络

这种方法是指旅游企业在全国范围内或国外某些地区设立情报联络网，扩大商业情报资料收集工作的范围。一般由旅游企业派遣专门人员在重点营销地区设立固定情报资料收集点或同旅游相关部门以及有关情报中心定期互通情报，以获得有关旅游市场供求趋势、旅游者购买行为、价格情况等方面的信息，从而建立起旅游情报网。

世界上大型连锁酒店一般都设有情报联络网，连锁集团内部酒店可以共享相关的旅游营销信息。由于情报联络网涉及的范围广，因而获取的情报信息量大、综合性高。但是这种方法也受到旅游企业自身规模、资金和人力的制约，它一般适用于大型的旅游集团企业。

（三）观察调研法

观察法是指由旅游调研人员到各种现场进行观察和记录的一种市场调研方法。在观察时，既可以耳闻目睹现场情况，也可以利用照相机、录音机、摄像机等仪器对现场进行记录，以获得真实的信息。如在旅游景区观察游客不文明行为；在旅游商店观察游客的购买行为；在酒店前台观察员工为客人办理入住退房的情况等。

观察法的优点是被调研者往往是在不知不觉中被观察调研的，处于自然状态，因此所收集到的资料较为客观、可靠、生动、详细，调研成本低，结果容易分析，但只能观察到事实的发生，观察不到行为的内在因素如感情、态度等。观察难以覆盖全部市场，导致所获信息有局限性等。

（四）实验调研法

实验调研法是指旅游调研人员将调研对象置于特定的控制环境之中，通过实验检验差异来发现变量之间的因果关系的一种调研方法。它主要用于调查或测量某一变量的变化对其他变量的影响。如旅游产品价格的变化对销量的影响，广告费用的增减对产品销量的影响等。在使用实验调研法时，主要做法是固定其他变量，主动调整自变量后观察因变量的变化，从而得出自变量和因变量之间的因果关系。由于实验调研法是在较小的环境下进行实验，因此在管理上容易控制，所获取的资料也较为客观。主要缺点是费用较高，花费时间长。

二、旅游市场营销调研技术

（一）抽样技术

按照调研对象的范围，市场调研样本的选取可以分为市场普查和抽样调研两种方法。市场普查法，也称全面调研法，是对所要研究的全部对象做无一遗漏的全面调研，具有调研范围广、调研对象多、资料全面等优点，但工作量大、成本高、调研的内容有限。而抽样调研作为非全面调查的重要方式，已被普遍采用。抽样调研是根据部分实际调研结果来推断总体情况的一种统计调研方法，属于非全面调研的范畴，是按照科学的原理和计算，从若干单位组成的事物总体中，抽取部分样本单位来进行调研、观察，用所得到的调研标志的数据以代表总体，推断总体。抽样调研数据之所以能用来代表和推算总体，主要是因为：①调研样本是按随机的原则抽取的，在总体中每一个单位被抽取的机会是均等的，因此，能够保证被抽中的单位在总体中的均匀分布，不致出现倾向性误差，代表性强。②是以抽取的全部样本单位作为一个“整体”，用“整体”来代表总体。而不是用随意挑选的个别单位代表总体。③所抽选的调研样本数量是根据调研误差的要求，经过科学的计算确定的，在调研样本的数量上有可靠的保证。④抽样调研的误差在调研前就

可以根据调研样本数量和总体中各单位之间的差异程度进行计算，并控制在允许范围以内，调研结果的准确程度较高。

与其他调研一样，抽样调研也会遇到调研的误差和偏误问题。通常抽样调研的误差有两种：一种是工作误差，也称登记误差或调研误差；另一种是代表性误差，也称抽样误差。但是，抽样调研可以通过抽样设计、计算并采用一系列科学的方法，把代表性误差控制在允许的范围之内，因此，抽样调研的结果是非常可靠的。抽样调研分为简单随机抽样、等距抽样、分层抽样和整群抽样等类型。

1. 简单随机抽样

也叫单纯随机抽样，就是不进行任何分组、划类、排队等，从总体中完全随机地抽取调研单位。特点：每个样本单位被抽中的概率相等，样本的每个单位完全独立，彼此间无一定的关联性和排斥性。简单随机抽样是其他各种抽样形式的基础。通常只是在总体单位之间差异程度较小和数目较少时，才采用这种方法。

2. 等距抽样

也叫机械抽样或系统抽样，是将总体各单位按一定标志或次序排列成图形或一览表式，然后按相等的距离或间隔抽取样本单位。特点：抽出的单位在总体中是均匀分布的，且抽取的样本可少于随机抽样。等距抽样既可以用同调研项目相关的标志排队，也可以用同调研项目无关的标志排队。等距抽样是实际工作中应用较多的方法，目前我国城乡居民收支等调研，都是采用这种方式。

3. 分层抽样

也叫类型抽样，是将总体单位按其属性特征分成若干类型或层，然后在类型或层中随机抽取样本单位。特点：由于通过划类分层，增大了各类型中单位间的共同性，容易抽出具有代表性的调研样本。该方法适用于总体情况复杂，各单位之间差异较大，单位较多的情况。

4. 整群抽样

是从总体中成群成组地抽取调研单位，而不是一个一个地抽取调研样本。特点：调研单位比较集中，调研工作的组织和进行比较方便，但调研单位在总体中的分布不均匀，准确性要差些。因此，在群间差异性不大或不适宜单个地抽选调研样本的情况下，可采用这种方式。

(二)调研问卷设计技术

1. 调研问卷的基本结构

(1)标题:主要是直接说明调查的主题,要求明确、简洁,具有针对性。如“北京市居民旅游消费调查问卷”“我与广告——公众广告意识调查”等。

(2)前言说明部分:说明调查的目的、意义;说明填表须知、交表时间、地点及其他事项;消除被调查者顾虑;表示对参与调查者的感谢。

(3)问卷主体:问卷主体是市场调查所要收集的主要信息,由问题及相应的选择项目组成。通过主体部分问题的设计和被调查者的答复,市场调查者可以对被调查者的个人基本情况和对某一特定事物的态度、意见倾向以及行为有较充分的了解。

(4)编码:大规模的问卷调查一般加以编码,便于分类整理和统计分析。

(5)结束语:主要表示对被调查者合作的感谢,记录被调查者姓名、调查时间、调查地点等。如有礼品赠送,要写上其领取方式和内容。

2. 调研问卷中的问题设计

(1)封闭式问题。

①二元选择。如与其他国家相比,您是否有兴趣前往澳大利亚旅游?

②多元选择。如您每年用于旅游消费的支出是多少? A. 2 000 元以下 B. 2 001—5 000 元 C. 5 001—9 999 元 D. 10 000 元以上

③排序法。如以下 15 个海南旅游景点中,您最感兴趣的前三个是什么?

④量度法。如您对三亚的旅游印象怎么样?最低 1 分,最高 5 分,请打分。

(2)开放式问题。

①自由式。您会参加网上组织的旅游吗?如果会,原因是什么?如果不会,原因是什么?

②联想式。如提到海南旅游,您首先想到什么?

③填空式。如选择旅行社,您最先考虑________。

资料4–2

旅游者行为调查问卷

您好，感谢您参与旅之窗旅游市场调研问卷，完整填写问卷的会员，均有机会赢取旅之窗赠出的精美小礼品一份。

1. 您的学历：(单选)

□高中、中专以下　□大专　□本科　□研究生　□博士生及以上

2. 您的年收入：(单选)

□2 万以下　□ 2—5 万元　□5—8 万元　□8 万元以上

3. 您每年出行旅游的次数有多少？(单选)

□无　□1 次　□2—3 次　□3—5 次

4. 您每年的花在旅游上的费用有多少？(单选)

□2 千元以下　□2 千至 5 千元　□5 千至 1 万元　□1 万至 2 万元

5. 您的旅游费用主要来源是什么？(单选)

□工资收入　□亲朋好友赞助　□公司报销　□其他

6. 您经常和谁一起出游？(单选)

□家人　□朋友/同学　□同事　□驴友　□独自一人　□其他

7. 您经常需要提前多少时间准备出游？(单选)

□1 周以内　□1 周到 2 周　□1 个月到 2 个月　□2 个月以上

8. 您经常采用哪种旅行方式？(单选)

□自由行　□参加团队游　□自驾游　□其他

9. 您旅游的动机是什么？(单选)

□休闲　□观光　□增长知识　□探亲访友　□公务出差　□其他

10. 出行旅游前，您最关心出行目的地的哪些信息？(多选)

□景点　□行程　□地图　□住宿　□交通　□当地特色　□购物　□餐饮　□娱乐　□气候　□其他

11. 您的旅游信息来源有哪些？(多选)

□电视　□电台　□报刊　□旅游书籍　□上网查询　□宣传资料　□旅行社　□亲友同事介绍　□其他

12. 您选择旅游网站主要考虑哪些因素？(多选)

□信息量大　□查询方便　□网上预订便捷　□其他

13. 您经常浏览哪些旅游类网站？（多选）

□携程　□艺龙　□同程　□搜狐旅游频道　□新浪旅游频道　□其他

14. 您对“旅之窗”网有什么好的意见或者建议吗？

3. 问卷设计的注意事项

问卷设计是一项十分细致的工作，一份好的问卷应做到内容简明扼要，信息包含要全；问卷问题安排合理，合乎逻辑，通俗易懂；便于对资料分析处理。资料收集的准确与否，直接来源于问卷主题设计是否科学与合理，一份好的问卷主体设计要求如下：

（1）文字要表达准确，内容具体明确。不应使填卷人有模糊认识，如“您经常外出旅游吗?”用词不准确，因为“经常”的含义不同的人有不同的理解，回答各异，不能取得准确的信息。如改为：“您去年外出旅游的次数是?”这样表达就很准确，不会产生歧义。因此，问题中应不出现“经常”“也许”“大概”等容易使填卷人与调查者产生理解分歧的词汇。

（2）避免应答者不明白的缩写、俗语或生僻的用语。如面对老龄市场需求调查时，使用“驴友”就可能引起误会。

（3）问卷要避免使用引导性的语句。如设计问卷时，“××旅行社的旅游产品质优价廉，您是否准备选购?”这样的问题容易使填卷人由引导得出肯定性的结论或对问题的反感，简单得出结论，这样不能反映消费者对商品的真实态度和真正的购买意愿，所以，产生的结论也缺乏客观性，可信度低。

（4）问卷问句设计要有艺术性，避免对填卷人产生刺激而不能很好地合作，例如：

A. 您至今未出国旅游的原因是什么?

a. 没有钱　b. 没有兴趣　c. 不懂外语　d. 对现有产品不满意

B. 您至今未出国旅游的主要原因是什么?

a. 价格比较高　b. 对组团旅行社不满意　c. 现有产品设计不合理

显然，B更有艺术性，能使被调查者愉快地合作，而A较易引起填卷人反感、不愿合作，导致调查结果不准确。

（5）避免敏感性问题。涉及填卷人的心理、习惯和个人生活隐私而不愿回答的问题，即使将其列入问卷也不易得到真实结果。遇有这类问题，如果实在回避不了，可列出档次区间或用间接的方法提问。如调查个人收入，如果直接询

问，不易得到准确结果，而划分出不同的档次区间供其选择，效果就比较好。

根据调查行业和调查方向的不同，问卷的设计在形式和内容上也有所不同，但是无论对哪种类型的问卷来说，在设计过程中都必须注意以下几个要点：明确调查目的和内容，问卷设计应该以此为基础；明确针对人群，问卷设计的语言措辞应选择得当；在问卷设计时，应考虑数据统计和分析是否易于操作；卷首最好要有说明（称呼、目的、主办单位），如涉及个人信息，应该有隐私保护说明；问题数量合理化、逻辑化，规范化。

最后，即使是一份看起来设计很成功的问卷，也不一定在实践中就是成功的，必须要经历实践检验，所以在问卷初步设计完成时，应该设置相似环境，小范围调查，并对结果反馈，及时进行修改，才能够达到市场调查的终极目的。

4. 其他注意事项

（1）如何提高问卷的回收率。

①对于目标明确的问卷调查，可采用上门访问，当面分发、当面回收，也可电话问卷调查。②调查员使用一定的技巧和措施，如说明调查的好处，或给予小礼物等。③增加调查对象的数量。④争取权威部门的支持。

（2）影响问卷的因素。

①组织工作的状况：问卷的分发方式是否合理，在调查过程中是否进行监管以确保调查的可信度。②选取的被调查者是否合作、是否能胜任调查工作，问卷现场的条件、收发问卷人的行为和态度等。③调查项目的吸引力。④对问卷回收的技巧。

思考与习题

❶ 旅游市场营销调研的方法及其优缺点是什么？

❷ 简述旅游营销调研的程序。

❸ 如何通过通俗易懂的方式，向企业领导解释旅游市场调研的意义，说服企业积极开展旅游市场调研工作？

❹ 某旅行社准备设计一款新的高端度假旅游产品，营销总监要求先对潜在市场的游客需求进行一次问卷式调查，请问问卷如何设计？

❺ 撰写三亚市高端度假旅游产品的市场需求调研报告。

第五章

旅游市场细分与目标市场选择

➤**教学目标** 知识目标：了解旅游市场细分的必要性与作用，掌握旅游市场细分的概念与标准，掌握旅游市场细分的方法，掌握旅游目标市场的概念与选择模式

能力目标：能够对某细分市场按照一定的标准进行市场细分，能够根据目标市场的特点制定相应的营销策略

➤**教学难点** 旅游目标市场的选择模式

➤**教学重点** 旅游市场细分的标准，旅游目标市场的选择模式

第一节 旅游市场细分概述

由于旅行社资金、技术、人才、设备等资源的有限性和旅游者旅游需求日趋个性化和多元化，在旅游经营中，旅游企业要想使旅游客源市场上所有的顾客都对其提供的产品与服务满意，是不可能的事。面对竞争激烈的现代旅游市场，成千上万的旅游者分散于不同地区，他们的需求也是千差万别的，而且还随着环境的变化而变化。因此，旅游企业只有做好市场调研，找准适合自身发展的目标旅游市场，细分市场才能获得生存与发展空间。

一、旅游市场细分的概念

旅游市场细分是指旅游企业根据旅游者的特点及其需求的差异性，将一个整体的市场划分为若干个具有相似需求特点的旅游者群体的过程。分属于同一群体的旅游者被称为一个旅游细分市场，旅游细分市场主要有以下三个特点：

（一）不同的细分市场具有不同的消费特征

不同的细分市场就代表不同的旅游消费者群体，各个群体的旅游消费者在旅游需求上有明显的差别，这是旅游市场细分的核心与关键。我们之所以进行细分，是因为不同群体的旅游消费者对产品质量、产品价格、服务设施和旅游体验等要求是不相同的。

(二) 同一细分市场具有相同的消费特征

由于对旅游客源市场的划分是按相应的细分因素进行的，在同一细分市场内的旅游消费者群体，在一个或几个方面具有相同的消费特征，他们之间的需求差异比较细微。如近年兴起的“夕阳红”旅游细分市场，虽然老年人的需求存在差异，但是追求健康、经济实惠的旅游是他们大多数人共同的愿望。

(三) 旅游的市场细分是分解与聚合的统一

旅游市场的细分不是简单地将一个整体客源市场加以分解。实际上，完整的市场细分是市场分解与市场聚合的统一。市场分解是把客源市场上具有不同消费需求的旅游者群体按细分因素加以归类；市场聚合是将对旅游产品特性最容易作出反映的旅游者集合成群，并聚合到足以实现旅游利润目标所需的市场规模为止。

二、旅游市场细分的客观基础

市场细分的客观基础是消费需求的差异性和相似性。根据消费者对旅游产品需求的偏好，可以划分为三种基本偏好模式：同质偏好型、分散偏好型、集群偏好型，如图 5－1 所示。其中，同质偏好型指所有消费者对市场上产品的服务质量和价格水平的偏好大致相同，不存在市场细分的客观基础；分散偏好型指每一位消费者对产品的服务质量和价格水平的偏好都不相同，过于分散，无任何集中现象，这类市场也不存在市场细分的基础；集群偏好型指不同偏好的消费者会形成一些集群，每个集群内部其成员对产品的质量和价格的偏好又大致相同，这类市场则可以划分为若干细分市场。

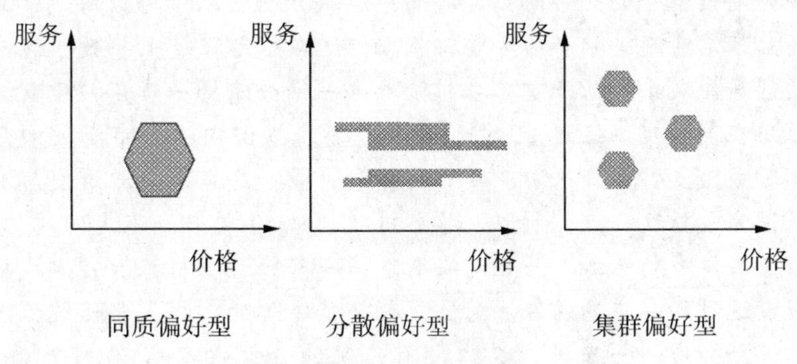

图 5－1　三种基本偏好模式

三、旅游市场细分的作用

准确而有效的市场细分可以使旅游企业发现有价值的市场机会，使企业

获得相对竞争优势。旅游市场细分的作用概括如下。

（一）有利于旅游企业发现潜在的市场机会

旅游企业通过市场细分，对每一个细分市场的人口基数、购买潜力、购买欲望等进行分析对比，更清楚地了解各细分市场的需求状况，易于发掘新的市场机会。

（二）有利于集中旅游企业资源，投入目标市场

任何一家旅游企业的资源都是有限的，通过细分市场，选定目标市场后，旅游企业，特别是中小型旅游企业，可以发挥“船小好调头”的优势，在较短的时间内集中有限的人力、物力和财力去“主攻”一个或几个目标市场，往往可以达到“小市场、大效益”的效果。

（三）有利于旅游企业扬长避短、制定适当的竞争策略

由于旅游企业实力和旅游需求差异的客观存在，任何一家旅游企业在市场上的优势都只是某些方面的相对优势，而不是绝对优势。通过旅游市场细分，旅游企业可以认识到自身的相对优势和相对劣势，从而利用自己的优势，再依据目标市场的需求特点，制定本企业的市场竞争策略，调整产品结构、产品方向和产品内容，保证旅游企业在市场竞争中始终立于不败之地。

资料5-1

乡村旅游细分市场热度不减

作为全国唯一的热带海岛，海南旅游从开始就以“椰风海韵、天涯海角”的热带滨海观光旅游为主要特色。但这在一定程度上导致了海南旅游产品的同质化现象较为严重。乡村旅游这一细分市场一度不被重视。其实乡村旅游在国内市场经过20年的发展，已占据国内旅游市场近四分之一的份额，成为支撑中国旅游业发展的重要力量。海口万众旅游发展有限公司正是因为坚信这一点，所以，该公司从2006年起一直不走同质化路线，坚持经营海口乡村旅游，而且是海南唯一一家经营乡村旅游常规线路的旅游公司，这种细分市场的做法为公司带来了丰厚的回报。与传统旅游线路相比，万众公司的一日游产品中没有传统的景区（点），也没有购物点，是一种全新的旅游运作模式，游客的满意率几乎是100%。

第二节　旅游市场细分的标准、程序与原则

一、旅游市场细分的标准

旅游者需求的差异性和个性化是旅游市场细分的前提条件，而引起这些差异的因素也是十分复杂的。对于旅游活动来说，通常根据旅游者的地理、人口、心理和行为四大变量或这四大变量的组合来细分旅游市场。

（一）地理变量

市场细分的地理变量是指旅游企业根据地理因素，将客源市场分为不同的地理区域。这是比较传统的细分方法，但至今仍被普遍采用。地理变量之所以能够作为市场细分的基础，是因为各种地理因素影响着旅游市场的需求规模、需求结构以及需求方向。地理变量主要包括地理区域变量、空间位置变量、气候变量等。

1. 地理区域变量

地理区域变量又具体可分为洲、国别和地区等变量。世界旅游组织根据经济、文化、交通以及旅游者的流量和流向等因素，把世界旅游市场细分为六大区域市场：欧洲市场、美洲市场、东亚及太平洋市场、南亚市场、中东市场和非洲市场。

按国别细分旅游市场也是一种常见的细分方式。不同国家旅游者的旅游偏好、购买能力、购买行为等存在一定的差异。以海南接待的入境游客为例，俄罗斯游客喜欢沙滩浴、喝啤酒、泡温泉、做理疗；东南亚游客喜欢探亲、访友、祭祖、寻根；而韩国游客则喜欢打高尔夫球、游览风景名胜。因此，旅游接待人员应该深入了解不同国别细分市场的旅游偏好，并为其提供适当服务。

按照地区变量细分，通常把我国分为东北区、华北区、华东区、西北区、华南区、西南区、港澳台区等。如华东区旅游市场消费意识较为成熟、旅游人均花费较高；西北区和西南区旅游市场消费意识较为落后，旅游人均花费较低。

2. 空间位置变量

各地旅游者的旅游需求特征与所在地与旅游目的地的相对空间关系有关。旅游目的地与客源地之间的交通可达性、交通花费、旅游时间等因素均会影响和制约两地间旅游活动的开展。

根据空间变量，可以把旅游市场细分为远程市场、中程市场和近程市

场。远程市场游客数量虽相对较少，但多属中上层生活条件的游客，在目的地逗留时间较长，消费水平高，其旅游消费支出往往是其他旅游者的几倍；近程旅游市场距离近，游客旅途时间短、金钱消耗少，生活方式上与旅游目的地居民也更为接近。对于目的地而言，近程旅游市场在客源数量上开拓潜力大，是应重点开拓的目标市场。

此外，从空间来说，国际上还通行根据不同客源国或地区旅游者流向某一目的地所占该目的地总接待人数的比例来细分市场。在同一旅游目的地总接待人数中，来访者占最大比例的两三个客源国或地区，可划为一级市场，是旅游企业重点要开拓的客源地；来访者占比例次之的一些国家或地区，可划为二级市场；来访者占比较低的一些国家或地区，可划为三级市场（或者叫机会市场）。

资料5-2

鄂尔多斯旅游客源市场细分

根据旅游市场调研，在充分研究国内外旅游文献和访谈资料的基础上，我们以市场占有率和市场增长率为依据，提出一级客源市场、二级客源市场和三级客源市场的细分原则，并以此作为指导旅游市场营销的依据。

一、一级客源市场

1. 内蒙古中西部市场

内蒙古中西部市场由呼和浩特市、包头市、鄂尔多斯市、乌海市、巴彦淖尔市临河区、乌兰察布市集宁区等旅游中心城区组成。该市场经济发达，交通便利，旅游发展要素较为成熟。

2. 晋陕宁等周边市场

鄂尔多斯东、南、西分别与晋、陕、宁接壤，地缘关系紧密。20世纪八九十年代，三省区的经济状况相对落后于东部发达地区，人均GDP、城镇居民消费水平处于全国中下游。但是，随着西部大开发战略的实施和推进，近年来这些地区的社会经济得到了快速发展，居民消费水平正在迅速提高。

随着鄂尔多斯与晋陕宁交通条件的不断改善，鄂尔多斯对晋陕宁地区的旅游吸引力日益增强。据调查问卷548个样本显示，晋陕宁市场进入鄂尔多斯的旅游客流量占到24.3%，各大景区的访谈资料也证实了这一点。

尤其是节假日和旅游节庆活动期，晋陕宁市场更为活跃。可见，随着晋陕宁社会经济的发展和交通条件的改善，尤其是鄂尔多斯建设“服务自治区、连接晋陕宁”现代化区域中心城市战略的提出，晋陕宁区域市场已经成为鄂尔多斯最重要的旅游客源市场之一。

二、二级客源市场

1. 环渤海都市圈

环渤海都市圈市场是国内三大客源集中地中距离鄂尔多斯最近的一个，也是文化型旅游需求最为强烈的市场。对于鄂尔多斯而言，以蒙古族文化为主体的多元文化能够对环渤海都市圈市场形成强大的吸引力，而且其沙漠、草原等自然旅游资源对该市场也有较大吸引力。目前，鄂尔多斯与北京、天津、大连等环渤海城市的航线已经开通，乘坐飞机和汽车进出鄂尔多斯极为便利，环渤海都市圈市场潜力将进一步发挥。

2. 长三角

近几年来，以上海为中心，沪、苏、浙等 16 个城市组成的长江三角洲城市群，经济保持了高速增长态势，是我国最具活力与竞争力的经济区域之一。

3. 华中地区

华中地区包括河南、湖北、湖南三省，位于我国中部、黄河中下游和长江中游地区，地处华北、华东、西北、西南与华南之间，具有全国东西、南北四境过渡的要冲和水陆交通枢纽的优势，起着承东启西、沟通南北的重要作用。华中地区人口密集，是全国经济比较发达地区。

4. 珠三角

珠三角是中国市场经济的最前沿，也是全国最大的旅游客源地之一。该市场具有出游率高、旅游消费能力强等特点。长期以来，珠三角客流一直占鄂尔多斯旅游客源较大的比重，沙漠奇观、成陵拜谒、蒙古族风情等旅游产品对其吸引力巨大。作为远距离客源市场，交通问题是市场开发的主要影响因素。随着鄂尔多斯与深圳、广州等城市航线的开通，以往只能以节点城市进入鄂尔多斯的状况将逐渐得以改变，珠三角市场潜力将进一步展现。

三、三级客源市场

由于鄂尔多斯旅游客源市场具有分散性的特点，因此西北、华南、东

北、西南等地区均是鄂尔多斯旅游机会市场。这些地区近年来经济发展较快，出游能力不断增强，加上鄂尔多斯品牌影响力不断扩大，鄂尔多斯与哈尔滨、重庆、三亚等城市航班开通，这些市场将会良性培育，逐渐成为鄂尔多斯重要的旅游客源市场。

3. 气候变量

由于自然条件的差异，不同地理区域旅游者的旅游偏好与消费习惯有明显的差别，因此形成不同的旅游需求特点。这也为旅游市场细分奠定了一定的基础。如中国近年的春节“黄金周”旅游市场就呈现出“南北两头热”的特点，即“千里冰封、万里雪飘”的北国风光，吸引南方游客接踵而至；而同时三亚的阳光、沙滩、海水又引得北方游客竞相前往。

（二）人口统计变量

人是构成旅游市场的基本因素，也是旅游经营活动的最终对象。旅游企业在市场细分过程中，不仅要研究人口的自然状态，还要关注人口的社会构成。人口的自然状态主要包括人口的年龄构成、人口的性别构成和家庭单位构成等。人口的社会构成主要包括人口的民族、宗教信仰、文化教育程度、职业、阶层、经济收入的构成与分布状态。处于不同自然状态和社会构成下的人，在旅游需求规模、旅游需求时间及地区的流向、旅游消费水平的高低、旅游活动方式的选择等方面都有不同，故有明显的需求差异。

1. 年龄

旅游市场按照年龄变量可分为儿童旅游市场、青年旅游市场、中年旅游市场和老年旅游市场。各个年龄段的细分市场，其需求特点显然是不相同的。就目前旅游市场开发的状况来说，儿童市场和老年市场是两个潜力巨大的市场。据统计，在中国 14 岁以下的人口约占 22%，市场非常庞大，因此儿童旅游市场如能成功开发，不仅能满足少年儿童的旅游需求，也能为旅游企业带来丰厚的回报；老年人有一定经济积累、闲暇时间充裕，外出旅游比较关心价格和质量，喜欢参加观光、休养、探亲、康复保健类旅游项目；而青年人在讲究经济型旅游的同时，更倾向于猎奇和冒险，在开发青年旅游细分市场时，就要充分考虑这些因素；中年人则是国内外旅游消费的主力，看重与自己经济和社会地位相称的旅游活动。

2. 性别

旅游需求的性别差异也是明显的。根据旅游者的性别差异，可将旅游市

场划分为男性旅游活动市场和女性旅游活动市场。一般而言，男性旅游者更倾向知识性、刺激性和运动性更强的旅游项目，通常还对与事业有关的诸如商贸、经济、政治等问题感兴趣；而女性游客更在意目的地的选择，喜欢结伴出游，喜好购物，对价格较敏感。随着女性社会经济地位的提高以及社会交往机会的增多，“辫子旅游市场”日益受到旅游企业的关注。如过去的饭店和酒店，特别是客房的设计，几乎全部是为男性设计的，忽视了女性客人的需求。随着时代的发展，专门为女性设计的“女性宾馆”应运而生。如客房中增加了化妆间，聘请美容师长期进驻酒店，为入住的女性指导化妆技巧、服饰搭配等，赠送的小礼品包括鲜花、芦荟排毒养颜汁、美容面膜等，这些都受到女性宾客的欢迎。

资料5-3

城市女性旅游热度不减，女性细分市场大有可为

在我国，女性旅游方兴未艾。然而，业内人士同时指出，尽管我国一些旅游正在探索适应都市女性需求的特色旅游项目，如香港购物之旅、泰国SPA之旅等，但离大规模的市场开发还有距离。由于产品普遍粗放、雷同、大众化，似乎少了点“女人味”，真正意义上的女性旅游尚属缺位。

某旅游经理宋先生说，在日本，每年出境旅游中男女比例基本持平。日本旅游行业看准这一市场，推出了适合白领女性消费特点和习惯的OL（office lady）系列产品。他在西班牙遇到一个日本旅游团，全都是四五十岁的女士，她们结伴旅游的场面非常温馨感人。OL系列产品往往带有个性化、时尚性等特点，比如去法国旅游，她们会要求避开旅游常规线路，走一些文化底蕴更深、时尚意味更浓的线路，像普罗旺斯、中世纪小镇、博物馆等。宋先生曾经为两个白领女士量身设计了西藏自驾车之旅，景点、酒店、餐馆等都别具特色，同时又很契合她们的经济、身体及心理状况。

旅游业职业经理人刘女士认为，从旅游市场中细分出来的女性旅游，还可以被继续细分市场。如下：

亲情游，主要是30岁至60岁的女性，她们偏好家庭游、亲情游，对旅游的品质、舒适度比较“挑剔”。

亲密游，消费人群集中在20岁至30岁。她们在旅游当中强调视觉震撼、独特体验和私密空间，以蜜月游为代表。

知性游，消费人群分散在各个年龄段。她们往往文化素养较高，具有很好的沟通能力和社交能力，旅游品位也是独具一格的，不走寻常路，关注的是自己的内心世界。

个性游，以20岁至40岁的女性为主。她们酷爱户外运动，玩滑翔伞、潜水、攀岩、滑雪、徒步穿越……挑战各种极限运动，张扬个性。

3. 收入

根据旅游者的收入状况，可将旅游市场细分为高端旅游消费市场、中端旅游消费市场和低端旅游消费市场。他们在旅游产品选择、出游时间安排、交通工具选择、住宿条件的选择等方面都会有较大的差异。高端旅游消费者一般收入高、购买力强，追求高端、豪华的旅游产品和旅游设施条件，出游的距离较远，消费较高；中端旅游消费者是旅游市场的主体，一般选择中档旅游项目，旅游消费以中档舒适为主；低端旅游消费者一般选择价格低廉的旅游项目。旅游企业可以针对以上三类旅游者的需求特点，提供不同档次的旅游产品和服务。

4. 职业

不同职业的旅游者，由于学历水平、工作条件和生活方式等不同，其旅游需求存在很大的差异。如教师、学生大多利用寒暑假旅游；农民偏好到城市观光、购物；管理人员、技术人员和商务人员一般都有商务旅游的需求；工作压力大、工作任务重的旅游者倾向于选择节奏较慢的休闲度假旅游。根据职业进行的市场细分，旅游企业营销人员可以更深入地了解目标市场的需求特征，开发出具有针对性的旅游产品。

5. 受教育程度

受教育程度不同的旅游者，其生活方式、价值取向、兴趣爱好等方面都会有所不同，因而他们的旅游偏好和行为也都不同。一般来说，受教育程度越高，旅游需求层次和品位也越高，旅游审美的愿望越强。如具有深厚文化积淀的旅游景区或目的地，往往会把受过良好教育的群体作为主要的目标市场，再如出国自由行不但需要经济基础，而且还需要良好的外语沟通能力和跨文化交流能力，这类旅游者的文化程度一般也比较高。

6. 家庭生命周期

当家庭处在不同的生命周期时，家庭消费的倾向、习惯和需求，有显然的区别。因此，旅游企业应详细分析，根据家庭生命周期的各个阶段的需求特点，去开发适销对路的产品，从而获得较好的经济效益（见表5－1）。

表5－1　不同家庭生命周期的需求特点

家庭阶段	需求特点
单身阶段：年轻且不与家人同住的单身	喜爱娱乐、度假
新婚夫妇：年轻且无子女	旅游率最高，爱度假
满巢一期：最小的孩子不到6岁	对旅游新产品感兴趣，喜爱广告宣传的旅游产品
满巢二期：最小的孩子6岁以上	受旅游广告信息的影响很小
满巢三期：老夫妻，身边还有未独立的子女	很难受旅游广告信息的影响，喜欢驾车旅游
空巢一期：老夫妻，身边没有子女，户主仍在工作	对旅游、娱乐、自我教育感兴趣，对旅游新产品不感兴趣
空巢二期：老夫妻，身边没有子女，户主退休	喜医疗器械以及有助健康、睡眠与消化的旅游保健产品，适合老人特点的娱乐和旅游项目
鳏寡退休	医疗与健身疗养产品需要，休闲娱乐旅游同上

（三）心理变量

心理变量细分是指按照旅游者的个性、兴趣、爱好等心理因素来划分旅游市场，常用的标准有旅游动机、生活方式、个性特点等。总之，旅游者的心理因素十分复杂，不仅与旅游者的收入有关，而且与旅游者的文化素养、社会地位、价值观念、职业等因素密切相关。因此，运用心理变量细分市场是一项非常复杂的工作。在实际操作中，心理变量一般需要与其他变量结合起来以达到更好的效果。

1. 生活方式

生活方式是个人行为、兴趣和思想等方面表现出来的生活模式。旅游者的生活方式不同，其旅游需求和行为也会有较大的差异。如有的人热衷社交，有的人则乐于家务；有的人喜欢时髦，有的人则崇尚朴素；有的人爱好新奇，有的人则倾向保守等。按生活方式标准进行细分，可分传统型、新潮型、简朴型、奢侈型、潇洒型、高雅型等细分市场。如传统型旅游者重视家庭、关心孩子，幽静的度假地往往是他们的选择，或到空气新鲜、活动条件畅快，能全家人待在一起悠闲生活的地方去旅游；新潮型旅游者认为旅游是

结交新朋友、联络老朋友、扩大交往范围的良好时机，喜欢到遥远的有异国情调的旅游目的地去旅游；高雅型旅游者会把旅游当作了解他人、了解他乡习俗和文化的良机，以及把旅游作为受教育、长见识的良机。生活方式对旅游市场影响很大。

2. 个性

个性就是一个人所特有的、比较稳定的、带有一定倾向性的心理特征。旅游者的个性不同，在旅游偏好和行为上也会呈现较大的差异。个性一般包括个性倾向性（需要、动机、理想、信念、世界观等）和个性心理特征（气质、性格、能力等）两个方面。对同一产品需求和购买行为的差异性，在很大程度上是由人们的个性差异造成的。随着中国旅游市场的发展，“我想”“我要”“我能”的个性化出游正在悄然兴起。如购物旅游、保健旅游、美食旅游、沙漠旅游、参与式旅游、启智探索式旅游、社会风物人文景观的全景展示游、愉悦身心丰富阅历的生命里程旅游等，实质上是适应了旅游者的个性差异而形成的一个旅游细分市场（见表5－2）。

表5－2　不同个性类型旅游者行为特征对比

安乐小康型	追新猎奇型
喜欢熟悉的旅游地	喜欢去一般旅游者未到之处
喜欢旅游地老一套的活动	喜欢追新猎奇，在新地区捷足先登
活动量小	活动量大
喜欢坐车前往旅游地	喜欢乘飞机去旅游地
喜欢设备齐全的食宿设施，如家庭式餐馆和游客商店	希望提供较好的饭店和饮食服务，但不一定要求现代化的联营饭店，“游客”吸引物要少
喜欢熟悉的气氛、熟悉的娱乐活动，异国情调要少	喜欢跟不同文化背景的人会晤、交谈
喜欢把旅游活动排得满满的包价旅游	要求有基本的旅游安排（交通工具和饭店），但允许较大的自主性和灵活性

（四）行为变量

按行为变量细分市场是指按消费者不同的购买动机、购买数量偏好程度、购买时间及购买次数、购买行为特征细分市场。根据旅游者购买过程中比较关键的行为特征，如购买目的、购买时机、购买数量、购买频率等，可细分出一些需求各异的旅游细分市场。

1. 购买目的

以旅游动机或购买动机来细分市场是比较基本的细分市场的方法。常见

的主要有以下动机市场：

（1）度假旅游市场。旅游者以身心调整和休养为主，对旅游环境非常关注，停留时间长，重复旅游的游客占比较大。

（2）观光旅游市场。旅游者占比较大，其特点是寻求和了解异国（地）风貌、文化、风俗，以增长见识，但对旅游产品价格较为敏感。

（3）商务会议旅游市场。属于公务消费，活动频繁，消费水平较高，对旅游目的地的设备设施和服务水平有较高的需求。

（4）奖励旅游市场。企事业单位对表现优秀者的一种奖励，一般选择较高档次的食宿条件，有特色的参观、游览和相关活动。

（5）探亲访友旅游市场。以探亲、访友、寻根和祭祖为主要目的，对旅游设施、服务水平的关心程度不如前几类。

2. 购买时机

旅游消费季节性很强，上班族只能选择节假日外出旅游，学生和老师往往在假期旅游，而老人则多选春秋淡季去旅游。因此，根据消费者不同的购买时机将他们划分旺季旅游市场、淡季旅游市场及平季旅游市场三个细分市场，再进一步细分出寒暑假旅游市场、黄金周旅游市场、双休日旅游市场等。

3. 购买频率

按旅游者购买旅游产品频率来划分市场，通常可分为一次购买和重复购买两类细分市场。如有的酒店为了吸引重复购买细分市场的客人，推出住 6 晚送 1 晚服务；有的航空公司为了吸引重复购买细分市场的客人，推出飞行里程累计 2 万公里可以免费升舱 1 次的服务等。这是根据购买频率而采取的营销策略。

4. 购买数量

根据购买数量可以把旅游市场细分为团体旅游市场和散客旅游市场。团队旅游市场又可进一步细分为经济型、舒适型和豪华型等。散客旅游市场又可进一步细分为两类：一类是经济条件较好，不愿意参加团队游的客人；另一类是学生或工薪族，经济条件一般，但为了追求新奇和自由，不愿意随团旅游。旅游企业可以根据这些细分结果，仔细研究相关对策，以便提供相应的服务。

二、旅游市场细分的程序

旅游企业要正确地进行市场细分，需要掌握特定的程序，用科学的程序

和步骤来指导市场细分工作，主要包括以下六个步骤：

（一）确定旅游经营的市场范围

旅游经营的市场范围是旅游市场细分的基础和前提，在确定经营领域与经营战略目标之后，旅游企业就开始着手研究市场的需求状况，而要研究需求状况，就要先确定其经营的市场范围。旅游企业一般根据所拥有的资源与经营能力来确定其经营的市场范围，再围绕企业经营的市场范围进行市场细分，分析旅游需求者的消费动向与消费特点。

（二）分析市场范围内的潜在需求

确定了研究的市场范围，旅游企业要针对旅游需求进行细致深入的研究，尤其应仔细分析该市场范围内还有哪些需求没有被满足。

（三）确定市场细分的标准

在具体分析了该市场范围内的各种需求之后，旅游企业要确定市场细分因素与细分标准。具体做法：将市场范围内所涉及的现实需求和潜在需求全部罗列出来，加以归类，找出各类旅游者典型的需求特征，并据此决定市场细分的标准。

（四）找出各个群体的不同需求

根据市场细分标准进行初步的市场细分后，首先找出其共性需求并把这些共性需求移除，以凸显各个细分市场的鲜明特征。然后再对这些特征进行比较，找出比较明显的市场需求。

（五）为各细分市场命名

旅游可根据不同细分市场的旅游需求差异，利用形象化的语言为各个可能存在的细分市场确定名称。一般来讲，细分市场的名称是细分因素与细分标准复合的产物。

（六）评估各细分市场的发展潜力和经营机会

对各细分市场进行评价，尤其要关注各细分市场的发展潜力、市场规模和经济效益等，以便旅游企业在进入该细分市场后有利可图。同时还要对所有的细分市场的经营机会进行分析。一般来讲，细分市场的经营机会是与细分市场的需求规模和竞争强度相联系的，需求规模愈大、竞争强度愈弱，细分市场的经营机会就愈好，否则就愈差。

三、旅游市场细分的评估

由于旅游市场细分是一个发现市场机会和寻找目标市场的过程，因此，在市场细分过程中，要确保细分市场发挥其应有作用，对细分出来的市场应

从以下四个方面进行评估。

（一）细分市场要具有差异性

差异性是旅游市场细分的前提，市场细分就是找出各子市场之间共性与个性，然后移去共性留下个性的过程。因此，细分出来的各子市场必须存在比较明显的差异，否则就没有必要对市场进行细分。

（二）细分市场要具有可衡量性

可衡量性主要包含以下含义：①在细分市场时，用来划分细分市场的各个因素以及标准必须是可以衡量的；②各细分市场的界限应该是可衡量的；③各细分市场（至少有一个细分市场）的潜在购买力应该是可大致衡量的。

（三）细分市场要具有适度规模

一个细分市场的经营价值，除了与旅游企业自身的经营和运作能力有关外，主要取决于这个市场的规模。在市场细分过程中，旅游企业要根据经营能力来确定细分市场的规模。市场规模不能过大也不能过小。细分市场规模过大，旅游企业无法有效地集中力量，开展经营活动；规模过小，则不利于旅游企业发挥资源优势，扩大经营规模。

（四）细分市场要具有发展潜力

旅游企业选择进入的细分市场不仅能为企业创造当前利益，而且还能为旅游企业的可持续发展提供保证。要做到这一点，细分市场不但要具有相对的稳定性，而且还必须要具有一定的发展潜力。因此，在旅游市场细分时，必须考虑所选择的细分市场的市场状态以及需求发展的阶段。因为，任何一家旅游企业都希望与市场共成长，不希望因市场前景黯淡而长不大、做不强。

第三节　旅游目标市场的选择

旅游目标市场是指旅游企业决定要进入的细分市场，是旅游企业的营销对象。旅游市场细分与目标市场的选择既有联系，又有区别。旅游市场细分是按一定标准划分不同旅游者群体的过程，而目标市场的选择是旅游选择细分市场的结果和作出经营对象决策的过程。由此可见，旅游目标市场的选择是在市场细分基础上进行的，市场细分是选择目标市场的基础，目标市场的选择则是旅游市场细分的结果。

一、旅游目标市场的选择原则

(一) 旅游目标市场要具有一定规模和发展潜力

旅游企业在选择目标市场时，必须考虑各个细分市场的规模与发展潜力，也就是每个细分市场的现实客源量与未来客源量。旅游目标市场的客源规模与发展潜力对旅游经营效益具有重大影响。如果市场规模过小，发展潜力不大，即使旅游市场占有率很高，也不会为旅游企业带来较高的利润。强调目标市场的规模与发展潜力，并不是一味强调它的绝对规模，而是强调目标市场要具有适度规模和发展潜力。适度规模是一个相对概念，即相对于旅游资源与经营能力的市场规模。有些旅游企业在选择目标市场时，不考虑本企业的资源条件与经营能力，往往重视规模大的客源市场，忽视规模小的客源市场，形成众多旅游企业在同一细分市场经营的局面。这样既增加了市场竞争的强度和经营风险，又加大了旅游经营的费用，使旅游经营处于不利的地位。

(二) 旅游目标市场的竞争结构

在旅游企业经营活动中，有时会出现目标市场规模与发展潜力较为理想，但利润水平较低甚至亏损的现象。这主要是旅游目标市场的市场竞争结构不合理的缘故。因此，旅游在选择目标市场时，还要考虑目标市场的竞争结构。市场竞争结构主要表现为行业内的竞争者、潜在竞争者和旅游中间商对旅游经营的威胁。

1. 同行竞争者的威胁

当旅游企业选定的目标市场已经存在一定数量的竞争者时，该目标市场就会逐渐失去经营吸引力。因为在这种情况下，目标市场上旅游产品供应能力不断扩大，旅游企业要想坚守这个目标市场，就要加大促销力度并运用价格手段参与市场竞争，这样就必然会大幅度降低经营的利润。因此，在选择目标市场过程中，应考虑目标市场竞争者的数量，选择竞争对手较少的细分市场作为自己的目标市场。

另外在考虑数量的基础上，还要分析同行的实力。如果同行的实力都比较弱，那么即使竞争者数量众多，也完全有可能在逆境中开拓出一片天地；如果同行当中，已经有若干实力很强的对手存在，那么这种情况下，旅游企业最好不要轻易进入该目标市场。

2. 潜在竞争者的威胁

如果旅游企业选定的目标市场可能吸引一定数量的新的竞争者进入，那

么新来的竞争者具备了与本企业争夺市场的实力时，该目标市场就会失去经营吸引力。因此，旅游企业在目标市场选择过程中，应考虑目标市场上潜在竞争者进入的难易程度，选择那些潜在竞争对手难以进入的细分市场作为自己的目标市场。这其中应当考虑的主要问题：潜在竞争者是否会加入竞争？如果会，多长时间内加入竞争？加入竞争后，对本企业造成的影响有多大？本企业有无充分的准备面对潜在对手的竞争？

3. 中间商的威胁

当旅游企业选定的目标市场中，负责提供客源的中间商具有较强的议价能力时，该目标市场就会失去经营吸引力。因为中间商一旦具有较强的议价能力，就会要求旅游企业压低产品价格、提高产品质量、增加产品项目，甚至提出更多的附加条件。这样一来，旅游企业的经营利润就会大幅度地降低。因此，在选择目标市场过程中，应考虑目标市场中间商的议价能力，选择中间商议价能力较弱的细分市场作为自己的目标市场。这其中应当考虑的主要问题：中间商对经销本企业产品的意愿和兴趣有多大？中间商是否有帮助本企业大力开拓市场的能力？中间商的代理一旦出现问题，本企业是否能及时地掌控局势？

（三）旅游目标市场与旅游企业的发展目标和企业形象相符合

旅游企业在选择目标市场时，除了考虑市场规模与发展潜力、目标市场的市场结构以外，还要将旅游的发展战略和能力与目标市场的情况结合起来考虑。如果旅游企业经过分析认为在某一目标市场上有利可图，但是这个目标市场与企业整体的发展战略不一致甚至是相违背，那么一定要经过深思熟虑后再决定是否进入该目标市场。有时经过分析某一目标市场有着较大的利润或利益空间，但是受企业物力、人力和财力等限制，而无法进入，也要果断地作出放弃该目标市场的决定。

（四）旅游目标市场必须与旅游企业自身实力相适应

旅游企业自身实力包括企业人力、财力、物力等资源。有些细分市场虽然具有较大的吸引力，但如果企业没有足够的财力和人力去设计、开发和推广相应的旅游产品，或者没有足够的实力为目标市场提供满意的服务，则应该放弃该细分市场。因此，旅游目标市场的选择要考虑此细分市场能否使旅游企业充分地发挥自身优势、扬长避短，突出特色，从而使企业在竞争中立于不败之地。

二、旅游目标市场的选择

（一）单一产品和市场模式

这种模式是指旅游企业只提供某一小类旅游产品，满足某一小类旅游群体的需要。如某小型旅行社专门提供老年人或学生修学旅游产品，满足这些特定旅游市场游客的需要。

其优点：由于旅游企业只选择一个特定的细分市场，可以集中所有资源和精力针对这个细分市场，使旅游产品和服务更能满足旅游者需要；有利于把产品做好、做精；通过产品和市场的专业化，有利于取得在这一特定市场上的优势地位。

其缺点：由于旅游业具有敏感和脆弱性的特点，旅游企业的业务非常容易受到外部因素的影响，在很大程度上会使得旅游企业回旋余地小、经营风险大，尤其一旦出现外部市场环境恶化，旅游企业往往会受到较大损失，甚至遭到重创。

（二）产品专门化覆盖模式

这种模式是指旅游企业仅提供某一类产品，满足各类旅游者的需要。如海南旅游以“热带海滨海岛”自然风光为主，旅游产品比较单一，但却能接待来自不同地区、不同职业、不同年龄的各类旅游者。其优点：有利于把旅游产品做好、做精，分散经营风险。其缺点：从长远来看，由于产品单一，不利于可持续发展，特别是如果竞争对手推出更好的旅游产品，旅游企业的风险则会增加。

（三）市场专门化模式

这种模式是指旅游企业为同一细分市场提供各种旅游产品，去满足该细分市场的各种需求。如山东旅游业每年接待的日本和韩国游客特别多，因此很多旅游企业针对这种不同需求推出了各种不同的线路组合，如针对日韩企业在山东比较多的现状，推出了“商务游”线路；针对日韩部分游客对中国文化比较感兴趣的现状，推出了“文化寻根游”线路；针对日韩游客度假型游客比较多的现状，推出了烟台、青岛和威海等“海滨度假游”线路：这些根据不同需求细分出的线路深受日韩游客欢迎。其优点：充分满足该细分市场旅游者的需求，提高其满意度；不足之处：一旦这类市场的旅游者购买力下降，企业的收益也会下降。如近年来，受中日关系影响，山东不少以日韩为专业化客源市场的旅行社、酒店收益大幅下降。

(四) 选择性专业化模式

这种覆盖模式是指旅游企业选取若干个细分市场作为目标市场，并根据每个细分市场的需求开发不同类型的旅游产品。其优点：多元化经营，可分散风险。其缺点：对旅游的实力有比较高的要求，企业资源在一定程度上被分散使用。

第四节　旅游目标市场的营销策略及影响因素

一、旅游目标市场的营销策略

在选择好目标市场的覆盖范围后，企业要决定采取什么样的策略，使企业的营销力量到达目标市场。可应用的策略一般有三种。

(一) 无差异目标旅游市场策略

该策略是指旅游企业把整个旅游市场看成是一个具有类似需求的整体，制定一种经营策略应对所有旅游者。无差异目标市场策略制定的依据的是规模成本和规模效益。其特点是大规模采购、大规模销售、价格较低廉。目前我国大多数餐饮企业，采取的就是无差异目标旅游市场策略。其优点：可大大降低各类成本，产生规模效益。这一策略对于规模大、知名度高的旅游产品有较强的适用性，易形成品牌效应，如长城、九寨沟、西安秦始皇兵马俑等。其不足：不能完全满足旅游者的差异性需求，有时候不能适应旅游者旅游偏好、消费方式等的不断变化。

(二) 差异型目标旅游市场策略

该策略是指旅游企业同时经营若干个细分市场，针对每个细分旅游市场设计不同的营销组合。如旅游企业同时经营老年、中年、青年旅游市场，根据老、中、青不同游客群的需求差别，分别设计不同的旅游产品、确定不同的价格策略，通过不同的营销手段去开发这三类市场。这种策略是大中型旅游企业未来的发展方向。其优点：考虑到了不同类型旅游者的需求差别，有利于在差别中寻求竞争的比较优势；同时经营多个旅游细分市场，在一定程度上分散了经营风险。其不足：旅游产品的设计、研发、生产、销售等成本明显提高，难以实现产品的规模经济效益；旅游企业将有限的资源分散于几个细分市场，必然影响某些优势的发挥。

(三) 集中型目标旅游市场策略

该策略是指旅游企业从细分市场中选择某一个细分市场作为目标市场，确定一种经营策略去应对。这种策略特别适合中小型旅游企业。其优点：可集中全部精力做好某个市场，有利于在小市场中做出大名堂；经营针对性强，容易形成产品与经营特色。其不足：经营风险大，特别是实力更强的同行企业加入竞争时，表现更为明显。

二、影响目标市场选择的因素

（一）旅游企业的实力

旅游企业的实力主要包括人力、物力、财力以及旅游产品设计、市场开发和销售能力等。如果旅游企业实力雄厚，管理水平较高，就可以考虑采取差异型市场策略；如果旅游企业的实力较弱，则宜采用集中型市场策略。

（二）旅游产品的特点

对于有同质性特征的旅游产品，如航空服务、饭店标准客房服务等，可采取无差异目标市场策略。如果旅游产品存在较大的差异性和特色性，相似程度较小，则适合采用差异型或集中型目标市场策略。

（三）旅游市场需求状况

当旅游市场上的消费者在某一时期的需要、偏好及其他特征很接近，市场类似程度很高时，适宜采用无差异目标市场策略，如旅游交通服务市场。而对于旅游者需求异质程度较高的旅游产品市场，一般要采用差异型目标市场策略或集中型策略。

（四）旅游产品生命周期

旅游产品的生命周期可以分为导入期、成长期、成熟期和衰退期四个阶段。旅游产品处于导入期时，同类竞争产品不多，竞争不激烈，旅游企业可以采用无差异策略或集中型策略；当产品进入成熟期后，产品品种增多，竞争者也增多，此时可考虑采用差异型策略；当产品步入衰退期，为保持市场地位，可考虑采用集中型策略收缩企业的产品线，以保持部分市场，延长产品的生命周期。

（五）旅游市场竞争状况

旅游企业选择目标市场策略时，一定要充分考虑竞争者，尤其是主要竞争对手的营销策略。如果本企业的旅游产品垄断性强，竞争对手较弱，可采用无差异营销策略；如果竞争对手采用无差异营销策略，企业应采用差异型或集中型策略与之抗衡。

资料5-4

酒店式公寓的目标市场分析

由于酒店式公寓是一种既有家的感觉又能享受高品质的酒店服务的居住类建筑。因此，其目标消费者应当是有这两方面需求的人群。主要有以

下几个方面的人群可作为酒店式公寓的目标消费者：

1. 年轻人。许多年轻人，如城市白领、家居办公一族都乐于享受酒店式公寓带来的便捷生活，这类人群一般收入较高，愿意追求便利、时尚、有质量的生活。而酒店式公寓面积一般较小，总价相对不高，对购买力相对低一些的年轻人来说，负担不会太重，也不会对今后的生活造成影响。

2. 小型办公族。小型办公族是由几个人组成，对网络、通信、交通等依赖较高，经常通宵达旦工作，有叫餐需求，工作、生活二合一的小型组织。而酒店式公寓既可办公，又可居住，家电设备一应俱全，有的还备有厨房，工作、生活两不误，对于工作、生活集中在一起的小型办公族来说，是最合适不过的场所。

3. 长期驻外商务人士。这一类人群主要有商业项目人士、外派常驻人士。他们大多数是高学历、高素质人士，甚至是国际人士，对居住文化、办公环境有独特的理解和需求，有的甚至"拖家带口"。而酒店毕竟是服务性营业场所，长期居住，经济上不合算，也缺少"家"的感觉，一般的住宅又不能满足其商务性需求，酒店式公寓的出现正好填补了这项市场空白，所以这类人群是酒店式公寓的一大目标客户群。

4. 商务、旅游等短期租赁人士。这一类人群主要有出差、旅游、会议或其他短期租赁的人士。他们停留的时间较短，目的不同，要求也有差异，一般要求较高的居住舒适度及服务，便利的交通、具有商务配套设施和服务等。酒店虽有较好的服务，但始终不如家里随意、舒适。而那些交通便利、拥有家居配套、24 小时酒店式服务和商务功能的酒店式公寓对这类人士的各项需求都能予以满足。

思考与习题

1. 旅游市场细分的标准有哪些？
2. 说一说旅游市场细分的步骤。
3. 旅游目标市场的覆盖模式有几种？各有什么优缺点？
4. 旅游目标市场选择的影响因素有哪些？

第六章

旅游市场营销战略与组合决策

➤**教学目标** 知识目标：了解旅游市场营销战略概念和特征，掌握旅游市场营销定位战略，理解旅游市场增长战略和竞争战略，熟悉旅游市场营销组合战略

能力目标：分析旅游企业内外部环境，选择适合企业发展的市场营销战略

➤**教学难点** 旅游市场营销竞争战略，旅游市场营销组合战略

➤**教学重点** 旅游市场营销竞争战略，旅游市场营销组合战略

第一节 旅游市场营销战略概述

一、旅游市场营销战略的概念

“战略”一词最早是军事术语，意为作战的谋略，后来被许多企业界和学术界的专家学者引入企业管理领域。战略是企业为生存发展而确定的企业目标与达到此目标所采取的各项政策的有机结合体，包括营销战略、发展战略、融资战略、技术开发战略、人才开发战略等。企业的市场营销战略作为企业战略的重要构成部分，对企业顺利开展营销活动具有全局性和指导性的作用。

旅游业的内在关联性和旅游市场的地域组合性等特点，使旅游市场营销战略有着更为丰富的内涵，即有宏观和微观两个层次的含义。从宏观角度分析，旅游市场营销战略是指一个国家或地区在现代市场营销观念的指导下，为了实现该国家或地区发展旅游业的目标，为旅游业内各行业制定的在一个相当长的时期内市场营销发展的总体设想和规划；从微观角度分析，旅游市场营销战略是指在市场调查研究和市场预测的基础上，根据市场环境并结合自身能力，对旅游企业发展方向和长远目标所做的全局性的计划与谋略，目的是使旅游企业的经营结构、资源特色和经营目标在可接受的风险范围内，与市场环境所提供的各种机会取得动态平衡。

旅游企业要在激烈的市场竞争中生存和发展，首先要考虑企业的长期目

标，找到本企业的发展方向，即要解决旅游市场营销战略问题。

资料6-1

美国旅游目的地营销研究系列：营销战略

制订一份独特而强有力的“价值主张”，以促使游客在众多备选目的地中作出选择本地的决定。威廉斯堡殖民时代旧城区向全体国人宣讲其能提供“此生最重要的度假之旅”。

通过游客侧来了解旅游消费者偏好及其消费行为。迪士尼公司是该领域的领导者，利用度假区信用卡追踪个体游客的消费构成。

通过游客活动组合产品来节约经济和时间成本，包括几处旅游吸引物在数日之内的通票。Busch 花园的营销计划表明这种组合产品如何获取极大成功，如为没有时间研究策划旅程的双职工家庭游客提供重大便利。

为（居民、公共机构、航空公司、酒店等）旅游业合作伙伴提供教育培训并促进协作，致力于为旅游利益相关方创建多赢局面。拉斯维加斯会展与旅游局的核心工作就是开展旅游营销活动，该机构也得到来自各个利益相关方的合作注资。

创造难以抗拒的淡季到访理由。布兰森的冬季气候严寒，但其目的地市场商企已经创造出在圣诞季实现客满接待规模的旅游供给。

针对个体和家庭客群的多样化需求提供支持。迪士尼公司是此领域的先锋，他们很早就理解到成年人不带孩子去体验过山车的原因：他们太需要在奥兰多得到一些个人欢乐、休息和放松。为此，该公司打造很多以成年人为目标的吸引物，如迪士尼研究院，游客在此可以在高水平专家的帮助下学习一项全新爱好，如烹饪、攀岩、弹吉他等。

确保在实际客群构成和目的地应对的需求想法之间保持一致。拉斯维加斯在其成功的博彩业市场开拓中几乎没有错失一步，为类型广泛的细分市场开发出针对性吸引物。

找到并开发目的地与生俱来而未经发掘的价值。在其 120 年的发展历史中，布兰森通过重大转型来优化其品牌形象。一开始，游客来此是尽情垂钓和探秘山洞。而后，来此体验以地区历史和文化为基础的特色主题公园。再后，来此观看现场乡村音乐演出，并开展丰富的主题娱乐活动。最后，这里成为美国中西部地区的最佳娱乐大本营。

二、旅游市场营销战略的特征

（一）全局性

旅游市场营销战略研究旅游企业的全局性、整体性的重大问题，规定旅游企业以后较长时期内营销活动的指导思想和行动方向，对旅游企业的生存与发展有着决定性作用。旅游市场营销战略的全局性特征，要求旅游企业的决策者开阔眼界，从全局出发，重视市场营销中出现的局部问题，从局部与全局、部分与整体之间的相互关系中，对营销系统加以全面把握，使各个局部在营销战略整体中得到协调发展。

（二）前瞻性

旅游企业市场营销战略应具有前瞻性，是对旅游企业市场营销活动路径、方法等的预先描述，是对企业市场营销活动结果的预先估计。它的着眼点往往不是短期或中期的市场营销结果，而是远期营销目标的达成。

（三）纲领性

企业战略规定了企业目标、战略发展的方向和重点等，这是企业发展的纲领，属于方向性、原则性、指导性的内容。旅游企业战略是企业管理层关于企业发展重大问题的决策、基本方针和路线，在经营活动中需要分解、展开，成为具体可操作的行动方案。战略描绘企业发展的远景，是对旅游企业未来较长一个时期的全盘考虑。

（四）系统性

旅游企业是由具有一定功能、相互作用的各业务部门组成的综合体。旅游市场营销战略是一个系统性很强的有机整体。它要求旅游企业经营应从系统角度出发，运用各种资源，发挥各层次、各子系统的作用，达成统一的战略目标。

（五）适应性

旅游企业的经营管理活动受到外部环境与内部条件的影响。因此，营销战略应该根据旅游企业内外部环境变化而作出必要的调整。当环境变化小时，可适当微调；当环境发生质变时，旅游市场营销战略就需要作重大调整，以提高战略与环境的适应性。

三、旅游市场营销战略的制定与控制

旅游市场营销战略的制定与控制是一个复杂的决策过程，主要包括营销战略分析、营销战略制定与选择、营销战略监督与控制等方面的内容。

（一）营销战略分析

营销战略分析阶段是制定旅游市场营销战略的准备阶段。通过对旅游企业地位、企业环境和企业能力分析，掌握企业的外部环境、内部条件的变化情况及其对企业长远发展的影响，为制定市场营销战略提供依据。

1. 旅游企业地位分析

旅游企业地位分析是把旅游企业的旅游产品特色、价格、销售渠道、经济实力等资源状况放到目标旅游市场中进行判断分析，以衡量旅游企业竞争实力，判断旅游企业的市场地位，从而有助于旅游企业确定采用何种营销战略。旅游企业对本企业的地位进行分析，一般需要了解以下问题：①国际市场中对本企业产品的需求前景；②本企业独特而有利于销售的产品特点，目前的旅游产品的销售发展方向；③本企业旅游产品的价格是否合理，如何使旅游价格在国际市场具有竞争力；④本企业旅游产品的销售渠道是否合理，拓宽、疏导渠道的方法等。

2. 旅游企业外部环境分析

旅游企业外部环境是一个多主体的、多层次的、不断发展的多维结构系统，包括宏观环境和微观环境，其各种因素的变化都会对企业营销产生直接和间接的影响，也会给旅游企业带来机会和挑战。旅游企业必须适应营销环境的要求，及时进行环境分析，找出外部环境对旅游企业营销的有利与不利因素，及时准确地应对，以利于旅游企业在经营时趋利避害，顺利开展营销活动。

3. 旅游企业能力分析

旅游企业能力分析的目的是帮助企业决策者确定企业战略，包括旅游企业组织效能与管理（体制、机制、架构、决策、公关等）、旅游企业资源（人员组成、资金状况、固定资产等）、旅游产品的生产能力（种类、范围、质量等）、旅游产品市场销售力（竞争、价格、结构、渠道、促销、市场占有率等）、旅游企业文化等方面。旅游企业能力分析就是将上述几个方面内容与目标旅游市场需求加以对照，搞清楚哪些是旅游企业可以做到的，哪些是旅游企业不能做到的，以便于旅游企业制定切实可行的营销战略。

（二）营销战略制定与选择

1. 制定营销战略目标

战略目标是指旅游企业在未来一段时期内在市场上想要占据的位置，通常包括未来的目标市场、产品范围、销售量、计划增长率、市场份额和利润

额等方面的指标。旅游企业确定营销战略目标，必须在确定市场营销发展机会的基础上，根据企业的宗旨和使命，建立一个具体可行的战略目标。在确定营销战略目标时，旅游企业应围绕六个问题来进行：我们从事的业务是什么；谁是我们的顾客；我们将满足顾客什么样的需求；我们拥有的资源和具有的能力是什么；我们怎样能最有效地满足顾客的需求；对哪些环境力量以及变化要予以考虑。

旅游市场营销战略目标是旅游企业使命的具体化，对于不同的企业，其具体内容有很大不同，但从战略制定的角度出发，有以下基本要求：①突出重点。旅游企业必须确定重点要求，使之成为目标，其他方面的要求要服从这一目标。②可以测量。旅游市场营销战略目标必须明确，可以有效测量并尽可能具体化、定量化。目标笼统或模糊，既无法判明战略执行情况，也会造成旅游企业内部管理混乱。③一致性。营销战略目标涉及旅游企业营销各个方面的要求，应尽可能互相协调一致。④可行性。对于旅游企业管理人员和职工，战略目标不仅应有一定的挑战性，而且要保证它的可行性。

2. 提出营销战略方案

根据旅游企业的营销目标，在对营销战略分析的基础上，提出能够发挥企业优势、克服企业弱点的若干战略设想，作为企业营销战略的备选方案。

3. 营销战略方案选择

营销战略方案选择的目的在于确定各个备选战略方案的有效性，比较各方案的优缺点、风险及效果，以便从中选择。营销战略选择应考虑以下因素：①企业现行营销战略的继承性；②企业对外部环境的依赖程度；③企业领导者的价值观及对待风险的态度；④时间因素；⑤竞争对手的市场地位。此外，还需考虑旅游企业内部的人事和权力因素等，而且，企业在最后作出战略选择时应采取灵活的态度。

（三）营销战略监督与控制

营销战略监督与控制的目的在于确保旅游企业的目标、政策、战略和措施与市场营销环境相适应。营销战略监督与控制主要包括营销审计、年度计划控制和赢利控制。营销审计是对旅游企业的营销环境、目标、战略和营销活动诸方面进行独立的、系统的、综合的定期审查，以发现营销机会，找出问题所在，提出改善营销战略的行动计划和建议，以供旅游企业决策者参考；年度计划控制主要是检查在营销战略指导下的营销活动是否达到年度营销计划（包括销售额、市场占有率、费用率等方面）的要求，并在必要时采

取调整和纠正措施；赢利控制主要是确定本企业的各产品、地区、旅游者群、分销渠道等的活动能力，通过对财务报表和数据的一系列处理，把所获利润分别列入产品、地区、渠道、旅游者等方面，从而得知每一因素对企业最终获利情况的影响，以便采取相应的措施，消除或削弱不利因素的影响。

第二节　旅游市场定位战略

一、旅游市场定位概念

旅游市场定位是指旅游企业在全面地了解和分析竞争对手在目标市场所处的位置后，根据企业自身的条件，通过确定企业产品的形象特色，为产品在市场上确定适当的位置。其实质是强化或放大某些产品因素，寻求建立某种产品的特色和树立某种独特的市场形象，以赢得旅游者的认可。旅游市场定位的过程就是企业差别化的过程，具体表现在如何寻找差别、识别差别和显示差别上。目前，旅游业的竞争逐渐加剧，能否在众多旅游产品中获得消费者的青睐，很大程度上取决于市场定位的准确与否。进行市场定位的依据很多，包括产品属性、特色、价格、质量、用途或使用方式以及目标顾客群的个性和类型等。简单地说，旅游市场细分和旅游目标市场的选择是让旅游企业找准顾客，而旅游市场定位则是让旅游企业赢得旅游者“芳心”。

二、旅游市场定位的原则

旅游市场定位的本质是要突出旅游企业自身产品的差异化。被选择的差异化特征是否有价值，能不能成为旅游者选择购买的理由，是要重点考虑的问题。因为每种差异化特征都有可能增加企业的成本和旅游者的利益，所以旅游企业要细心选择每种区分自己和竞争对手的途径。

（一）重要性

旅游者对一定旅游产品的利益期望，是促使其购买行为的决定性因素，也是有效市场定位中最重要的因素。追求核心利益是旅游者购买旅游产品的根本原因。新奇的经历、舒心的休息都可能是旅游者对旅游产品核心利益的追求。旅游企业为旅游者提供附带服务项目（如代购车、船、机票等，代客邮寄、附赠小礼品等），旅游服务设施的艺术风格，旅游服务人员对旅游者自尊心的满足等，都可能构成旅游者购买游产品的利益追求。总之，选择的差异化特征能够成为顾客“非买不可的理由”中的重要组成部分。

（二）独特性

旅游企业向目标游客提供的这种差异化利益，在技术、设备、人才、服

务、环境、资源等方面不易被竞争对手模仿。

（三）区别性

选择的差异化利益，是其他旅游企业（尤其是主要竞争对手）不能提供的，或是企业以一种与众不同的方式提供的，能给旅游者留下深刻的印象。

（四）沟通性

这种差异化利益对于旅游者来讲，是容易理解和接受的，并且是可见的。旅游企业能够用简洁、明确的方式让旅游者了解旅游企业产品的独特之处，起到识别作用。

（五）获利性

旅游企业通过提高旅游产品的优势而实现产品的差异化的前提是旅游企业必须能够获得新增的利润。产品差异化不应以大幅提高产品成本、降低获利为前提。

三、旅游市场定位的方法

（一）根据产品特色进行定位

这是最为常见的一种定位方法，即根据产品的某种或某些特点，或者说是根据目标顾客所看重的某种或某些利益去进行定位，强调本企业产品相对同类旅游产品所具有的差异化优势，以确定自身的市场位置，即以产品本身能使旅游者体会到的特色利益来定位。如张家界——大自然的迷宫或主题酒店的定位等。

（二）根据价格和质量之间的联系进行定位

旅游企业根据价格和质量之间的关系，可将产品定位为经济实用、高质高价或物美价廉等，对旅游者有一种知觉暗示的作用。这也是让旅游消费者认为，产品或服务越有特色，为旅游者提供的利益越高，其价格也就越高。如旅游企业的高端定制产品、南极探险游产品、经济型酒店等的定位。

（三）根据产品的用途或服务内容进行定位

即根据产品的某种特殊用途进行定位。产品或者服务在形式上不同但起到了相同的作用时，其替代产品或者服务必然威胁到产品或者服务本身，因此，需要从其用途的特殊性以及体现的附加值上来进行市场定位。例如，旅游产品可以分为观光型旅游产品、度假型旅游产品、差旅型旅游产品、专项旅游产品等，这些是根据旅游者的需求类型进行的产品定位。

（四）根据旅游产品的使用者进行定位

即旅游企业通过明确指出其产品适用者并借助使用者代表进行展示，达

到吸引目标消费者从而实现定位的方法。如迪士尼乐园融入企业文化的独特项目定位——一切为了孩子们，成为一座具有趣味性、探险性、安全性之优点的较完善的智能化游乐园。

（五）组合定位

组合定位即为了满足旅游消费者的需要，旅游企业运用上述多种方法，进行营销组合的定位。旅游企业在确定满足目标顾客的需求与企业提供的产品之后，设计一个营销组合方案并加以实施。这不仅仅是品牌推广的过程，也是产品价格、渠道策略和促销策略有机组合的过程。

四、旅游市场定位的具体步骤

旅游市场定位的关键是旅游企业要找出更具有竞争优势的特性。竞争优势分为两种基本类型：一是价格竞争优势，即在同样的条件下定出比对方更低的价格；二是偏好竞争优势，即能提供确定的特色来满足顾客的特定偏好。因此，旅游企业市场定位的全过程要通过以下三大步骤来完成。

（一）识别企业的竞争优势

旅游者一般都会选择那些给自己带来最大价值的产品和服务。因此，赢得和留住旅游者的关键是要比竞争对手更好地满足旅游者的需要，并向他们提供更廉价的产品。正如波特在《竞争优势》一书中所指出："竞争优势来自企业能为顾客创造的价值，而这个价值大于企业本身创造这个价值时所花费的成本。"旅游企业的竞争优势包括现实的和潜在的优势，主要体现在成本优势与产品差别化优势上。

此步骤的中心任务是要回答以下问题：一是竞争对手产品定位如何，二是目标市场上顾客欲望满足程度如何以及确定还需要什么，三是针对竞争对手的市场定位和潜在顾客真正需要的利益要求企业应该及能够做什么。只有回答上述问题，企业才能把握和确定其潜在竞争优势。

（二）选择有价值的竞争优势

竞争优势表明旅游企业胜过竞争对手的能力。这种能力既可以是现有的，也可以是潜在的。选择竞争优势实际上就是一个企业与竞争对手各方面实力相比较的过程。通常在经营管理、技术开发、采购、生产、市场营销、财务和产品等七个方面进行比较与分析，借此选出最适合本企业的优势项目，确定企业在目标市场上所处的位置。

（三）制定发挥核心竞争优势的战略

旅游企业在市场营销方面的核心能力与竞争优势，不会自动地在市场上得到充分的表现，必须通过明确的市场战略来加以体现。比如通过旅游广告传导核心优势战略定位，逐渐形成一种鲜明的市场概念。这种市场概念能否成功，取决于它是否与旅游者的需求和追求的利益相吻合。

此步骤的主要任务是企业通过一系列的宣传促销活动，将其独特的竞争优势准确传播给潜在顾客，让其留下深刻印象。首先，应使目标顾客了解、知道、熟悉、认同、喜欢和偏爱本企业的市场定位，建立与该定位相一致的形象。其次，企业通过各种努力强化目标顾客形象，稳定目标顾客的态度和加深与目标顾客的感情来巩固与市场相一致的形象。最后，企业应注意目标顾客对其市场定位理解出现的偏差或由于企业市场定位宣传上的失误而造成目标定位的模糊、混乱，及时纠正与市场定位不一致的形象。

资料6–2

人民网评：真实才是旅游景点的核心竞争力

××年4月30日，江西南昌某“海洋王国”开馆，票价为25元/人，活动宣传页面上印有刺豚、海星与七彩吊等海洋生物，游客纷纷慕名前往。到了现场，却发现是个“坑”。现场游客说，“看到几只小鱼缸，场地也是用海报围出的，与图片完全不符。”（据中国江西网报道）

类似的事情，也曾在河南发生过。洛阳的中国薰衣草庄园举办的“牡丹艺术花海节”引发网友吐槽：“花了60元门票钱，本来想去看牡丹，没想到园内大部分都是塑料花。”而洛阳薰衣草庄园对于“塑料牡丹”一事发表的声明，把过错归咎于“宣传措辞缺乏推敲，造成游客误解”，可谓是言辞苍白、缺乏诚意。

2017年，中国国内旅游市场达到50亿人次，人均出游已达3.7次，旅游总收入5.4万亿。可见，行万里路、出门看世界已成为人们日益增长的美好生活需要的一部分。然而，随着旅游市场的壮大，各类旅游乱象也是层出不穷，虚假宣传便是其中之一。景区宣传照一而再、再而三成为“照骗”，让消费者大呼上当。从洛阳牡丹“假”天下、“只有鱼缸不见鱼”，到景区泛滥的假古董、假珠宝……都在无情地消费着游客的热情与信任。只要“滚滚财源”，不要“有口皆碑”，不仅侵害了游客的权益，还扰乱了旅游市场的秩序，而景区也必将自食恶果。

五、市场定位战略

（一）直接对抗定位战略

直接对抗定位也称为针锋相对定位，指旅游企业采取与细分市场上最强大的竞争对手同样的定位，也就是旅游企业把产品或服务定位在与竞争对手相似或相同的位置上，同竞争对手争夺同一细分市场的定位方法。一般来说，当旅游企业比竞争对手更具有竞争实力时，可以实行这种定位战略。如湖南同程亲和力旅行社与湖南海外旅游的竞争，携程旅游网与途牛旅游网的争斗，就是直接对抗定位的例子。由于竞争对手实力很强，且在消费者心目中处于强势地位，因此，实施直接对抗定位策略有一定的市场风险，这不仅需要旅游企业拥有足够的资源和能力，而且需要实施差异化策略，否则将很难化解市场风险，更别说取得市场竞争胜利了。

（二）市场补缺式定位战略

市场补缺式定位是指旅游企业把自己的市场定位在竞争者没有注意和占领的市场位置上的策略。当目标市场存在一定的市场空间，而且自身产品又难以正面抗衡时，旅游企业应定位在目标市场的空当。

（三）另辟蹊径式定位战略

另辟蹊径式定位也叫独坐一席定位。这种定位是指旅游企业意识到很难与同行抗衡获得绝对优势定位，也没有填补市场空白的机会或能力时，根据自身的条件，通过营销创新，在目标市场上树立起一种明显区别于各竞争对手的新产品或新服务，突出推销和宣传自己与众不同的特色，在某些有价值的产品属性上取得领先地位的定位方法。

（四）重新定位战略

这种定位是指旅游企业通过努力发现最初选择的定位战略不科学、不合理，营销效果不明显，继续实施下去很难成功获得强势市场定位时，及时采取的更换品牌、更换包装、改变广告诉求策略等一系列重新定位方法的总称。旅游企业重新定位的目的在于能够使企业获得新的、更大的市场活力。

旅游企业的市场定位并不是一劳永逸的，而是随着目标市场竞争者状况和企业内部条件变化而变化的。当目标市场发生变化时，就需要考虑重新调整定位的方向。

资料6–3

常见的旅游市场定位方法

市场定位方法主要有如下几种：①比附定位法。比附定位是一种“借光”定位方法。它借用著名景区的市场影响来突出、抬高自己，比如把三亚誉为“东方夏威夷”，把小浪底水库誉为“北方的千岛湖”。②心理逆向定位。心理逆向定位是打破消费者一般思维模式，以相反的内容和形式标新立异地塑造市场形象的定位方法。例如河南林州市林滤山风景区以“暑天山上看冰堆，冬天峡谷观桃花”的奇特景观征服市场。③狭缝市场定位。狭缝市场定位是旅游景区（点）不具有明显的特色优势，而利用被其他旅游景区（点）遗忘的旅游市场角落来塑造旅游产品的市场形象的定位方法，比如《德阳市2004—2007年营销策划方案》将原有四川娱乐城改造为童话乐园，就是将市场定位在儿童市场，并以独特的童话主题公园的形式推出。④变换市场定位。变换市场定位是一种不确定的定位方法。它主要针对那些已经变化的旅游市场或者根本就是一个易变的市场而言的。市场发生变化，景区（点）的特色定位就要随之改变。⑤差异、共生定位法。由于桂林与柳州区位紧邻，因此，柳州旅游的主题定位就必须和桂林的山水主题定位有不同特色的区别和互补互动。柳州与广西龙头旅游品牌的桂林毗邻，同属桂北旅游经济区，桂北旅游开发的主副两中心即以桂林市为中心，以柳州市为副中心；桂林旅游以山水甲天下，柳州旅游则以风情而卓越，两者可突出各自旅游特色，形成各自区域旅游环线，又优势互补，相连成网，如此方能共同构筑起桂北旅游的大系统。

第三节　旅游市场增长战略

旅游市场增长战略是指使旅游企业在现有的战略水平上向更高一级目标发展的战略。它以发展作为自己的核心向导，引导企业不断开发新产品，开拓新市场，采用新的管理方式、生产方式，扩大企业的产销规模，增强企业竞争实力。增长战略是旅游企业战略的本质和核心问题。它回答企业如何获取新的成长路径，获取快于行业成长率的业务增长能力的问题。从企业发展的角度来看，只有增长型战略才能不断地扩大企业规模，使企业从竞争力弱小的企业发展成为实力雄厚的大企业。与其他类型的战略态势相比，增长型战略的优点主要有：①企业可以通过发展来扩大自身价值，体现在经过扩张

后企业市场份额和绝对财富的增加。这种价值既可以成为企业职工的一种荣誉，又可以成为企业进一步发展的动力。②企业能通过不断变革来创造更高的生产经营效率与效益。由于增长型发展，企业可以获得过去不能获得的崭新机会，避免企业组织的老化，使企业总是充满生机和活力。③增长型战略能保持企业的竞争实力，拥有特定的竞争优势。在实践中，增长战略分为密集性增长战略、一体化增长战略、多元化增长战略等多种类型。

一、密集性增长战略

密集性增长战略是在原有的经营范围内充分挖掘产品和市场方面的潜力，来寻求未来旅游企业发展的各种增长的战略，也称集约型增长或加强型增长战略。企业的经营者在寻求新的发展机会时，首先应该考虑现有产品是否还能得到更多的市场份额；然后，考虑是否能为其现有产品开发一些新市场；最后，考虑是否能为其现有的市场发展若干有潜在利益的新产品。同时它还要考虑为新市场开发新产品的种种机会。其具体形式有以下三种：市场渗透、市场开发和产品开发。

（一）市场渗透

市场渗透是指旅游企业在现有的市场上增加现有产品的市场占有率。要增加现有产品的市场占有率，旅游企业就要充分利用经营优势或竞争对手的弱点，进一步扩大产品的销售量，增加销售收入。市场渗透有三种主要的方法：

1. 尽力促使现有顾客增加购买

包括增加购买次数、购买数量。如杭州西湖景区免费开放多年，表面上是没有门票费，降低了旅游成本，但游客平均逗留时间达到了 0.8 天，这意味着游客在吃饭、购物、娱乐等方面的支出大大增加，每个游客在杭州多逗留 24 小时，杭州的年收入便会增加 100 亿元。这为杭州第三产业创造了大量的就业岗位和经济效益。

2. 尽力争取竞争者的旅游者

提供比竞争对手更为周到的服务，在市场上树立更好的企业形象和产品信誉，努力提高产品质量等，尽可能把竞争对手的顾客吸引到本企业的产品上来，如在华东，上海迪士尼、无锡万达文化旅游城即将拉开阵仗；以北京环球主题公园为首的，北方主题公园也竞争激烈；西南仅成都一地就将有多个主题公园上马。数据显示，目前国内主题公园项目有 2 500 个，正在上演“割据战”。如何争取到竞争对手的顾客，成为一个重要的研究课题。

3. 尽力争取新的旅游者

使更多的潜在旅游者、从未使用过该产品的旅游者购买。市场上一般总存在没有使用过该产品的消费者，由于他们支付能力有限或是其他原因，企业可以采取相应的措施，如分期付款、降低产品的价格等，使这些消费者成为本企业的顾客。如自 2018 年 2 月 1 日至 4 月 30 日，西藏开展了“冬游西藏·共享地球第三极”活动，包括布达拉宫在内的 115 家景区全部免费对所有游客开放，同时推出酒店住宿、旅游车辆、航空铁路等优惠措施。这大大提高西藏自治区一季度旅游收入，接待国内游客约 106.03 万人次，同比增长 49.5%；接待境外游客 3 986 人次，同比增长 37.5%。

（二）市场开发

1. 在当地寻找潜在旅游者

这些旅游者尚未购买该旅游产品，但是他们对产品的兴趣有可能被激发。如据前瞻产业研究院预计，国内儿童乐园消费市场将持续保持 15%的高速发展，未来儿童消费市场将达到 2 万亿元。北京大学文化产业研究院副院长陈少峰表示，儿童和家长是主题公园的两个主流消费者。本来迪士尼以家庭为主，环球影城以年轻人为主，现在两者的消费者都在慢慢地向家庭型变化。然而，要挖掘家庭亲子市场，IP 仍然是关键。业内人士指出，如果没有独一无二的细分项目体验，便易被边缘化。

2. 寻找新的细分市场

使现有产品进入新的细分市场。如说到旅拍群体，人们想到的大都是婚纱旅拍和蜜月旅拍，这在目前的旅拍市场上属于刚需，占有一定的份额。如今旅游市场的玩法多样，不断升级的消费水平和生活方式，衍生出更精细化的人群以及更多元的需求。猎云网推出的“每刻美新旅拍”主打的“写真+旅行”的模式应运而生，将深度旅游体验与主题拍摄相结合，针对喜欢深度游等女性旅游爱好者和消费者，打造可以满足其赏美景、深体验、玩美拍等旅游消费需求的旅拍产品。

3. 扩大旅游企业市场范围

旅游企业可以建立新的营销渠道或采取新的营销组合，发展新的销售区域。如作为中国旅游行业的巨头，携程深知旅游将会成为中国人看世界的主要方式之一，一直以来都将“全球化”作为公司的重点战略。比如在 2017 年 4 月苏格兰首席部长斯特金到访上海携程总部时，携程 CEO 孙洁就表示将在苏格兰首府爱丁堡建立首个海外呼叫中心。同时，近年来，携程花重金

投资人工智能、大数据、云计算领域，旨在用更好的服务来赢得更多的用户，让国人的出境游变得更为便捷。早在2016年初，携程就开始大力推动全球化布局，先后在欧洲、印度、美国投资。除了Trip.com之外，携程还收购了天巡，战略投资了美国海鸥旅游和纵横集团两大地接社，以及投资了印度最大的在线旅游公司MakeMyTrip。

（三）产品开发

向现有市场提供新产品或改进的新产品，目的是满足现有市场的不同层次需求。具体的做法：利用现有旅游资源增加新的旅游产品；在现有旅游产品的基础上，增加旅游产品的类型，或赋予旅游产品新的特色；推出不同档次、不同特色的旅游产品。旅游产品开发包括旅游产品升级换代、旅游产品延伸开发和开发全新旅游产品三种方法。如2017年我国国内和出境旅游中，家庭旅游的比例已达50％～60％，游客满意度平均也达到75分以上。伴随家庭旅游消费市场持续扩容，消费者对高品质和高性价比旅游产品的需求将更加明显。然而在现阶段的旅游市场上，能够满足家庭旅游需求的产品和服务，依然比较稀缺，特别是经过近年来的旅游实践，市场中存在的问题正在逐渐凸显出来。因此，旅游企业应该针对家庭旅游的兴起，创新思维和方法，推出一些适合家庭旅游的新产品、新服务，丰富家庭旅游的内容和方式，从而推动旅游市场的健康和谐发展。

二、一体化增长战略

一体化增长战略是根据旅游企业现有的经营活动和旅游产品的关系，实现价值链向前或向后延伸，或者扩大产业价值链的价值流量的战略。它又可细分为两种基本类型：纵向一体化战略和横向一体化战略。

（一）纵向一体化战略

纵向一体化又叫垂直一体化，指旅游企业扩展现有经营业务，将生产与原料供应，或者生产与产品销售联合在一起的战略形式。纵向一体化又包括前向一体化和后向一体化。前向一体化战略是旅游企业对旅游产品做进一步深加工，或者资源进行综合利用，或旅游企业建立销售组织来销售本企业的产品或服务的战略形式；后向一体化战略则是旅游企业自己供应生产现有产品或服务所需要的全部或部分原材料或半成品的战略形式。如中青旅改制上市后，不断向旅游资源市场整合，开发酒店和乌镇景区等接待资源。中青旅通过掌控旅游资源（景区、酒店、交通、地接社）和整合下游销售渠道实现纵向联合，是着眼于长期发展战略、着力于打造国际化品牌的旅游运营商。

（二）横向一体化战略

横向一体化战略也叫水平一体化战略，是指为了扩大生产规模、降低成本、巩固旅游企业的市场地位、提高企业竞争优势、增强企业实力而与同行业企业进行联合的一种战略。国际化经营是横向一体化的一种形式。如恺撒旅游通过渠道＋产品＋资源一体化发展，打造出境游全产业链服务运营商。公司通过线上线下一体化迎合低频高价的出境游消费市场，截至 2017 年，公司已设立 60 家分子公司，门店数达 247 家，目前已拥有覆盖全球 120 多个国家和地区、超过 20 000 种服务于不同人群的高端旅游产品，同时围绕“旅游＋”为核心不断开拓强 IP 体育旅游、“一带一路”旅游等特色化产品以顺应市场热点。该公司已与国内外 80 余家航空公司、30 余家酒店集团以及 11 家邮轮公司建立合作关系。它作为国内出境游行业服务运营商龙头，整体产业链协同能力持续提升，议价能力有望增强并同时实现成本改善。

采用横向一体化战略，旅游企业可以有效地实现规模经济，快速获得互补性的资源。此外，通过收购或合作的方式，旅游企业可以有效地建立与客户之间的固定关系，遏制竞争对手的扩张意图，维持自身的竞争地位和竞争优势。但横向一体化战略也存在一定的风险，如过度扩张所产生的巨大生产能力，对市场需求规模和企业销售能力都提出了较高的要求；同时，在某些横向一体化战略如合作战略中，还存在技术扩散的风险；此外，组织上的障碍也是横向一体化战略所面临的风险之一，如“大企业病”及并购中存在的文化不融合现象等。

三、多元化增长战略

多元化经营战略又称为多角化经营战略，亦称多角化增长战略。它是指旅游企业为了更多地占领市场和开拓新市场，或避免经营单一事业的风险而选择性地向本行业以外发展，扩大业务范围，实行跨行业经营而采用的战略。多角化经营战略属于开拓发展型战略，是旅游企业发展多品种或多种经营的长期谋划，其经营主要有以下三种类型：

（一）同心多角化经营战略

它是指旅游企业以一种主要产品为圆心，充分利用该产品在技术、市场上的优势，不断向外扩散，生产多种产品，充实产品系列结构的战略。它是旅游企业利用原有的生产技术条件，制造与原产品用途不同的新产品。同心多角化经营的特点：原产品与新产品的基本用途不同，但它们之间有较强的技术关联性。这种发展战略有利于企业利用原有的技术、资源、渠道，如新

华联原为新华联不动产股份有限公司，2016年更名为新华联文化旅游发展股份有限公司。新华联按照“文旅＋金融＋地产”的战略定位，加速结构调整和战略转型，大力实施创新驱动发展，着力打造文化旅游项目，继续加强金融行业布局，加快落实海外发展战略，整合完善境外投融资平台，全面推动实现战略转型目标。它已先后投资开发了芜湖新华联国际文化旅游度假区、长沙新华联铜官窑国际文化旅游度假区、西宁新华联国际旅游城、新华联济州岛锦绣山庄等大型文旅项目，并在北京房山、河北涿州等地继续开展文旅布局。同时，为了扩大营收规模，增加文旅项目的协同效应，该公司进一步加大了投资并购的力度，先后并购了你我金融、大连中海文旅和湖南海外旅游等优质资产，为公司构建文化旅游生态圈提供了战略支撑。

（二）水平多角化经营战略

水平多角化经营战略也称为横向多角化经营战略。它是指旅游企业生产新产品销售给原市场的顾客，以满足他们新的需求的战略。水平多角化经营的特点：原产品与新产品的基本用途不同，但它们之间有密切的销售关联性，如横店影视城不断扩展影视拍摄的上下游服务链条，包括上游的群众演员招募（由群众演员工会组织管理）、演职人员提供（由横店影视职业学院培训）、服装道具制造（专门的服装道具公司）以及下游的影视后期制作（剪辑、录音等）、影视宣传推广（传媒公司）等，培育了横店影视城特有的“影拍摄配套集群”，造就了横店影视领先于国内众多影视城的独特竞争力。

（三）整体多角化经营战略

整体多角化经营战略也称混合式多角化经营战略，是指旅游企业向与原产品、技术、市场无关的经营范围扩展的战略。即旅游大企业收购、兼并其他行业的企业，或者在其他行业投资，把业务扩展到其他行业中去，新产品、新业务与企业的现有产品、技术、市场毫无关系。也就是说，企业既不以原有技术也不以原有市场为依托，向技术和市场完全不同的产品或劳务项目发展。它是实力雄厚的大企业集团采用的一种经营战略，如港中旅集团始创于1928年，与招商局集团、华润集团、中国光大集团并称为“四大老牌驻港中资机构”。近百年来，港中旅集团因时动势，不断布局，从旅游主业发展到酒店、景区、网络、演艺、高尔夫、客运、钢铁、房地产、物流贸易、电力、资产经营，在十二大领域从容跨越。港中旅深耕旅游业近百年，是中国旅游产业链最完整、服务要素最齐全、经营规模最大的旅游企业集团。

第四节　旅游市场竞争战略

竞争是市场经济的基本特征。市场竞争所形成的优胜劣汰机制是推动市场经济运行的强制力量，迫使企业不断研究市场、开发新产品、改进生产技术、更新设备、降低经营成本、提高经营效率和管理水平，获取最佳效益。随着商品经济和国际经济一体化的不断发展，市场竞争日趋激烈，旅游企业面临各种市场竞争，旅游企业必须认真研究竞争者的优势和劣势、竞争者的战略和策略，明确自己在竞争中的地位，有的放矢地制定竞争战略，才能在激烈竞争中求得生存和发展。

资料6-4

2017 年旅游业发展概况

2017 年，国内旅游人数 50.01 亿人次，比上年同期增长 12.8%；入出境旅游总人数 2.7 亿人次，同比增长 3.7%。全年实现旅游总收入 5.40 万亿元，增长 15.1%。初步测算，全年全国旅游业对 GDP 的综合贡献为 9.13 万亿元，占 GDP 总量的 11.04%。旅游业直接就业 2 825 万人，旅游业直接和间接就业 7 990 万人，占全国就业总人口的 10.28%。（摘自文旅部官网，数据更新于 2018.02.06）

一、旅游行业分析与一般竞争战略

（一）分析行业环境

迈克尔·波特认为有五种力量在影响和决定着一个行业、市场的吸引力。它们是企业必须考虑的因素。在其经典著作《竞争战略》中，他提出了行业结构分析模型，即所谓的“五力模型”（见图 6－1），认为决定企业获利能力的首要因素是“产业吸引力”，企业在拟定竞争战略时，必须深入了解决定产业吸引力的竞争法则。竞争法则可以用五种竞争力来具体分析：行业现有的竞争者、供应商的议价能力、客户的议价能力、替代产品或服务的威胁、潜在竞争者。这五大竞争驱动力，决定了企业的盈利能力，并指出公司战略的核心应在于选择正确的行业，以及行业中最具有吸引力的竞争位置。

1. 行业现有的竞争者

依据市场结构理论，在一个行业内部，企业、品牌之间的竞争关系与强度是由集中度、产品差异和进入、退出障碍的高低决定的。旅游业产业内企业数目较多，但企业间地位相差大，参差不齐。有进行跨国经营的港中旅、

招商国旅、锦江集团、国航公司等，有属于中央大型企业工委管理的国旅总社、中旅总社等，更多的是各地的私企旅行社。旅游市场增长迅速，固定成本低，进入门槛低；旅游产品、服务的差异性高，转换成本高；旅游企业退出壁垒低。

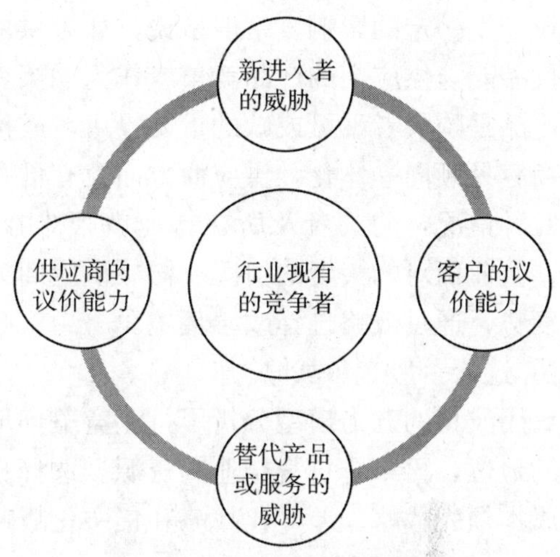

图6-1　波特的五力模型

2. 潜在竞争者的威胁

潜在竞争者也是新竞争者，给旅游企业带来新的产能、资源，要求市场重新“洗牌”，对行业秩序和现有企业形成冲击，导致价格下降，影响行业的赢利水平。一般而言，旅游行业进入障碍、退出障碍都低，可以获得较低但稳定的收益。

3. 替代产品或服务的威胁

替代品是与现有产品功能类似、用途相近的不同产品。一般来说，替代品进入市场，会迫使现有产品的价格下降。替代品的价格越有吸引力，对行业构成的威胁也越大。在旅游行业中，电子商务、互联网的发展使人们可以在网上订机票、订酒店，查看旅游信息；社交网络的发展产生了“拼客”，不参加旅行社；生活水平的提高，交通的改善，自驾游成为人们的旅游选择之一，这些都给传统的旅游业务带来了较大的冲击。

4. 客户的议价能力

客户位于一个行业的下游，总是希望压低价格，面对质量、服务提出更高的要求，设法使供应商之间相互竞争。作为一种重要的竞争力量，客户不仅影响一个企业，也影响整个行业的赢利水平。

随着生活水平的提高，旅游成为人们的普遍选择。旅游业的消费者越来越多，且购买力增长迅速，客户对旅游产品要求也越来越高，迫使旅游企业间相互竞争，压低价格，企业赢利能力下降。

5. 供应商的议价能力

供应商位于一个行业的上游，为下游行业、厂商提供经营所需的人、财、物和其他资源。供应商提高价格或降低质量，或减少供应，都会对旅游

企业产生一定的影响。一般来说，如果供应商由少数几家公司控制，或没有替代品能与供应商的产品竞争或作为购买者的企业不是其重要主顾，或供应商产品是购买者不可或缺的重要投入，或供应商阵营的产品存在差异以及供应商容易倾向一体化，供应商方面就有更强的竞争能力。如果存在上述一种或几种情况，购买者及所在行业就很难在购买条件上与之讨价还价。与行业、企业面对购买者的情况一样，供应商讨价还价能力也会变化。企业可审时度势，通过战略选择改善环境。

（二）选择一般竞争战略

用波特的五力模型分析了行业竞争环境后，企业就清楚自己在行业中所处的地位，再结合自身企业的资源，选择自己的竞争战略。一般竞争战略分为成本领先战略、差异化战略和集中化战略三种。

1. 成本领先战略

成本领先战略也称为低成本战略，是指旅游企业通过有效途径降低成本，使企业的全部成本低于竞争对手的成本，甚至是在同行业中最低成本，从而获取竞争优势的一种战略。旅游企业使用该战略主要表现在旅行社能争取最低的客房价及订餐价格，饭店在各方面，如原材料采购、员工工资、日常维修等的开支最低，但所有这些都需要以不降低产品质量和服务质量为前提，才能取得效益。全面降低成本能加强旅游企业同竞争者的抗衡，因为降低成本，可比竞争者获取更多的相对利益，增强对付买方讨价还价的能力。成本领先战略的实施应结合企业自身条件来进行，才能健康地引导企业竞争。

2. 差异化战略

所谓差异化战略，是指为使企业产品与竞争对手产品有明显的区别，形成与众不同的特点而采取的一种战略。这种战略的核心是取得某种对顾客有价值的独特性。在差异化战略的指导下，旅游企业在旅游者广泛重视的某些方面力求在本行业中独树一帜。差异化的途径很多，主要有产品差异化、服务差异化、人员差异化、品质差异化、促销差异化等。差异化战略可使旅游企业获得高于行业平均水平的收益。因为竞争者难以仿效，产品的差异性还可提高企业的利润，维护企业在一定程度上的垄断地位。

3. 集中化战略

集中化战略也称为聚焦战略，是指企业或事业部的经营活动集中于某一特定的购买者集团、产品线的某一部分或某一地域市场上的一种战略。这种

战略的核心是瞄准某个特定的用户群体、某种细分的产品线或某个细分市场。具体来说，集中化战略可以分为产品线集中化战略、顾客集中化战略、地区集中化战略、低占有率集中化战略。

资料6-5

如何实现乡村旅游差异化？

乡村旅游以具有乡村的自然和人文客体为旅游吸引物，依托农村区域的优美景观、自然环境、建筑和文化等资源，在传统农村休闲游和农业体验游的基础上，拓展开发会务度假、休闲娱乐等新兴旅游方式。

截止到目前，我国的乡村旅游可谓是遍地开花，但乡村旅游规划参差不齐，产品同化、抄袭、模仿、没有统一规划，不能实现整体的协调性，产品没有创新，没有自己个性和特色。

如何实现乡村旅游的差异化？

1. 统一的规划。对参差不齐的旅游产品，做一个系统的规划，整个制作，形成整体的协调性。避免效仿和抄袭，甚至直接复制。

2. 资源的差异性。有机地整合资源，实现利益的最大化，将资源转化成产品，将地理环境、风土人情都融入到其中，不脱离总体的规划，实现有形产品和无形产品的结合。

3. 顾客的差异性。顾客本身就具有差异性，城乡的差异、文化水平的差异、经济收入的差异和消费观念的差异，导致顾客的需求具有差异性，因此，做好不同的市场细分，实现可进入性，可赢利性的发展。

4. 不断的创新。创新是核心的竞争力，顾客的需求是不断变化的，因而，乡村旅游的规划既要有理念的创新，也要有产品的创新，来吸引消费者。

5. 多元化的发展。根据不同的旅游市场来设定不同旅游产品，无论是配套产品还是主导产品都需要多元化地去挖掘，实现产品的增值，形成多元化的发展趋势。

6. 切实的落地。实践是检验真理的唯一标准，在规划和实践中，一定要把好的规划实现落地，如果只是敷衍，不能实现长远的发展，再好的资源也不能承载，导致最后的失败。

二、旅游市场竞争者分析

对竞争对手进行分析是确定组织在行业中战略地位的重要方法。旅游市

场竞争者分析的目的是准确判断竞争对手的战略定位和发展方向，并在此基础上预测竞争对手未来的战略，准确评价竞争对手对本企业的战略行为的反应，估计竞争对手在实现可持续竞争优势方面的能力。竞争者分析一般包括以下四项内容和步骤。

（一）识别企业的竞争者

识别竞争者是一项非常重要的工作。企业参与市场竞争，不仅要了解谁是自己的顾客，也要清楚谁是竞争对手。从表面上看，识别竞争者是一项非常简单的工作，但是，由于需求的复杂性、层次性易变性，技术的快速发展和演进、产业的发展等，旅游企业的竞争市场极为复杂。旅游企业应从以下不同的角度，识别竞争对手，了解其竞争地位及彼此的优劣势，更好地适应和赢得竞争。

1. 从行业的角度对旅游企业的竞争者分类

（1）现有旅游企业：指本行业内现有的与本旅游企业生产同样产品的其他企业。它们是企业直接竞争者。现有旅游企业的竞争表现为完全垄断、完全寡头垄断、不完全寡头垄断、完全竞争、垄断竞争五种基本状态。

（2）潜在加入者：当旅游市场前景乐观、有利可图时，会引来新的竞争企业，并要求重新瓜分市场份额和主要资源。另外，某些多元化经营的大型企业经常利用其资源优势，从一个行业侵入另一个行业。新企业的加入可能导致产品价格下降，利润减少。

（3）替代品企业：与某一旅游产品具有相同功能、能满足同一需求的不同性质的产品。替代品企业竞争力通常表现为愿望竞争力量、平行竞争力量、产品形式竞争力量与品牌竞争力量四个方面。

2. 从市场方面对旅游企业的竞争者分类

（1）品牌竞争者：旅游企业把同一行业中以相似的价格向相同的顾客提供，类似洲际、凯悦、喜达屋等知名酒店品牌的竞争。品牌竞争者之间的产品相互替代性较高，因而竞争非常激烈。

（2）行业竞争者：也称产品级别竞争者，旅游企业把提供同种或同类产品，但档次、型号、款式不同的企业称为行业竞争者。所有同行业的企业之间都存在竞争关系，如高星级酒店与经济型酒店之间的竞争。

（3）需要竞争者：也称一般竞争者，提供不同种类的产品，但满足和实现消费者同种需要的企业称为需要竞争者。如航空公司、铁路客运、长途客运汽车公司都可以满足旅游者外出旅行的需要，相互之间争夺满足消费者的

同一需要，当火车票价上涨时，乘飞机、坐汽车的旅客就可能增加。

（4）消费竞争者：也称愿望竞争者，提供不同产品、满足消费者的不同愿望，但目标消费者相同的企业称为消费竞争者。如很多消费者收入水平提高后，可以把钱用于旅游，也可用于购买汽车，或购置房产，因而汽车销售企业和房地产企业间存在相互争夺消费者购买力的竞争关系。消费支出结构的变化，对企业的竞争有很大影响。

3. 从企业所处的竞争地位对旅游企业竞争者分类

（1）市场领导者：指在行业的产品市场上占有最大市场份额的旅游企业。如嘉年华邮船公司是世界最大的邮轮市场领导者。市场领导者通常在产品开发、价格变动、分销渠道、促销力量等方面处于主宰地位，其地位在竞争中形成，但不是固定不变的。

（2）市场挑战者：指在行业中处于次要地位的旅游企业。如 Virgin 大西洋航空公司是英国——美国跨大西洋航线业务市场的挑战者，一直展开与英国航空公司的竞争。市场挑战者往往试图通过主动竞争扩大市场份额，提高市场地位。

（3）市场追随者：指在行业中居于次要地位，并安于次要地位，在战略上追随市场领导者的旅游企业。市场追随者的最主要特点是跟随。在技术方面，它不做新技术的开拓者和率先使用者，而是做学习者和改进者；在营销方面，不做市场培育的开路者，而是搭便车，以减少风险和降低成本。

（4）市场补缺者：多是行业中相对较弱小的一些中、小旅游企业。它们专注于市场上被大企业忽略的某些细小部分，通过专业化经营来获取最大限度利益，在大企业的夹缝中求得生存和发展。市场补缺者通过生产和提供某种具有特色的产品和服务，赢得发展的空间，甚至可能发展成为“小市场中的巨人”。市场补缺已经成为目前许多中小型在线旅游企业生存发展之道。

（二）判断竞争者目标

竞争者的最终目标当然是追逐利润，但不同的企业对长期利益与短期利益各有侧重。有些竞争者追求利润最大化目标，有些企业更趋向于获得“满意”的利润而不是“最大利润”。也就是说，竞争者往往并不把利润作为唯一或首要的目标。在利润目标的背后，竞争者的目标是一系列目标的组合，对这些目标，竞争者各有侧重。因此，旅游企业必须跟踪了解竞争者进入的新的细分市场的目标。若发现竞争者开拓了新的细分市场，这对企业来说可能是一个发展机遇；若旅游企业发现竞争者开始进入本企业经营的细分市

场，这意味着企业将面临新的竞争与挑战。对于这些市场竞争动态，企业若了如指掌，就可以争取主动，有备无患。

（三）评估竞争者的实力和反应

1. 评估竞争者的优势和劣势

在市场竞争中，旅游企业应分析竞争者的优势与劣势，做到知己知彼，才能有针对性地制定正确的市场竞争战略，以避其锋芒、攻其弱点、出其不意，利用竞争者的劣势来争取市场竞争的优势，实现企业营销目标。评估竞争者的步骤如下：

（1）收集信息。收集竞争者业务上最新的关键数据，如销售量、市场份额、毛利、投资报酬率、现金流量、新投资等。

（2）分析评价。根据所得资料综合分析竞争者的优势和劣势。

（3）定点超越。定点超越指找出竞争者在管理和营销方面的最好做法作为基准，然后加以模仿、组合和改进，力争超过竞争者的方法。

2. 了解竞争者的反应模式

了解竞争者的经营哲学、内在文化、主导信念和心理状态可以预测其对各种竞争行为的反应。竞争中常见的反应模式有从容型竞争者、选择型竞争者、凶狠型竞争者、随机型竞争者四种类型。

（1）从容型竞争者。某些竞争旅游企业对市场竞争措施的反应不强烈，行动迟缓。这可能是因为竞争者受到自身在资金、规模、技术等方面的能力的限制，无法作出适当的反应；也可能是因为竞争者对自己的竞争力过于自信，不屑于采取反应行为；还可能是因为竞争者对市场竞争措施重视不够，未能及时捕捉到市场竞争变化的信息。

（2）选择型竞争者。某些竞争旅游企业对不同的市场竞争措施的反应是有区别的。如大多数竞争旅游企业对降价行为作出强烈的反应，而对改善服务、增加广告、改进产品、强化促销等非价格竞争措施则不大在意。了解竞争者会对哪些方面作出反应有利于企业选择最为可行的攻击类型。

（3）凶狠型竞争者。指对所有攻击行为作出迅速而强烈的市场反应的竞争者。这类竞争者意在警告其他企业最好停止任何攻击，一般旅游企业轻易不敢或不愿挑战其在市场上的权威，尽量避免与其正面交锋。

（4）随机型竞争者。这类竞争旅游企业对市场竞争所作出的反应通常是随机的，往往不按规则出牌，使人不可捉摸。如随机型竞争者在某些时候可能会对市场竞争的变化作出反应，也可能不作出反应；他们既可能迅速作出

反应，也可能反应迟缓；其反应既可能是剧烈的，也可能是柔和的。

（四）确定竞争者的战略

各旅游企业采取的战略越相似，彼此之间的竞争就越激烈。根据所采取的主要战略不同，可将竞争者划分为不同的战略群体。如万豪酒店和希尔顿酒店，都是属于国际高星级连锁酒店，因此，它们可以划为同一战略群体。

根根据战略群体的划分，一般小型旅游企业适于进入投资和声誉都较低的群体，而实力雄厚的大型旅游企业则可考虑进入竞争性强的群体。

三、基于竞争地位的竞争战略选择

（一）旅游市场领导者战略

所谓旅游市场领导者，是指在旅游市场上占有最大的市场份额的企业。它在新产品开发、价格变动、分销渠道和覆盖面及促销力量等方面领导其他企业。它是同行业其他竞争者挑战、模仿或回避与之竞争的对象。但市场领导者要保持已有的地位，必须从三个方面努力，即扩大旅游市场总需求、保护现有旅游市场份额、扩大旅游市场份额。

1. 扩大旅游市场总需求量

旅游市场领导者占有的市场份额最大，在市场总需求扩大时得到的利益最多。扩大旅游市场总需求的途径有三条：开发产品的新用户、寻找产品的新用途和增加产品的使用率。

2. 保护现有旅游市场份额

旅游市场领导者在力图扩大总需求的同时，还必须不断创新以继续保持自己原有的业务，防备竞争者的挑战。在新产品构思、顾客服务、分销成本、效率等方面成为行业先驱，持续增加竞争效益和顾客让渡价值。保护现有旅游市场份额主要的防御战略有阵地防御、侧翼防御、以守为攻、反击防御、机动防御、收缩防御等六种策略。

3. 扩大旅游市场份额

旅游市场领导者还可通过扩大市场份额来提高其利润，以维持领导者的地位。如旅行社增设网点、开发新的旅游景点，酒店扩建、增加功能等推动旅游市场总规模增长，而旅游市场领导者规模更快扩张是较为典型的另一种扩大市场份额的模式。

（二）旅游市场挑战者战略

旅游市场挑战者是指在行业中居于第二位及以后位次，对市场领导者和其他竞争者采取攻击行动，希望夺取市场领导地位的旅游企业。

1. 选择战略目标和挑战对象

（1）攻击市场主导者。这属风险较大但吸引力也大的战略行为，特别是当被攻击者在满足市场需要方面做得不太好，够不上真正市场主导者时，这种战略行动更具有意义。攻击目标要选择用户需求未被充分满足的地方，通过创造新产品，从主导者手中夺取部分市场。

（2）攻击实力相当者。挑战者也可以从实力相当的旅游企业中挑选经营不善者作为进攻对象，直接夺取其市场份额。

（3）攻击地方性小企业。对于一些当地小旅游企业中经营不善或财务困难者，可夺取其顾客，甚至把其收购或兼并以获得全部市场。

2. 选择进攻战略

（1）正面进攻。进攻者集中全力直接攻击竞争对手，并且是攻击对手的强处而不是弱处。如以更好的产品、更低的价格、更大规模的广告攻击竞争对手的拳头产品。

（2）侧翼进攻。进攻者集中力量进攻对手的弱点。它适用于那些资源比对手少的进攻者。可采用两种策略：一种是地理性攻击，即进攻对手销售力量薄弱的地区，如假日集团提出在有公路的地方就有 Holiday Inn；另一种是从市场领导者尚未覆盖的细分市场攻击，如广东中旅推出的探险旅游——进军罗布泊。实践证明，侧翼进攻比正面进攻成功率更大，是现代市场营销中最佳的策略。

（3）包抄进攻。包抄进攻是在多个领域同时发动进攻以夺取竞争对手的市场。该进攻是全面进攻，即同时从正面、侧面和背面向对手进攻。一般进攻者的力量比对方强，能向市场提供竞争者所能提供的产品，甚至更多产品并得到顾客的接受。

（4）迂回进攻。迂回进攻是指进攻者避开竞争对手现有市场阵地，向容易进入的市场发动进攻，扩大自己的市场。它是一种间接进攻策略，一般可采取三种方法：一是多角化经营；二是以现有产品打入新市场；三是开发新产品替代现有产品。

（5）游击进攻。游击进攻是指进攻者向对方不同阵地发动小规模、断断续续的攻击，逐渐削弱竞争对手，使自己最终夺得永久性的市场领域。游击进攻适合小公司打击大公司。

（三）旅游市场追随者战略

旅游市场追随者是指那些在产品、技术、价格、渠道和促销等大多数营

销战略上模仿或跟随市场领导者的企业。它不同于旅游市场挑战者，不发动进攻，而是在市场领导者之后维持和平局面。这种跟随不是单纯的模仿，而是具有自身的策略——跟随领导者又不导致领导者进行报复的策略。

1. 紧密跟随

紧密跟随是指在各细分市场和市场营销组合策略方面模仿领导者，但避免侵犯主导者敏感的领地，避免任何直接的冲突。

2. 距离跟随

距离跟随是指在主要市场、产品革新、价格水平及分销等方面主要追随领导者，但在某些方面仍存在差异。

3. 选择追随

选择追随是指在某些方面紧跟市场领导者，仿效领导者许多行之有效的策略，有时又是自行其是，表现出创新精神，但避免同市场领导者直接竞争。这类追随者有的可能发展成为市场挑战者。

(四) 旅游市场利基者战略

旅游市场利基者是指专门为规模较小或大公司不感兴趣的细分市场提供产品或服务的公司。市场利基者的作用是拾遗补缺、见缝插针。理想的利基者市场具有以下特征：有相当规模和购买能力，以便能够赢利；有潜在的发展力；大公司对它不感兴趣；旅游企业具有资源与能力为此市场服务；能够抵御竞争者入侵。如旅游饭店行业中许多星级酒店品牌也涉足经济型酒店领域，在大品牌下细分小品牌，在抓市场的“短头”的同时，也关注市场的“长尾”。

总之，市场利基者要获得有利市场，关键在于实行专业化营销，即在市场、顾客、产品或营销组合方面实行专业化管理。同时也要承担很大的风险，由于小利基市场本身可能枯竭或受到攻击，因此，采用多重利基市场比单一利基市场有利，可增加市场利基者生存和发展的机会。

第五节 旅游市场营销组合战略

一、旅游市场营销组合概念

旅游市场营销组合是指旅游企业为了占领目标市场、满足旅游者的需求，在选定旅游目标市场的基础上，综合运用企业可以控制的各种市场营销因素，如产品、质量、包装、价格、服务、广告、渠道和企业形象等，实行最优化组合，以实现旅游企业的营销目的。

二、旅游市场营销组合理论的发展

(一)"4P"理论

最常用的旅游市场营销组合策略是20世纪60年代美国市场营销专家麦卡锡提出的"4P"策略,即产品、渠道、价格与促销策略。"4P"是营销组合通俗经典的简称,奠定了营销组合在市场营销理论中的重要地位,为企业实现营销目标提供了最优手段,即最佳综合性营销活动,也称整体市场营销。

(1)产品(Product)。旅游产品的范围实际上包含很广,是指一切可满足游客需求的有形产品和无形服务,也包括思想观念。旅游产品包括三个层次:核心产品、形式产品、附加产品。核心产品指旅游产品能满足游客特定需求的使用价值;形式产品指旅游产品向市场提供的实体和产品的外观;附加产品指旅游产品提供给游客的附加利益和优惠条件。

(2)渠道(Place)。旅游营销渠道是指旅游产品从旅游生产企业向旅游消费者转移过程中所经过的各种独立组织的组合。营销渠道的选择包括选择产品销售地点,选择合适的旅游中间商,维持有效的流通中心等。旅游企业能通过旅游营销渠道将旅游产品在"特定的时间""特定的地点",以"特定的方式"提供给"特定的旅游消费者"。

(3)价格(Price)。价格是旅游产品价值的反映形式。价格不仅与产品本身相关联,也与品牌的附加内涵和价值相关联,与市场的供求关系相关联。旅游产品的定价方法包括成本导向法、需求导向法和竞争导向法。

(4)促销(Promotion)。促销关心的是如何将旅游产品信息有效地传递给潜在购买者,其作用包括:刺激旅游需求,扩大旅游产品销售;提供信息,沟通供需关系;突出旅游产品特点,强化竞争优势;树立旅游企业良好形象,提高抗风险能力。广告、营业推广、人员推销和公共关系是促销的四大工具。

(二)"7P"理论

关于"4P"是否能够全面地反映旅游企业的营销组合要素还有一些争议。1981年,布姆斯和比特内还提出另外必不可少的"3P"。

(1)人员(People)。在旅游产业中,人即旅游从业员工,是相当重要的。他们必须有能力、有技能、有知识。他们要谦虚、友好、懂礼貌,能为游客提供始终如一的准确的服务。他们还要努力理解游客,清楚地与他们交流,能对游客的问题和要求作出迅速的反应。

（2）过程（Process）。过程即指旅游服务通过一定的程序、机制以及活动得以实现的过程，如精心设计旅游线路，精确组织旅游活动。旅游企业要强化对整个旅游活动过程（包括售前和售后服务）的管理和控制。

（3）有形展示（Physical Evidence）。即旅游企业应该采取措施向潜在和现实游客提供各种有助于使服务产品有形化的表征。例如，对于住宿接待业，要考虑家具、装潢、环境、氛围、陈设、清洁和防噪声水平等。

（三）4C 理论

20 世纪 80 年代，美国市场营销学家劳特朋提出了“4C”营销组合理论，即顾客（Customer）、成本（Cost）、便利（Convenience）和沟通（Communication）。

（1）顾客（Customer）。暂时先把旅游产品抛到一边，先研究游客的需求和欲望，根据游客的需求来提供旅游产品。旅游企业提供的产品和服务要让顾客满意并产生认同感。

（2）成本（Cost）。暂时抛开研究价格策略，研究游客愿意为满足其旅游需求而支付的成本。这里的成本包括金钱成本、时间成本、体力成本、精神成本、风险成本。由于游客在购买旅游产品时，总希望把有关成本降到最低限度，以使自己得到最大限度的满足，因此，旅游企业必须考虑游客为满足需求而愿意支付的总成本，努力降低游客购买的总成本。

（3）便利（Convenience）。即为游客提供最大的购买和使用便利。旅游企业在制定分销策略时要更多地考虑游客的便利，而不是企业自己的便利。要通过好的售前、售中和售后服务来让游客在旅游的同时，也享受到便利。便利是客户价值不可或缺的一部分。

（4）沟通（Communication）。旅游企业为了创立竞争优势，必须不断与游客进行积极有效的双向沟通。这不再是旅游企业单向的促销和劝导行为，而是侧重于同游客进行情感交流、思想融通，使游客对旅游企业、旅游产品等理解、认同，以寻求旅游企业同游客的认识的契合点。

（四）“4R”理论

21 世纪初美国学者舒尔茨在“4C”营销理论的基础上提出“4R”理论，“4R”即关联、反应、关系、回报。

（1）关联（Relevance）。在竞争性市场中，游客具有动态性。游客忠诚度是变化的，他们随时有可能转移到其他旅游企业。要提高游客的忠诚度，赢得长期而稳定的市场，最重要的是把旅游企业与旅游市场联系在一起，达到供给与需求的高度对应，形成一种互动、互求、互需的关系。

(2) 反应 (Reaction)。在相互影响的旅游市场中，旅游企业需要提高市场反应的速度，以抢占先机。这就需要旅游企业站在游客的角度及时地倾听游客的需要和需求，并及时对其进行答复和迅速作出反应，满足游客的需求。

(3) 关系 (Relation)。随着旅游市场竞争日趋激烈，旅游企业争夺旅游市场的关键已转变为与游客建立更加长期而稳固的关系。关系营销是通过不断改进旅游企业与游客的关系，实现游客固定化的一种重要营销手段。

(4) 回报 (Return)。对旅游企业来说，市场营销的真正价值在于其为企业带来短期和长期利润的能力，而对于游客来说，回报是指旅游企业给游客带来的一定的使用价值。一切营销活动都必须以给游客及企业创造价值为目的。

总之，旅游市场营销组合理论是一个不断发展的过程，而万变不离其宗，“4P”是旅游市场营销组合理论的经典，它奠定了其他理论的基础，其他理论是对“4P”理论范畴的扩展和内涵的丰富和发展。由于旅游产品的特殊性，旅游产品这一营销变量本身可能延伸扩展出新的营销变量，“7P”中的另外“3P”都是旅游产品范畴的扩展。“4P”“4C”和“4R”还是存在着实质上的关联：从思考如何设计和研发“产品”到强调从“顾客”需求的角度思考如何设计和研发产品，再到强调从企业和顾客关联的角度设计和研发产品；从考虑如何制定产品的“价格”到强调从消费者“成本”的角度考虑如何制定最合理的价格，再到强调从为消费者和企业带来“回报”的角度制定价格；从“促销”到强调从与消费者如何实现“沟通”的角度思考促销的方式，再到强调从与消费者建立长期“关系”的角度思考促销；从建立营销“渠道”到强调从消费者购买的“便利性”的角度来确立营销渠道，再到强调从提高市场“反应”速度的角度来确立营销渠道。“4C”和“4R”仍然没有逃出“4P”确立的营销框架，只是对“4P”内涵的丰富和发展。

三、旅游市场营销组合的特点

(一) 可控性

旅游市场营销组合因素属企业内部可控制的因素。例如：旅游企业可以根据市场调研，针对旅游目标市场的特点，设计产品的结构、外观、质量、数量及价格，自由选择广告宣传手段、销售渠道和方式等。但这种可控制性并非绝对，因为旅游企业置身于外界环境之中，本身还会受到不可控制的外

部因素的影响，这些都会直接或间接对可控制因素产生制约作用。所以，在实际运用中，要善于适应外部不可控因素的变化，及时调整内部可控制因素。

（二）动态性

旅游业市场营销组合是旅游企业可控营销因素的组合，它不是固定不变的静态组合，而是变化无穷的动态组合。如构成营销组合的“4P”的产品、价格、销售渠道、促销这四个变量，只要改变其中的一个要素，就会出现一个新的组合，产生不同的营销效果。

（三）整体性

旅游消费者的整体需求（适当的旅游产品、旅游价格、旅游方式、旅游服务等）决定了旅游企业必须对自身可控的营销因素进行整体营销组合。旅游市场营销组合的作用，不是其中每一个构成因素所发生的作用简单相加的结果，而是由于各个因素的相互配合和相互协调产生的整体效果，超过每一个因素各自产生效果的总和，这就是系统的整体作用。

（四）多层次性

旅游市场营销组合因素主要包括产品、价格、促销及销售渠道四个方面的因素，实际上，每个方面的因素又是由若干个二级因素组合而成的。如旅游销售渠道是一个市场营销组合因素，但旅游销售渠道因素本身又包含了直接渠道和间接渠道、单渠道和多渠道、宽渠道和窄渠道等次组合因素，并且次组合因素还可再细分组合。因此，旅游市场营销组合因素具有多层次结构。

四、旅游市场营销组合的应用原则

旅游市场营销组合虽然没有一个适用于所有旅游企业或所有市场态势的固定模式，但要更好地达到组合效果，在具体运用时须遵循下列原则：

（一）目标性原则

旅游市场营销组合首先要有目标性，即制定旅游市场营销组合时，要有明确的旅游目标市场，同时要求市场营销组合中各因素都围绕这个目标市场进行最优组合。

（二）协调性原则

协调性原则是指协调旅游市场营销组合中各个因素，使其有机地联系起来，同步配套地组合起来，以最佳的匹配状态，为实现整体营销目标服务。

在组合方案中，也可以重点选择几个因素进行组合搭配，如产品质量和价格的关系的好坏直接关系到市场营销组合整体策略的优劣，将二者进行多方案选优，可以组成多种不同的组合策略方案，企业可据此进行知己知彼的分析，包括竞争对手组合策略分析和本企业情况分析，进而达到预期营销目标。

（三）经济性原则

即组合的杠杆作用原则。主要考虑组合的要素对销售的促进作用，这是优化组合的特点。例如广告费用对销售的影响，当广告费用增加不多时，销售影响不大，广告费用增到某一点后，销售量增长较快，当广告费用增长到更高某一点后，销售量趋于平稳。因此，要发挥广告宣传对销售量的杠杆作用，在营销组合中就应该考虑销售量和广告费用的关系。在能使销售量增长较快的这一阶段应采用增加广告费用的组合；若销售量趋于平稳，则增加广告费用就不起作用了，则应考虑其他因素对销售量的影响作用。

（四）反馈性原则

旅游企业要根据旅游市场营销环境的变化而改变营销组合，这要依靠及时反馈的市场信息。信息反馈及时，反馈效应好，旅游企业就可随营销环境的变化，及时重新对原市场营销组合进行分析和调整，进而确定新的适应市场和消费者需求的营销组合模式。

五、旅游市场营销组合的意义

（一）旅游企业制定营销战略的基础

旅游企业的营销战略是为实现其长期营销目标而设计的行动规划，本质上是企业经营管理的整体战略，它主要由企业的营销目标和营销组合的诸要素协调组成，是目标与手段的有机统一体。企业设计或选择一项最佳营销组合将对营销战略起到决定性作用。

（二）协调旅游企业内部各部门工作的纽带

旅游者对于旅游产品和服务的需求是一种整体需求。旅游者希望旅游企业能提供足够的信息，帮助他们在适当的时间、适当的地点，以适当的价格，买到符合他们期望的旅游产品和服务。这就要求旅游企业各个部门间通力合作，而联结企业各部门工作的纽带，就是营销组合战略。营销战略的实施不只是营销部门的职责，还涉及企业的生产、财务、人事等各部门。旅游企业各部门的管理人员，不仅要精通本部门的工作，而且要在一定程度上熟悉其他部门的业务，通过这条纽带形成一个灵活的营销组合，进行整体营销。

(三) 旅游企业赢得市场竞争的有力手段

在激烈的市场竞争中，任何一个旅游企业都不可能有全部的优势。旅游企业在制定营销组合战略时，要仔细分析各方面的因素，充分认识自身的优势和劣势，扬长避短，有针对性地创造条件，使企业处于优势地位。在当今日益成熟的旅游市场中，价格竞争已不能适应市场竞争的发展态势。随着旅游企业管理水平的日益提升和旅游企业之间竞争的日趋激烈，旅游市场营销组合中非价格要素（如产品、服务、广告、销售渠道等）竞争显得日益重要。

(四) 有利于旅游企业合理分配营销费用预算

旅游企业营销费用预算总额确定以后，如何将其在各有关要素之间进行科学、合理、有效的分配，使各要素所占的预算额既能够被充分利用，又不致出现短缺，既能满足需要，又不出现浪费，是一个十分复杂且具有相当难度的问题。在市场营销组合的指导下，可以根据营销组合中各个要素所起的作用大小进行分配，使预算分配得以合理解决。

思考与习题

1. 简述旅游市场营销战略的概念和特征。
2. 简述旅游市场营销定位的方法。
3. 旅游市场营销增长战略包括哪些类型？各具有什么样的特点？
4. 如何对旅游市场的竞争者进行分析？
5. 基于竞争地位的竞争战略有哪些？如何进行选择？
6. 以一家旅游企业为例，分析其旅游市场营销 4P 营销组合策略。

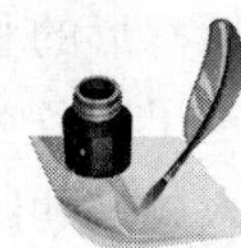

第七章 旅游产品策略

➤**教学目标** 知识目标：了解旅游产品的概念、构成及特点，熟悉旅游产品各生命周期的特点和营销策略，理解旅游新产品的开发策略，熟悉旅游产品的组合策略

能力目标：能根据旅游产品所处的生命周期选择合适的营销策略

➤**教学难点** 旅游新产品的开发策略

➤**教学重点** 旅游产品的生命周期策略、组合策略

旅游产品是旅游市场营销组合的一个重要因素。在旅游市场营销组合中，首要问题就是旅游企业以什么样的旅游产品来满足目标市场的需求。旅游产品策略作为旅游企业市场营销组合战略的基石，直接决定着旅游产品价格策略、旅游营销渠道策略、旅游促销策略的制定和旅游企业市场营销的成功。

第一节 旅游产品概述

一、旅游产品的概念

美国著名市场营销专家菲利普·科特勒把产品定义为：人们为获取、使用或消费的目的而提供给市场的一切东西，以满足某种欲望和需要，产品包括有形的和无形的物体、服务、人员、地点、组织和构思。旅游产业特性决定了服务在旅游产品构成中的核心地位，中国国家技术监督局颁布的《中华人民共和国国家标准旅游服务基础术语》将“旅游服务产品”定义为：“由实物和服务综合构成的、向旅游者销售的旅游项目。旅游者既可购买如包价旅游等整体产品，也可购买某一项或几项单项产品。”

旅游产品作为一种特殊的产品，可以从不同的角度来进行理解。从旅游企业的角度看，旅游产品是指旅游企业借助一定的旅游资源和设备设施，向旅游者提供满足其食、住、行、游、购、娱等旅游活动过程中各种需求的服务总和，旅游企业既可以向游客提供单项的旅游产品，也可以向游客提供包价旅游产品；从旅游者的角度看，旅游产品是指旅游者支付一定的金钱、时间和精力所获得满足其旅游欲望的经历，旅游者通过对旅游产品的购买和消费，获得心理和精神上的满足，旅游者眼中的旅游产品，不单单是其在旅游过程中所购买的饭店的一个床位、飞机或火车的一个座位，或是一个旅游景点的参观游览、一次接送和陪同服务等，而是旅游者对所有这些方面的总体感受，是一次经历。

旅游产品是既包括有形的实物产品（如旅游资源、旅游设施等），又包括无形的服务、旅游企业的理念、旅游从业者的素质、包装和品牌的内在价值、游客的期望值等因素在内的混合体。它是一个整体概念，是相对一次旅游活动而言的综合性概念。旅游产品的整体概念包括核心产品、形式产品、期望产品、延伸产品和潜在产品五个层次。

第一个层次：核心产品，是指旅游者真正需要的根本服务或利益，满足旅游者从事旅游活动最基本的需要，是旅游产品的最基本构成部分，如住宿服务、餐饮服务、娱乐服务等。

第二个层次：形式产品，是指旅游产品的载体、质量、特色、风格、声誉及组合方式等，是旅游产品核心价值向满足人们生理或心理需求转化的部分，如各种旅游接待设施、景区景点、旅游购物点、旅游线路等。

第三个层次：期望产品，是指旅游者购买产品时期望获得的与该产品密切相关的一系列属性和条件，例如，住店客人期望得到清洁的床位、浴巾、免费 WiFi 等服务。

第四个层次：延伸产品，是指旅游者在购买和消费旅游产品时获得的各种优惠条件和其他附加利益，如旅游景区给予的门票折扣优惠、饭店为顾客提供的免费往来机场的班车、旅游者乘坐游船观光时获赠的一件小礼品等。

第五个层次：潜在产品，是指现有产品可能发展成为未来最终产品的潜在状态，能满足旅游消费者潜在的需求，尚未被旅游消费者意识到，或者已经被意识到但尚未被消费者重视或消费者不敢奢望的一些产品价值。潜在产品指出了现有产品可能的演变趋势和前景，如旅行社的定制旅游、全套家庭式旅馆的出现。

旅游产品整体概念的五个层次，体现了以顾客为中心的现代营销理念，其内涵和外延都以消费者需求为标准，真正贯彻了现代营销理念。

资料7-1

海南来江苏进行旅游推介，十大旅游产品打造品质之旅

“久久不见久久见，久久见过还想见……”随着一场极富黎族风情的歌舞表演，2018年5月31日下午，海南省旅游发展委员会主办的2018海南国际旅游岛（南京）旅游专场推介会在南京市拉开帷幕。推介会上，海南着重推介了十大旅游产品体系，并向江苏游客发出“请到海南深呼吸”的邀请。

位于北纬18°的海南，是一座被绿色簇拥，被海水环绕，被阳光眷念的“生态岛”“健康岛”“长寿岛”“幸福岛”，也是中国最大的经济特区、最大的自由贸易实验区，以及中国唯一的热带海岛。

据了解，作为中国最受喜爱的热带海岛度假胜地，海南正在重点打造海洋旅游、康养旅游、森林生态旅游、会展旅游、乡村旅游、文体旅游、特色城镇旅游、购物旅游、产业旅游、专项旅游十大旅游产品体系。当天的推介会上，着重对十大旅游产品体系进行了详细的介绍，为江苏游客推介一场品质之旅。

二、旅游产品的构成

（一）按旅游者的需求分析

根据旅游产品在满足游客需求时所起的作用，旅游产品可划分为食、住、行、游、购、娱六大要素。通常饮食、住宿、交通存在一定的消费极限，增加消费的途径是提高饮食质量、增加服务内容和多档次经营。游览、购物和娱乐的需求弹性较大，增加消费的方式是尽可能增加游乐项目，丰富游乐内容和大力发展适销对路、品种多样的旅游商品。

1. 旅游景点

“游”表现为旅游景点。这是旅游产品的核心要素。旅游景点的吸引力和可游性及其集中程度，从根本上决定旅游产品的质量水平，当然，旅游目的地的基础设施也会对旅游景点的赢利和可游性产生一定的影响。

2. 旅游娱乐

“娱”是旅游娱乐项目，与旅游景点一起构成“好玩”，这是游客的首要旅游需求。适当增加娱乐项目以强化旅游产品的娱乐功能非常必要，娱乐项目的开发要注重民族特色和地域特色，以知识性、趣味性、新颖性、多样性

和游客广泛的参与性为基本评价依据，使游客能够通过娱乐项目来强化其对旅游地的感性认识，如桂林的刘三姐，张家界天门山的天门狐仙等。

3. **旅游饮食**

“食”是指旅游饮食。游客在旅游过程中当然需要吃，“好吃的”是游客的一项基本需求。富有当地特色的饮食，特别是驰名的风味饮食尤其受游客欢迎，而游客在旅游中因比较劳累，需要更多的营养，同时也要讲究卫生以防疾病传播，因此，对旅游饮食的要求是具有当地特色和营养卫生。

4. **旅游购物**

“购”就是旅游购物。它是指游客在旅游中购买各种产品。旅游购物中所购买的主要是旅游纪念品和食品，集中在旅游地销售的当地特色工艺品、土特产品、生活必需品和食品等，用于馈赠亲友或自己留作纪念，是旅游的一个重要目的。

5. **旅游住宿**

“住”是指旅游住宿。它是指游客在消费旅游产品期间的睡眠休息消费。住宿也是旅游产品的一个重要因素，因此住宿质量成为评价旅游产品质量的一个重要指标。旅游住宿要求与游行程时间相关，时间短特别是“一日游”对住宿没有要求，而时间越长，对住宿的要求也就越高。

6. **旅游行程**

“行”就是旅游行程，包括旅游交通、旅游线路和旅游日程等。游客对旅游交通的基本要求就是安全舒适、快捷准时、服务周到和价格合理。旅游线路和旅游日程是游客的基本旅游需求，只有科学安排、合理规划，才能更好地满足游客的旅游需求。

（二）旅游产品的供给构成

1. **旅游资源**

旅游资源是指在自然和人类社会中一切能够吸引旅游者进行旅游活动，并为旅游业所利用而产生经济、社会、生态效益的事物。它是一个地区旅游开发的前提条件，也是吸引旅游者的决定性因素。一般分为人文旅游资源和自然旅游资源两种类型，如长城、云南石林、乌镇等都是属于旅游资源。

2. **旅游设施**

旅游设施是为实现旅游活动而必须具备的各种设施、设备和相关的物质条件，是构成旅游产品的必备要素。旅游设施分为专门设施和基础设施两大类。它们之间联系紧密，专门设施是建立在基础设施之上并有效发挥作用的。

3. **旅游服务**

旅游服务是旅游产品的核心，旅游经营者除向旅游者提供餐饮和旅游商品等少量有形物质外，还大量提供各种各样的接待、导游等服务。旅游服务主要包括服务观念、服务态度、服务项目、服务价格、服务技术等。

4. **旅游商品**

旅游商品是指旅游者在旅游活动中所购买的，对旅游者具有实用性、纪念性、礼品性的各种物质形态的商品。它是旅游产品的重要组成部分，是旅游创收的重要来源。

5. **旅游便捷性**

它主要指进入旅游目的地的难易程度和时效标准。它是连接旅游产品各组成部分的中心线索，是旅游产品能够组合起来的前提条件。旅游便捷性的内容主要包括良好的交通条件、方便的通信设施、简单的出入境签证手续及出入境验关程序、较高旅游效率、当地社会公众对旅游开发友好的态度、良好的社会治安状况等。

三、旅游产品的特点

旅游产品作为一种商品，多表现为服务产品的形式。因此，既具有一般服务产品的基本属性，又具有其自身的一些特殊性，概括起来，旅游产品的特点主要表现在以下方面。

1. **综合性**

从旅游者角度看，一个旅游目的地的旅游产品乃是一种总体性产品，是各有关旅游企业为满足旅游者的各种需求而提供设施和服务的总和。大多数旅游者前往某一目的地旅游作出购买决定时，不仅仅考虑一项服务或产品，而是将多项服务或产品结合起来考虑。如一个度假旅游者在选择度假目的地的游览点时，还考虑该地的住宿、交通、饮食等一系列的设施和服务情况。在这个意义上，旅游产品是一种综合性的群体产品或集合产品。

2. **生产与消费的同步性**

一般产品的生产与消费在时间上和空间上是分开的，拥有“生产—交换—消费”环节，旅游产品的特殊性在于交换环节往往在生产和消费环节之前，而生产和消费在时空上却是同时发生、同时结束、不可分割的。旅游服务往往是一种“面对面”的服务，在旅游者到达旅游目的地以后、旅游服务人员和旅游者都在场的情况下开始进行，一旦顾客不再消费，旅游服务便不

复存在。导游员的服务、餐厅服务员的服务等都是如此。这种生产和消费的同步性或不可分割性是旅游产品市场营销中一个至关重要的特点。

3. 不可转移性

旅游产品不像一般物质产品那样可以运输并在交换后发生所有权的转移，旅游者购买旅游产品，发生的只是使用权的转移而不是所有权的转移，其获得的是一种“接受服务”和“旅游经历”的满足感，这种满足感不能转卖给他人，不可多次使用，所以，旅游产品具有不可转移的特性，如安徽的黄山、山东的泰山、陕西的华山都是不可转移的。

4. 不可储存性

由于旅游产品的生产与消费是不可分割的，旅游企业不可能先把产品生产出来并以实物的方式存储再进行销售，而是需要消费者的参与，如果服务在生产过程中未被销售出去，就意味着失去了这部分价值。因而，旅游产品大多数是不可存储的，如饭店不可能将淡季多余的客房留待旺季时出售，景区不可能因为今天游客少而将今天的价值储存到明天。

5. 波动性

旅游产品的使用价值和价值的实现会受到各种因素的制约和影响。这些因素是由旅游产品本身的特点形成的，也是受外部环境中不可控制因素的制约形成的。这些因素中的任何一个发生变化，都会直接或间接地影响到旅游产品的生产和消费的顺利实现。一方面旅游产品是满足人们在旅游过程中食住行游购娱等多方面需求的综合性产品，任何一家旅游企业不可能掌握和提供给旅游者的诸多产品；另一方面是旅游产品还会受到各种自然、政治、经济、文化、社会等的影响，而这些因素的变化都会引起旅游需求的变化，使旅游产品的生产和经营具有不稳定性。

第二节　旅游产品生命周期与营销策略

一、旅游产品生命周期理论

哈佛大学教授雷蒙德·弗农于 1966 年在其《产品周期中的国际投资与国际贸易》一文中首次提出产品生命周期理论（product life cycle，PLC）。产品生命周期理论认为，与人的生命周期要经历出生、成长、成熟、死亡等阶段一样，产品也会经历一个生命周期过程。PLC 提出后被广泛运用于产品开发营销领域，后也被运用于旅游产品的研究层面。旅游市场的激烈竞争，使功能齐全、性能良好的旅游产品层出不穷，新产品的问世，就意味着旧产品的淘汰。这种淘汰循环往复地出现，所有的产品都会经历从投放市场到被市场所淘汰的过程。

旅游市场营销战略中最重要的概念之一就是产品生命周期。旅游产品的生命周期是指旅游产品开发研制结束后，从投放旅游市场到最后淘汰、退出旅游市场的整个过程。旅游产品进入市场时生命周期开始，退出市场时生命周期结束。旅游产品一旦开发出来并投放市场之后，其生命周期就呈现四个阶段：投入期、成长期、成熟期和衰退期。产品生命周期可由一般产品类别在一段时间（通常数年）内的总销售量曲线来表示。此外旅游企业也可依据销售曲线绘出对应产品类别的利润曲线，如图 7 - 1 所示。

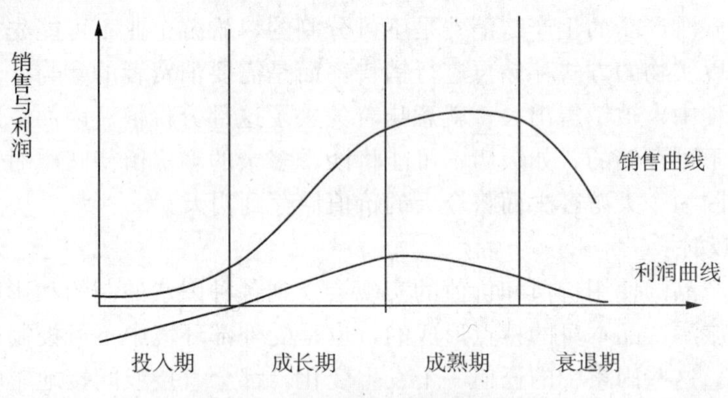

图 7 - 1　旅游产品生命周期曲线

不同旅游产品类别的销售量曲线和利润曲线的形状会有很大的不同。图 7 - 1 反映了大部分旅游产品类别的销售量与利润曲线的基本形状和关系。在一般旅游产品类别的产品生命周期曲线上，大部分新产品在投入期的利润曲线为负（表示企业亏损）。在成长期的后半段或成熟期的前半段，销售量仍持续上升但利润曲线开始下滑。旅游产品生命周期的各个阶段尽管有时称呼不同，但揭示的产品生命周期的内在机制是一致的，其产品有明显的演进阶段，每一阶段的市场状况有显著差别，并且要想在每一个阶段成功地竞争，需要不同的市场营销战略和策略。

二、旅游产品生命周期的各阶段及其特点

1. 投入期

该阶段是指旅游产品刚刚进入市场的时期，具体表现为新的旅游景点、旅游饭店、旅游娱乐设施建成，新的旅游线路开通，新的旅游服务项目推出。这一时期的旅游产品的设计与生产都有待于进一步完善，旅游服务质量

不稳定。此阶段，旅游者对旅游产品还不甚了解，旅游者的购买行为不够踊跃，只有少量追求新奇的旅游者可能做尝试购买。另外，产品的销售量很低，增长速度缓慢。而且，由于旅游产品在此阶段的生产成本及对外广告和宣传的费用较大，该阶段旅游企业的利润较低，甚至存在一定程度的亏损。在投入期，市场营销遇到的挑战在于：通过那些他人追随目标的意见领袖，即产品早期使用者，教育潜在消费者并成功在展示产品所带来的利益，减少采用产品的不确定性和障碍。

2. 成长期

成长期是产品被旅游者接受、销售迅速增长、利润迅速增加的时期，旅游产品充分显示其旺盛的生命力阶段。此时期，旅游景点、旅游设施等粗具规模，旅游产品基本定型并形成一定的特色。经过投入期的投入，产品的知名度大大提高，广告费用相对减少，销售成本大幅度下降，且产量和销售量迅速上升，利润迅速增长；受利润的驱使和市场机会的扩大的影响，其他可能竞争者加入市场，新的产品特性开始出现，销售渠道增加，市场开始出现竞争，产品价格呈现下降趋势。在这一阶段，由于旅游产品的销售状态良好，可能会出现其他竞争者。

3. 成熟期

该阶段是旅游产品的鼎盛发展时期，一般持续时间较长。旅游产品已经为市场绝大多数旅游者所接受，市场的份额相对稳定，潜在旅游者已为数不多。销售量逐渐增大至顶峰，旅游产品的成本降至最低点，旅游企业的利润也达到最高水平，之后均呈缓慢下降趋势。此阶段，竞争者大量涌现，旅游企业间的竞争日趋激烈。由于产品特色差异化减弱，分销渠道变得更为重要。阻挡竞争者进入成熟市场非常困难，除非它拥有大幅度降低进入成本或者为消费者提供重大新利益的突破性技术。

4. 衰退期

产品生命周期中的成熟期可以持续多年，尤其是生产上的创新允许单价大幅度下降，以至于足以吸引消费者为便利和时尚而重复购买。但是，最终销售量总会下降，使产品进入衰退期。这个时期的到来可能是由于消费者需求变化导致产品过时，也可能是由于替代技术比现有产品能更好地满足消费者的需求。伴随着产品总销量的衰退，市场过度饱和导致激烈的价格竞争，整体销售量急剧下降，甚至出现滞销和积压，旅游企业进入微利状态，产品逐渐在竞争中被淘汰。

三、旅游产品生命周期各阶段的营销策略

不同旅游产品有着不同的生命周期形态，但无论旅游产品处于哪个阶段，都对销售者提出了挑战。旅游企业需要根据市场情况和产品市场生命周期各阶段的特点，采取相应的营销策略，使产品顺利地通过投入期，较快地进入成长期，保持和延长成熟期，推迟衰退期，防止旅游产品过早地被旅游市场淘汰，对已经进入衰退期的旅游产品应明确是尽快退出市场，还是通过促销使旅游产品的生命力再度旺盛。

1. 投入期营销策略

在投入期，旅游产品的营销目标是缩短投入期时间，尽快进入成长期，迅速占领旅游市场。针对这一时期旅游产品的特点，旅游企业营销的重点是做好促销宣传工作，提高产品的认知度，扩大旅游市场营销渠道，扩大旅游产品的市场占有率，突出一个“快”字。若考虑价格因素和促销因素，投入期的旅游产品营销策略主要有以下四种策略：

（1）快速撇脂策略——高价高促销。快速撇脂策略就是通过高价格和高促销水平的组合方式推出新的旅游产品的策略，这种“双高”营销策略是以尽快回收成本、取得利润为营销目标。采取这种策略的优点：高价格高利润能迅速补偿研究和开发费用，便于旅游企业筹集资金，并掌握调价主动权。其缺点：定价较高会限制需求，销路不易扩大，高价原则会诱发竞争，旅游企业压力大，旅游企业新产品的高价高利时期也较短。它适用于市场领域较小、潜在竞争威胁较大的环境。

（2）缓慢撇脂策略——高价低促销。又称为高价格低促销策略，即以高价格和低促销水平的组合方式将旅游产品推向市场。旅游企业以高价出售保证了在短期内获得较大盈利，而较低的促销水平又降低了新产品的销售费用，希望以小的代价赢得最大的利润。这种策略适用于具有独特性和新颖性的旅游产品，旅游者愿意高价购买，产品的档次高，服务质量好，潜在的竞争对手少，具有一定市场垄断性。如一些旅游公司推出来的“南极探险游”“环球旅游”等旅游线路，具有很大的差异性和新颖性，适合实行缓慢撇脂策略。

（3）快速渗透策略——低价高促销策略。这是一种以低价格和高促销水平的组合推出旅游产品的营销策略。新产品上市之初，以高投入的市场促销方式和较低的产品价格进入市场，取得较高的市场占有率，以获得较大利润。这种策略适用于市场容量大、替代性强的旅游产品，消费者对产品不了

解且对价格敏感、竞争者较强的市场环境，如旅行社推出的周边一日游产品。

（4）缓慢渗透策略——低价低促销策略。这是一种以低价格和低促销水平的组合推出旅游产品的营销策略。使用这种策略的目的是以低价格让市场尽快接受新产品的同时，使企业获取尽可能多的利润。这种策略适合于知名度高，消费者对这类产品比较了解但对价格敏感，市场规模较大的旅游产品。例如东南亚国家在发展旅游业时，都会推出一系列针对境外游客的低价促销措施，使东南亚旅游价格一路下滑，甚至低于中国国内游线路。

2. 成长期营销策略

当旅游产品经过市场投入期后，旅游者对该产品已经比较熟悉，消费量会迅速增长。根据这一时期的特点，旅游产品营销策略的重点在于：把握好市场机会，提供比竞争者更好的产品，深层挖掘潜在旅游市场，选择有利的中间商，扩大市场占有率，突出一个“好”字。采取的营销策略主要体现在以下几个方面。

（1）产品方面。旅游企业努力提高产品的质量，增加产品的功能和品种，完善优良的旅游服务，有意识地实行产品差异化策略，树立产品独特形象，创立名牌产品。

（2）促销方面。促销的重心由对旅游产品功能和属性介绍转移到提高企业声誉，创立品牌，树立强有力的产品形象上来，让旅游者增加对产品的信任感，成为忠实的购买者。

（3）价格方面。旅游企业可实行“相机而动”的价格策略，选择适当时机调整价格，争取更多的旅游者，但注意价格的降低不能影响旅游产品的质量。

（4）分销方面。旅游企业应对旅游中间商进行选择，选出有信誉、效率高的中间商，并处理好与中间商的协作，使之成为较稳定的合作伙伴，并在巩固原有销售渠道的基础上，增加新的销售渠道，开拓更广泛的市场，扩大产品的销售范围。

3. 成熟期营销策略

旅游企业任何产品进入成熟期，也就进入了产品生命周期的黄金时代，在这一时期的旅游产品常表现为“摇钱树产品”，能给企业带来巨额利润。因此，旅游企业针对这一时期的特点，营销的重点是延长成熟期，稳定市场占有率，努力开拓新市场，以获得尽可能高的收益率，突出一个“长”字，主要表现在以下几方面。

(1) 市场改革。为了寻找机会市场，可以开发新市场，寻找新用户，稳定和扩大产品的销售量；争取竞争对手的顾客，进入新的细分市场，以此来扩大成熟期产品的销售量，并提高产品的使用率和重复购买率。如深圳华侨城的几个大型旅游景区——民俗村、世界之窗、锦绣中华，最初的市场定位为港澳同胞，进入20世纪80年代末，随着特区建设步伐加快，华侨城把目标市场从已经饱和的港澳市场转向内地市场，使得游客的数量源源不断。

(2) 产品改革。旅游企业可以采取提高产品质量、改进产品的性能、增加产品服务内容、提高产品附加价值等方法，根据消费者的反馈信息，对产品进行改进，以此引起旅游者重新关注，刺激新的购买欲望，以便保持老客户，吸引新顾客，从而延长成熟期。如旅游线路在原来的基础上结合时代需要进行增加内容或提高档次等。

资料7-2

亮剑——看井冈山旅游发展如何转型升级

思路决定出路。品牌理念在升级，“井冈山旅游发展始于红，发展红、不唯红、超越红、为了红，主要是打造五彩缤纷井冈山”；营销方式在升级，“主题休闲性，手段多元化”；管理服务在升级，“智能化、标准化、便利化”。

五彩缤纷井冈山，打造核心竞争力

一场以非常之力度开展的景区旅游转型升级“攻坚战”，正在井冈山有序推进。井冈山旅游始于红色，但与时俱进的井冈山人在发展红色旅游中，探索出了一套具有“井冈山模式”的红色培训方式，把再现革命情景、体验红色文化、熔炼团队精神等教育内容融合在一起，成为推动井冈山红色旅游发展的新引擎。红色培训人数每年以30%的速度增长。

在做大红色培训的同时，井冈山做足生态旅游，打造“井冈避暑游”“休闲养生”“赛道体验”等系列旅游产品，把人们思维中固定的红色认知转变为五彩缤纷井冈山的新印象。

多元营销齐上阵，游客参与喜庆多

以“美丽春天，乐游井冈”为主题，在“三八”国际妇女节推出“免票、踏春、骑行、登山、竞技五重乐”活动；连续五年举办国际杜鹃花节，推出系列主题活动；国庆期间，“国庆天天乐”系列活动吸引众多游

客参与：攀爬车冠军表演、唱山歌、唱红歌……好戏连台；年内，还将举行“成功之路”井冈山徒步挑战赛、“燕京之夜”啤酒美食嘉年华、第三届 Bike to 车友节等系列活动。现在的井冈山风景区，各式各样的游乐活动让人应接不暇。继续推行旅游营销市场化工作试点，成立四大营销小组进行市场推广，与同程网合作举行“一元游井冈山”及“熊猫军团带您游井冈”活动，传统与现代网络的方式相结合，井冈山在不断探索使用更多元化的营销手段，全方位、多层次提升影响力和吸引力，为旅游发展开足马力，奋勇前进。

管理服务步步高，口碑宣传添活力

2014 年是“智慧旅游年”，井冈山抓住成为江西省“智慧旅游”试点景区的契机，高标准规划“智慧井冈山”总体方案。以云计算、大数据、新一代通信技术等信息科技为依托，将通过建立调度指挥中心、数据中心、电子商务平台，整合景区各单位现有监控摄像头、天网工程、景区门禁系统等信息化系统，保障景区的安全生产和服务质量，为游客畅游井冈山提供更便捷的旅游方式，也为景区的发展提供智能决策分析。同时，开通了井冈山官方微博和旅游微信，推进以官网、微博、微信、客户端为载体的旅游电子商务建设，并与同程网合作，建设同程驿站井冈山站，店内覆盖无线 WiFi 网络，提供免费休息、旅游咨询预定、免费手机充电等温馨服务，为游客打造旅游休憩的舒适小屋。

在抓好品牌形象、旅游产品建设和市场营销的同时，井冈山也在不断加强内部管理服务的规范化、标准化建设。如今，井冈山国家级旅游服务业标准化体系文件编制工作已基本完成，标准化试点工作已经进入实施阶段，正接收国家标准化管理委员会的检验。

（3）旅游产品的研制和开发。旅游产品的市场营销进入成熟期，意味着市场营销难度加大，企业也可能面临着销售量和利润均下降的情况。为了使企业永远居于市场主动地位，旅游企业此时应当准备实行旅游产品更新换代，以适应旅游者日益变化的旅游需求。只有旅游新产品和老产品保持良好的衔接，旅游企业才会居于不败之地。如 2015 年 3 月 28 日，张家界“魅力宝峰”新旅游产品刚刚问世，便受到近千名导游员的关注。据了解，该产品既包括了世界罕见的“张家界地貌”的峰林、峰墙、峰湖风光，也涵盖了武陵源区文化旅游的主打名片——张家界魅力湘西。“魅力宝峰”旅游产品由

张家界旅游集团股份有限责任公司、张家界魅力湘西旅游开发有限责任公司两家知名企业联袂开发，旨在利用各自强势旅游资源形成合力，共同拓展海内外客源市场，促进张家界自然人文旅游的大融合、大发展。

4. 衰退期营销策略

对于旅游企业而言，旅游产品一旦进入衰退期，就面临着严峻的考验，此时，产品营销策略的调整，直接关系到企业未来的生存和发展。根据这一时期的特点，企业营销的重点是收缩市场面，有计划地撤出市场，转向新产品，把握好“转”“改”“撤”三个原则，并着手新产品的投放，以完成旅游产品的更新换代。此时期通常有以下几种策略可供选择：

（1）放弃策略。如果旅游产品市场销售量急转直下，甚至连变动成本也无法补偿，那么旅游企业就应当机立断，放弃经营，把资源转移到其他产品上去，用新产品替代老产品。

（2）集中策略。对于仍有一定潜力的旅游产品，旅游企业不应盲目放弃，应把企业的资源集中在最有利的细分市场和最有效的销售渠道上，从而获取更多的利润。这样有利于延长旅游产品的生命周期，让衰退期的旅游产品发挥余热，为旅游企业创造更多的利润。

（3）维持策略。旅游企业不主动放弃某一产品，而是依据旅游产品的生命周期，继续用过去的市场、渠道、价格和促销手段，把销售维持在一个水平上，直到产品完全退出市场。这种策略在企业竞争力较强、其他企业纷纷退出，而市场上仍有一批“怀旧型”旅游者可考虑使用。

（4）榨取策略。榨取策略是指旅游企业尽可能降低销售费用，如广告费用削减为零、大幅度精简推销人员等，虽然旅游产品的销售量有可能迅速下降，但是可以从忠实于这种产品的旅游消费者那里获取更多的利润。

第三节　旅游新产品开发策略

在旅游市场营销中，旅游企业竞争在不断加剧，消费者的需求在不断变化，旅游产品的生命周期也越来越短，因此，旅游企业要想保持旺盛的活力、持久的发展，必须有针对性地不断推出新产品。这是旅游企业生存与发展的关键。

一、旅游新产品概念

旅游新产品是指旅游产品整体概念中任何一部分的变革或创新，并给旅游者带来新的利益、新的满足的产品。由此可见，新发明的产品、对原有产

品的性能加以改进的产品、对原有产品的形态加以改进的产品及新品牌产品等都是新产品。所以，旅游新产品不一定是全新的产品，只要在技术、理念、需求、设计等方面有所突破与改进，就可认为是新产品。一般来说，旅游新产品具有以下特点：①引入新的构思与设计，带给旅游者新的感受和体验；②采用新材料、新能源和新结构；③产品的外观、性能有所改进；④可开拓新市场，寻找新的客户。

二、旅游新产品的类型

（一）全新旅游产品

全新旅游产品即采用新原理、新结构、新技术、新设计、新方法生产出来的市场上前所未有的旅游产品，它的推出往往给旅游者耳目一新的感觉。一般情况下，全新旅游产品的生产要经过较长时间并投入巨大的人力、财力，因此，只有少数居领先地位的企业能进行这种生产。这种耗资巨大的全新产品的问世往往是多行业、多部门、多企业联合投资开发的结果。但全新旅游线路的设计并不是太难，一些新的服务项目的创新也较容易做到。如2018年是鸟巢建成及北京奥运举办10周年，5月19日中国旅游日当天，国家体育场鸟巢正式推出全新旅游线路，游客不仅可以在白天饱览场馆的建筑特色，漫步鸟巢屋顶钢结构，了解奥运文化，参与体育项目互动，还可以品味与动漫结合的国粹新京剧，更能在晚间欣赏到动感震撼的灯光交响视听秀。

（二）革新旅游产品

革新旅游产品是指为了满足旅游者新的需求，在原有旅游产品的基础上利用最新科技成果和新工艺创造出来的新产品，即在原有产品的基础上，部分采用新技术、新材料、新设计制成的性能有显著提高的新产品。如我国在最初观光型旅游产品的基础上，将旅游城市西安、兰州、张掖、敦煌、哈密、乌鲁木齐、喀什等连接起来推出大型专线旅游产品——丝绸之路游。这种就是经过组合的主题观光旅游产品，是对原有的产品的革新。

（三）改进新产品

改进新产品是指在原有产品的基础上采用各种改进技术，在性能、功能、结构、包装或款式等方面作出改进的新产品。这类产品与原有产品相比，在某些方面有所改进，进入市场后容易被消费者接受。如现代饭店将传统的人工叫醒方式改为光线叫醒方式，三峡旅游在游船的规模、等级、路线的安排上进行改进，提高游客吃住行游购娱的档次等。

(四) 仿制新产品

仿制新产品是指企业仿制市场上已有的旅游产品，有时在仿制的过程中又有可能有局部的改进和创新，但基本原理和结构都是仿制的。这种仿制新产品是一种重要的竞争策略，其面临的风险也很大。目前我国大部分旅游产品的科技含量缺乏专利保护，很容易被别的企业仿制。随着国家对知识产权保护力度的加强，企业在仿制旅游新产品时应注意避免侵权问题。从长期考虑，亦步亦趋式的仿制是没有出路的。

三、旅游新产品开发的原则

(一) 市场导向原则

市场需求是旅游产品开发的导向，只有满足市场需求的旅游产品才能适销对路。此外，旅游企业还应随时关注市场竞争对手的经营变化，积极创新，出奇制胜，以有效地争取客源，提高企业经济效益。

资料7-3

家庭游市场增长迅速，
“三代同行”是新趋势

中国旅游研究院发布的《2018年中国家庭旅游市场需求报告》显示，2017年，我国国内和出境旅游中，家庭旅游的比例已达50%～60%，游客满意度平均也达到75分以上的水平。伴侣游、亲子游、爸妈游市场需求旺盛。

巨大的市场潜力正吸引着一批旅游品牌进入亲子游领域，比如同程旅游成立了“同程好妈妈”社群品牌，发布了《跟着书本去旅行》及暑期市场的多款研学产品，宣布正式进军亲子游领域；在线旅游品牌携程已推出了其亲子游品牌“臻亲子”，致力于亲子游市场的发展。与此同时，一些线下的旅行社积极开发亲子游路线，一批专业的亲子游品牌应运而生，如广之旅推出的“智趣营”系列、湖南国旅推出的“AG行走课堂”系列等。随着家庭游需求的增加，博物馆的相关旅游产品也较以往有了更多的需求，如故宫博物院、湖北省博物馆、成都武侯祠博物馆、上海中国航海博物馆、青岛啤酒博物馆等纷纷成为热门“打卡地”，“夜宿博物馆”等主题游也开始在市场上受到年轻家庭的青睐。

(二) 突出特色原则

旅游产品无论在资源开发、设施建设还是服务的提供上，都要具有鲜明

的特色和个性，做到“你无我有，你有我优，你优我新，你新我奇”。鲜明的特色和个性往往能减弱与其他旅游产品的雷同与冲突，使旅游者产生深刻的印象且难以忘怀，因而具有更强的吸引力。如新西兰航空 2018 年在中国市场上推出其全球品牌活动“飞享·新西兰”的冬日旅游特色产品。针对北半球夏季临近、许多旅客开始规划亲子避暑旅行的需求特点，新西兰航空在此次推出的冬日旅游产品中，准备了机上儿童餐食、儿童娱乐套包、家长与子女共享一排客舱座椅的“空中沙发”等特色服务；在航班飞行中，新西兰航空还会为儿童旅客安排独具特色的参与分发糖果的活动；在其主基地奥克兰机场，新西兰航空也在贵宾休息室内设置了专门的儿童区。

(三) 综合效益原则

综合效益主要包括经济效益、社会效益和环境效益。旅游企业在开发旅游新产品的过程中要注意：一是要讲经济效益，无论是旅游地的开发，还是某条旅游线路的组合，或者是某个旅游项目的投入，都必须进行项目可行性研究，认真进行投资效益分析，不断提高旅游产品投资开发的经济效益；二是讲社会效益，产品开发设计中，要考虑当地社会经济发展水平，要考虑政治、文化和地方习惯，要考虑人民群众的心理承受能力，形成健康文明的旅游活动，并促进地方精神文明的发展；三是讲求生态环境效益，按照旅游产品开发的规律和自然环境的可承载力，以开发促进环境保护，以环境保护提高开发的综合效益，从而形成“保护—开发—更好地保护”的良性循环，创造出和谐的生存环境。

(四) 游客参与原则

游客亲自参与旅游项目至少有三大好处：一是突出了鲜活的旅游生活，再也不是看书、看电视或看电影；二是增强了记忆，不是仅仅通过摄影留念或翻阅旧相片来回忆；三是延长了游客的逗留时间，能为区域旅游业提供商机。如张家界大峡谷景区内的玻璃桥是国内最长、风景最秀丽的一座玻璃桥，去张家界大峡谷的游客，除了欣赏张家界自然的风光和体验当地优美的生态环境外，到玻璃桥上体验更是一项不会错过的游玩项目。在青山峡谷之巅，游客穿好鞋套踏上桥面，低头俯视，峡谷便在脚下，抬头远眺，绝壁瀑布相映成趣，足够大胆的游客好似腾空漫步一般在桥面上行走。这是一种自然、和谐以及平衡的美感。

四、新产品开发程序

新产品开发从形成创意到正式上市是一个艰难的过程，投入高、风险大、不确定因素多，因此，需要开发人员认真制定新产品开发计划，并建立起系统的、科学的新产品开发程序。旅游新产品开发主要包括形成创意、筛选创意、形成产品概念、制定市场营销策略、商业分析、产品开发、产品试销和产品上市八个阶段，如图 7-2 所示。

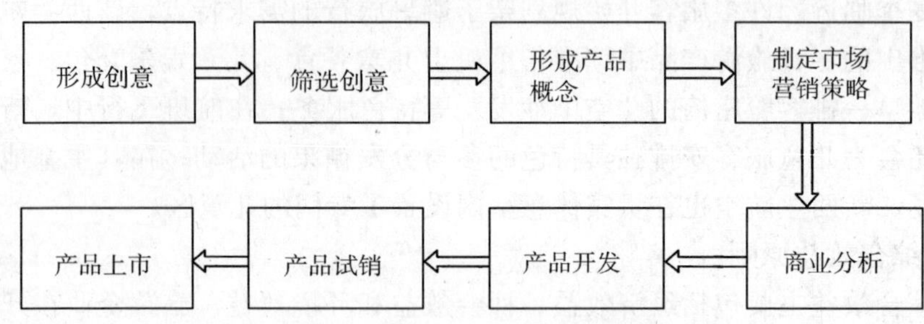

图 7-2 旅游产品开发的程序

(一) 形成创意

新产品开发始于创意，没有好的创意，便不可能有好的产品。因此旅游新产品开发的第一个阶段就是形成创意的阶段。旅游企业可围绕企业长期的发展战略和市场定位，来确定新产品开发的重点，确定旅游新产品的创意和构思。旅游新产品的创意和构思来源有以下几个方面。

1. 游客

游客的需求是旅游新产品开发的原始推动力，企业可以通过对游客进行调查，收集游客对旅游新产品的创意建议，然后进行整理和筛选，捕捉有价值的创意。

2. 旅游的从业人员

旅游业的从业人员，包括旅游产品的销售人员、导游，处于旅游第一线，与游客和竞争者接触密切，最了解游客的需求，最能提出旅游新产品的创意，也是新产品创意的最主要源泉。企业可以通过调研和工作安排来发动员工出谋划策，也可以通过非正规的途径，从旅游从业人员那里获得灵感。

3. 竞争对手

企业竞争对手是新产品创意的一个非常好的来源，通过观察、借鉴对手的产品、广告等，可以从中获得启迪，激发关于新产品创作的灵感。企业可以通过分析其他竞争企业的产品成功与不足之处，进行改良和强化，这也是不错的新产品开发思路。

4. **旅游科研和策划机构**

他们处于新产品开发第一线，对旅游产品见多识广，加上一定的理论功底和职业素养，使其想法眼光颇具前瞻性，企业应该重视他们的创意。

(二) 筛选创意

上一个阶段搜集的对新产品的大量构思并非都是可行的，企业应根据自身的战略发展目标和拥有的资源条件，对新产品进行评审和选择。筛选的目的就是尽快形成有吸引力的和切实可行的构思。对新产品创意的筛选过程包括对资源进行总体评价，即分析设备设施状况、技术专长及生产和营销某种产品的能力；判断新产品构思是否符合组织的发展规划和目标；进行财务可行性分析，判断是否有足够的资金发展某项新的产品；分析市场性质和需求，判明产品能否满足市场需要；对竞争状况和环境因素进行分析。

通过各项分析判断，剔除不适合的构想，保留少数有价值的构思进入下一个阶段。筛选和评审工作一般要由营销人员、高级管理人员及专家进行。企业可根据图 7－3 所示程序对旅游新产品的构思进行筛选。

(三) 形成产品概念

一个有吸引力的旅游产品创意要进入市场首先要发展成旅游产品概念。一个创意可能形成几个产品概念，如针对大城市中的少年儿童对农作物和农业的陌生，旅游企业确立了“农村、农业、农事”的旅游创意，但是这一创意还待具体开发成景点和旅游线路。于是，针对这一创意，可以开发多种农业旅游产品项目，如“城郊双休务农游”“秋季果园摘果游”“春种游”等具体的旅游产品概念。新产品概念可以用文字、图片、模型或虚拟现实软件等形式提供给消费者，然后通过让旅游消费者回答一系列问题的方法，使经营者从中了解旅游消费者的购买意图，以便确定对目标市场吸引力最大的产品概念。又如某地要开发水上旅游，这是一个产品构思，它可以转化为水上泛舟、滑水、赛船、垂钓等几种产品概念。概念测试是指通过产品概念的市场实验，让消费者来回答哪个概念最符合他们的需求，对他们最具有吸引力，通过了解消费者的反应来进一步完善产品。

(四) 制定市场营销策略

产品概念确定后，企业就要拟定一份初步的营销策略规划。它包括三部分内容：①描述目标市场的规模和结构，计划开发的新产品的市场定位，未来几年的销售额、市场份额和目标利润等；②概述计划开发的新产品的价格、分销渠道、促销方式和营销预算等；③预测新产品的长期销售额、利润

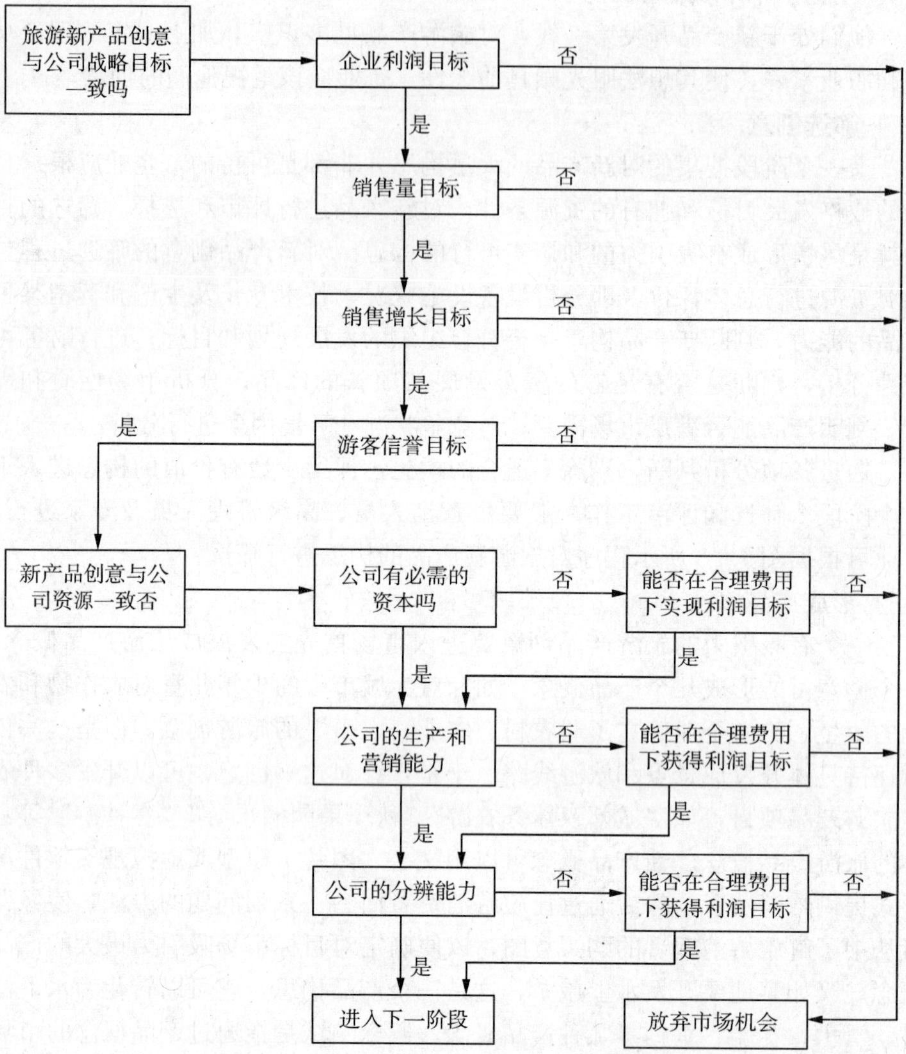

旅游新产品创意与公司战略目标一致吗

企业利润目标 —否→ 放弃市场机会
是↓
销售量目标 —否→ 放弃市场机会
是↓
销售增长目标 —否→ 放弃市场机会
是↓
游客信誉目标 —否→ 放弃市场机会
是↓
新产品创意与公司资源一致否

公司有必需的资本吗 —否→ 能否在合理费用下实现利润目标 —否→ 放弃市场机会
是↓
公司的生产和营销能力 —否→ 能否在合理费用下获得利润目标 —否→ 放弃市场机会
是↓
公司的分辨能力 —否→ 能否在合理费用下获得利润目标 —否→ 放弃市场机会
是↓
进入下一阶段

图7-3 旅游新产品构思筛选程序

目标及营销组合策略。

(五)商业分析

在拟定出旅游新产品的概念和营销策略方案后，需要企业对此项目进行商业分析。所谓商业分析，就是要测试一种旅游产品概念的销售量、成本、利润额及收益率，预测开发与投入新产品的资金风险和机会成本，预测环境

及竞争形势的变化对旅游产品发展潜力的影响，预测市场规模，分析旅游者购买行为等。如建一座旅游饭店，应当分析市场对何种等级饭店的需求已达到饱和状态，目标市场规模的大小，何时能收回投资，经营风险如何，等等。若缺乏充分的商业分析，各地便纷纷盲目建设高档饭店，会致使其供求出现不平衡状况。同样，旅游景点开发，也必须进行商业分析，以避免近距离的重复建设。

旅游企业对新产品开发的商业分析可采用两种方式：一种方式是由企业内部的营销人员和专家负责进行分析，世界性的饭店集团常常采用这种方法；另一种方式是利用企业外部的专家或外界的专门研究机构来进行商业分析。对出于经济目的的旅游新产品的开发，如果经过商业分析，发现新产品开发方案无法达到预计的最低利润额，那么就应该放弃这个方案。

（六）产品开发

如果旅游产品概念通过了商业测试，就可以进入旅游产品研制和开发阶段。在进行产品设计与开发时，要考虑新产品的功能和质量两个方面的决策。其中，功能决策包括新产品的使用功能、外观功能及地位功能的决策；质量决策需要注重新产品的适用性及经济性。如携程鸿鹄逸游开发“非洲动物大迁徙之旅”，要考虑旅游目的地的选择、交通、住宿、餐饮等多方面的因素。同时，线路并非越奢侈，利润就越高。从目标市场的需求出发，使可能的总收入与总成本的差额达到最大值的投资，才是最为经济的。

（七）产品试销

当旅游新产品的开发已粗具规模，具备一定的接待能力时，不必等到完全完成，就可以利用已有的服务项目，组建成一定的旅游产品组合，选择一些典型的目标客源市场进行试销。试销是把开发出来的新的旅游产品投放到经过挑选的具有代表性的市场范围内进行实验性营销，了解旅游者的反应，从而使新产品失败的风险最小化。试销可以邀请国内外旅游经销商、旅游专家、国内游客和业内人士提前试用，并派人陪同观察，收集亲历的感受，整理其意见和建议，不断对旅游新产品进行修改和改进，使研制开发的新产品更加完善。无论是一条旅游线路或是一个单项旅游产品，都要经过试销后根据各方意见和建议改进服务的内容，不断适应市场需求。另外，在试销阶段也需要对初步确定的营销组合进行适当调整。

（八）产品上市

1. 上市的时间决策

对于季节性较强的旅游产品，最好选择由淡转旺的季节上市，这样能使新产品的销售量呈上升趋势。避免在旅游旺季上市，因为旺季时游客大量涌入会使企业因经验不足而应接不暇，最好是有一个从少到多的适应和完善过程。

2. **上市的地点决策**

企业需要确定推出旅游新产品的客源地。各地的经济收入水平不同，消费特点不同，对新产品的接受程度也会表现出较大的差异。因此，应该对产品在不同市场的吸引力作出客观的评价。评价的指标有市场潜力、企业在当地的声望、产品的分销成本、对其他市场的影响力以及市场竞争的激烈程度等。企业可根据有关数据来选择主要的市场，并制定新产品的地区扩展计划。最好选择政治、经济、文化中心城市推出新产品，这样可对周边市场产生较大的辐射影响。

3. **上市的目标游客决策**

在新产品的市场开拓中，企业应将销售和促销的重点集中于最佳的潜在游客。最佳的潜在游客群应具备以下特征：愿意最早使用新产品；对新产品持肯定和赞赏态度；乐于传播信息；对周围的消费者有较大的影响；购买量较大。在这样的目标市场上，企业容易较快地获得高销售额，有利于调动销售人员的积极性，能较快地渗透整个市场。

资料7–4

陈向宏操盘乌镇三部曲之乌村——中国乡村旅游开发最高水准

相比中国绝大多数的新农村，乌村有其无可比拟的基因和血统。作为乌镇旅游下一期工程，乌村紧邻乌镇西栅，坐拥中国最优质的客源基地、最具特色的江南水乡风景名胜，游客爆棚的5A级景点。如此优质的客源地市场，举国上下，几乎无地能比。所以面对这样优质的市场基础，乌村的作品从创作之初，就应该代表了中国最高水准的乡村旅游开发。

通过路网和水网的相互交织，乌村的住宿和配套两大板块各自细分为不同的组团。其中，住宿板块根据建筑外立面、周边小景观、文化元素符号等细节，划分为桃园、竹屋、渔家、米仓、磨坊、酒窖、知青年代等七大主题住宿组团，以独立的乡村院落为单元。周边配套区域，具体包括美食中心、活动中心、青墩、乌墩、采摘区、烧烤野炊区、小动物乐园等组团。此外，村委会，作为一个特殊组团，居于乌村内部两大板块的联接中

心，承担游客中心的服务功能，也是穿梭于乌村和西栅的水（即游船码头）路（即电瓶车）交通连接点。

乌村提供的演艺、酒吧休闲、帐篷露营等活动，基本上在新建区域的活动中心、青墩、乌墩、码头等重点区域进行。这些新建区域的建筑和景观总体来说，体现了一个“隐”字。无论是活动中心的海草屋顶，游船码头的木质长廊，还是青墩乌墩的人工台地，都在试图与乌村固有的乡野自然风貌融合，而不是与之一争高下。

阡陌交通，鸡犬相闻，芳草鲜美，落英缤纷，世界顿时宁静了。来到乌村，仿佛走进了童年里的村庄，随处都是田园篇章。民房大都建于20世纪八九十年代，虽然经过了改造，但外立面基本保留了原样。灰黄的墙面，乌黑的瓦片，一楼一底，前场后竹，有种久违的淳朴感，自然又舒适。

第四节　旅游产品组合策略

旅游产品的生命周期理论说明了旅游产品在市场上从成长到衰退的发展过程，因此，旅游企业一般会同时经营多种产品，并使各种产品形成生命周期上的互补，以减少风险。一家旅游企业应该生产和经营哪些产品才是有利的？这些产品之间应该有些什么关系？这就是旅游产品组合问题。

一、旅游产品组合相关概念

旅游产品组合是指旅游企业所提供的全部产品线、产品项目的组合，包括四个变数：宽度、长度、深度和相关性。旅游产品线是在技术上、结构上满足同一类旅游需求的产品项目的集合，即我国通常所指的产品大类。这类产品可能功能相似，销售给同一顾客群，经过相同的营销渠道，或在同一价格范围内等。而产品项目是指产品大类中的单个产品。如旅行社经营海岛度假旅游产品，是一条产品线，其中包括海南三亚度假、普吉岛度假、巴厘岛度假等具体产品，每个具体产品就是产品项目。

旅游产品组合的宽度，是指一家旅游企业产品线的数量。产品线数量越多，产品组合宽度越大；反之，则宽度越窄。由于产品丰富程度较高、适应性较强，宽产品线的组合可以从多方面满足旅游需求，拓宽市场面，增加销售额，提高经济效益，同时还可以使旅游企业的人、财、物得到有效利用，充分发挥其潜力，减少旅游市场变化派生的各种风险。如OTA企业携程旅行网，有酒店、旅游、机票、火车票、汽车票、门票、商旅、游轮预定等十

几个产品线。相对而言，窄产品线的组合，则可以使旅游企业集中优势力量，不断提高旅游产品的质量，有利于促进旅游企业专业化水平的提升，降低其经营成本。如酒店有客房、餐饮、商场三条产品线，其产品组合的宽度为 3。

旅游产品线的长度，是指产品组合中所有产品线的产品项目总数。每一条产品线内的产品项目数量，称为该产品线的长度。如果具有多条产品线，可将所有产品线的长度加起来，得到产品组合的总长度。如某酒店客房有商务套房、豪华套房、总统套房、经济套房等 4 个项目，餐饮有中餐厅、西餐厅、日式餐厅、韩式餐厅等 4 个项目，那么该酒店的产品组合长度为 8 个。一般而言，产品组合的长度与企业规模有关。对产品组合长度的要求也是相对合理的，过大和过小都会对旅游企业产生不利的影响。

旅游产品组合的深度，是指每条产品线中不同等级、规格产品的数量，即每种产品大类拥有的可以单独计算的旅游产品项目的数量，数量多者为深，数量少者为浅。一条产品线旅游产品项目的数量叫单线深度，将全部产品线的旅游产品项目数量进行叠加再除以产品线数量（宽度）所得的结果，叫平均深度。如酒店客房品种、规格和档次的数量就代表住宿产品线的深度。

产品组合的相关性又叫关联度，是指旅游企业各产品线之间在最终用途、生产条件、销售渠道和其他各方面相互关联的程度，若一致程度高则产品相关性就大，反之，则相关性就小。

二、旅游产品组合策略

当旅游企业的生产能力长期过剩、旅游企业的大部分利润来自小部分产品、利润或销售量持续下降时，旅游企业应对旅游产品进行组合，适时地根据不同的情况调整和优化产品组合。

（一）扩大产品组合策略

扩大产品组合策略包括拓展产品组合的宽度和增加产品组合的深度。一般来说，拓展旅游产品组合的宽度，是在现有产品组合中增加旅游产品线，扩大旅游企业的经营范围，有利于充分发挥企业的潜力，适应更多层次的不同需求；增加旅游产品组合的深度，是在现有旅游产品线中即产品线内部增加新的产品项目，可以在市场细分的基础上扩大旅游市场，满足不同旅游消费者，提高市场占有率。其具体方法有：①在原有档次产品中增加新的产品线项目，如旅行社可以增加同一档次的旅游线路；②增加属于新档次产品的

产品项目，如旅行社可增加不同档次的旅游线路；③增加与原产品不相关的新产品，如一家原先只经营旅游线路的旅行社新开办了一家旅游酒店，为游客提供住宿、餐饮和娱乐服务。

一般来说，扩大产品组合可使企业的人、财、物等资源充分利用，并可分散市场变化带来的风险，增强企业的竞争力，但同时也会增加产品管理难度和经营成本。因此，旅游企业采用扩大产品组合策略要考虑自身的实力和产品组合相关性。

（二）缩减产品组合策略

缩减产品组合策略与扩大产品组合相反，包括缩小产品组合的宽度和深度，取消相关性差的产品，其具体方法有减少产品线数量和保留原产品线但减少产品项目两种。

缩减产品组合策略是通过缩减旅游产品线或者旅游产品线中的产品项目，集中力量生产或经营一个或几个旅游产品线或较少的旅游产品项目，缩小旅游企业经营范围。在市场不景气的时候，缩减产品组合会降低企业成本，能保持甚至会增加利润，可以有效利用企业资源，实现旅游企业生产与销售的专业化。由于其目标市场较单一，市场规模有限，在市场需求发生变化时，企业极容易陷入困境。

（三）产品线延伸策略

产品线延伸是指全部或部分地改变企业原有产品的市场定位，实际上是突破原有经营档次或范围，使产品线加深加长。其有向下延伸、向上延伸和双向延伸三种。

产品向下延伸是指旅游企业原来生产高端产品，后来决定增加生产低档产品，向下延伸的目的在于利用高档产品的声誉吸引购买力水平较低的消费者购买企业的低档产品。如湖南一家五星级饭店的自助餐厅，原价一位 258 元，但为了满足中低端客户的需要，在某些时间段上推出 99 元一位的自助餐预订，在短短的不到一个星期内，卖出了 6 000 份。其优点：能扩大市场并增加产品销售。其不利：有可能会损害其原高端品牌形象，还可能造成竞争者的攻击。

产品线向上延伸是指旅游企业原来生产中低档产品，后来决定增加生产高档产品。如某经营普通型旅游产品的旅行社开始经营豪华型的旅游产品。向上延伸可以使企业扩大销售，增加丰厚的利润，并能树立品牌形象和扩大知名度。但高端定位未必能够获得高档旅游产品消费者的认可，极有可能遭到竞争者的攻击。

产品线双向延伸是指生产中档产品的旅游企业在占据市场优势之后，向产品线的上下两个方向延伸，使其中端产品同时进入高端市场和低端市场。其利弊与前两者一致，但其利益和风险比前两者都更大一些。

旅游产品线的延伸给旅游企业市场营销提供了机会，使他们能够制定不同价格档次的旅游产品，吸引更多旅游消费者，满足消费者求异求变的心理并减少开发新产品的风险，但同时也可能会给旅游企业带来像产品品牌忠诚度降低等问题，所以把握延伸的度至关重要。

（四）产品线更新策略

所谓产品线更新，就是旅游企业通过开发新的产品线来替代原先的产品线，以实现对产品线的更新。当旅游市场发生变化，而旅游企业的产品线仍然停留在多年前的状态时，就需要采取旅游产品线更新策略，实现旅游产品线的升级换代。如传统的旅行社在互联网的冲击下，不得不更新产品，跟互联网结合起来。如 2016 年教育部颁布了《关于推进中小学生研学旅行的意见》，要求将研学旅行纳入中小学教育教学计划中。很多旅行社在自身已有的研学旅游产品基础上，结合教育部的要求，对研学旅行产品进行更新，建立小学阶段以乡土乡情为主、初中阶段以县情市情为主、高中阶段以省情国情为主的研学旅行活动课程体系。

（五）产品组合选择性策略

产品组合选择性策略是指旅游企业根据自身的资源条件而选择适合自己的市场或产品来制定的产品组合策略。主要包括产品集中性策略、产品专业性策略、市场专业性策略、产品选择性策略和产品组合全面覆盖策略，前四者一般适用于实力和规模都有限的中小型企业，而后者则针对实力突出的大型和特大型旅游企业。

产品集中性策略是旅游企业集中经营品种较少的或单一性的旅游产品的策略。其有利之处是提高产品质量、降低成本并扩大销量，其弊端是难以适应不断变化的旅游市场。

产品专业性策略是旅游企业重点经营某一类或某一大类旅游产品的策略，如只经营研学旅行产品。其好处是有利于旅游企业提高产品质量并打造名牌，缺点是产品类别少，市场风险大。

市场专业性策略是旅游企业面向某专门的旅游市场，提供其所需的各种产品的策略，比如面对老年人市场的老年休闲产品。

产品选择性策略是旅游企业提供某些具有满足特定需要的特殊旅游产品项目的策略，如某些博物馆、展览馆采取的就是这种策略。这样的产品项目和专门的市场都较小，因此也存在一定的风险，多适用于中小型旅游企业。

产品组合全面覆盖策略就是旅游企业着眼于消费者，提供他们所需的一切产品而采取的产品组合策略。采取该策略，旅游企业需尽可能扩大产品组合的宽度和深度。如中国国际旅行社、中国青年旅行社等旅游企业都是采取这类策略。

三、旅游产品组合的优化分析与管理

旅游产品组合策略只能决定产品组合的基本形态，而随着市场需求和竞争状况的变化，旅游产品组合中的产品线或产品项目在市场中的地位必然发生变化，有的产品在市场上会不断成长、发展，有的产品则会趋于衰退。为此，旅游企业必须经常分析产品组合中各个产品线或产品项目的销售与营利情况，并采取措施促成产品的优化组合。旅游产品组合的分析管理方法很多，但常用的主要有波士顿咨询公司评估法和三维分析法两种。

(一) 波士顿咨询公司评估法

波士顿咨询公司评估法是由美国波士顿咨询公司发明并且被广泛采用。波士顿咨询公司评估法也称 BCG 法或矩阵图分析法，该方法是将企业的各种产品线或产品项目按照市场占有率和销售增长率的高低，进行矩阵分类分析的一种方法。波士顿矩阵模型的基本思路是根据产品在市场上的销售增长率和市场占有率两个指标组合的状况，对产品的市场地位作出评价，并针对组织现有业务组合和资源状况，对每类产品选择合适的经营策略，决策出企业产品组合战略图谱。

销售增长率也叫市场增长率，是指产品销售增加量（额）与原销售量（额）的比率。分析中采用的市场占有率指标，既可以是绝对市场占有率，也可以是相对市场占有率。绝对市场占有率是指企业的某种产品在某一市场的销售量（额）占该市场同种产品销售量（额）的百分比；相对市场占有率是指本企业的绝对市场占有率与该市场最大的或主要的竞争对手的绝对市场占有率之间的比率。

按照销售增长率和市场占有率的高低进行矩阵分类，可将旅游产品分为问题类、明星类、金牛类和瘦狗类四大类，如图 7 - 4 所示。

销售增长率高但市场占有率低的产品是问题类产品。该类产品不稳定，可能变好，也可能变坏，因此，对其应采取扶持发展的策略。

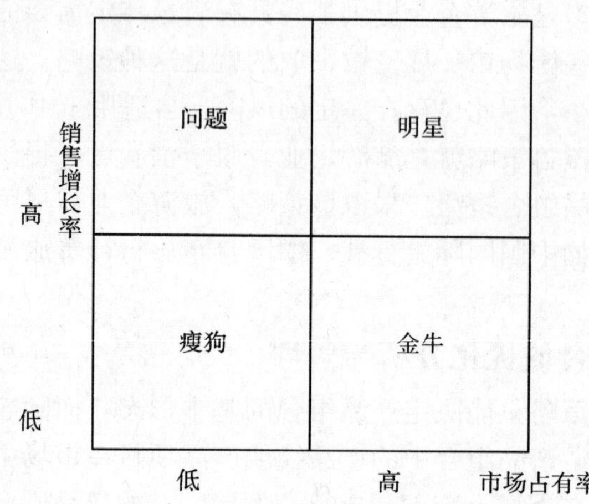

图7-4 波士顿咨询公司评估法

销售增长率高且市场占有率高的产品是明星类产品。这类产品在市场上畅销，很有前途，应当投入较多的资金，促进其迅速发展。

销售增长率低但市场占有率高的产品为金牛类产品。这是旅游企业利润的最大来源，对待金牛类产品，企业应通过提高质量、增加花色品种和功能、降低成本等措施来延长其生命周期，使企业尽可能获得多的利润。

销售增长率和市场占有率都低的产品是瘦狗类产品。瘦狗类产品已无利可图，如无改善的可能，应及早予以淘汰。

（二）三维分析法

三维分析法同样是一种用来分析产品组合是否健全、平衡的重要方法，是对波士顿矩阵的立体维度扩充，新加入了利润率指标维度，如图7-5所示。

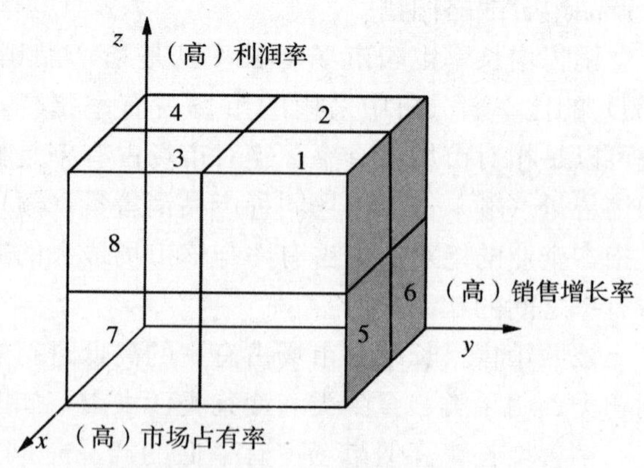

图7-5 三维分析

在三维分析图上，以 x、y、z 三个坐标轴分别表示市场占有率、销售增长率以及利润率，每一个坐标轴又为高、低两段，这样就可以得到八种可能的区域。处

于这八个不同区域的产品，它们的市场占有率、销售增长率和利润率的情况如下表所示。

表　产品组合分类情况

空间区域	市场占有率	销售增长率	利润率
1	高	高	高
2	低	高	高
3	高	低	高
4	低	低	高
5	高	高	低
6	低	高	低
7	高	低	低
8	低	低	低

可以看出，旅游企业最佳的产品组合在第一区内，因为产品的市场占有率、销售增长率、利润率都高。如果旅游企业的产品处于第八区，是最不利的情况，该产品应被企业所淘汰。

思考与习题

❶ 旅游产品可分为哪几个层次？旅游产品主要包括哪些基本内容？

❷ 针对不同的旅游产品生命周期，应该采取哪些营销策略？

❸ 假如你是一家旅行社产品部经理，你将如何获得新产品的创意？

❹ 举例说明什么是旅游产品组合的宽度、长度、深度和关联性。

❺ 旅游企业可以选择的产品组合策略有哪些？

❻ 简述旅游新产品开发的步骤。

❼ 旅游产品组合优化的方法有哪些？

第八章 旅游产品定价策略

➤**教学目标** 知识目标：了解旅游产品价格的概念和构成，掌握影响旅游产品价格的因素，掌握旅游产品定价的方法，掌握旅游产品定价的策略和技巧

能力目标：用不同的方法为旅游产品定价，根据旅游产品的不同采取不同的定价技巧

➤**教学难点** 影响旅游产品定价的因素

➤**教学重点** 旅游产品定价的方法、心理定价策略

第一节 旅游产品定价概述

价格是市场经济运行中最活跃的因素，直接影响生产者、经营者、消费者的利益。对于企业来说当成本一定时，价格的高低在很大程度上决定了企业利润的高低。对于消费者来说价格也很重要，为什么？因为价格直接决定了消费者的支出。对于国家来说价格同样重要，因为对经济的宏观调控主要就是通过价格机制来完成的。

一、旅游产品价格的概念

旅游产品价格是旅游者为满足旅游活动的需求而购买单位旅游产品所支付的货币量。旅游者食、住、行、游、购、娱等需求必须通过交换活动，通过支付一定的货币量才能获得满足。旅游经营者在向旅游者提供旅游产品时，必然要求得到相应的价值补偿，于是在旅游者与旅游经营者之间围绕着旅游产品的交换而产生了一定货币量的收支，就是旅游价格。从旅游经营者的角度看，旅游价格又表现为向旅游者提供各种服务的收费标准。

二、旅游产品价格的构成和分类

（一）旅游产品价格的构成

旅游者外出旅游，必然有对食、住、行、游、购、娱等的需求，因此必须支付一定的费用以购买旅游产品，所支付的费用就是旅游产品的价格。

用公式表示如下：旅游产品价格＝成本＋净利润＋税金。

1. 旅游产品成本

旅游产品成本是旅游产品生产和营销过程中，所发生的物资消耗和劳动补偿的货币表现。其中，物资消耗包括生产旅游产品时用于建筑物、交通运输工具、各种设备、设施及原材料等物质的耗费；劳动补偿包括旅游从业人员旅游服务的劳动报酬以及旅游产品的广告、公关、促销等营销活动费用。对旅游产品成本的计算和控制是正确制定价格的基础和前提条件。

2. 净利润和税金

净利润和税金是旅游产品价格中超出成本的那部分，是旅游从业人员新创造的价值部分。它包括向政府缴纳的税金、贷款利息、保险费用和旅游企业经营的盈利等。旅游产品价格的构成有两种表现形式，在单项旅游产品价格构成中，旅游价格包括旅游经营者的成本、净利润和税金；但在综合性旅游产品价格中，旅游价格则由各个单项旅游产品的单价之和加上旅行社的成本、净利润和税金构成。如“美国东西海岸十二日游”产品的价格由中国往返美国的机票费用，在美国旅游期间的交通、住宿、餐饮、娱乐、导游服务等费用和旅行社的成本、净利润和税金构成。

（二）旅游产品价格的分类

1. 基本旅游产品价格和非基本旅游产品价格

这种分类是按照旅游者在旅游活动中对旅游产品需求程度的差异而分类的。基本旅游价格是旅游活动中必不可少的旅游需求部分的价格，包括食宿价格、交通价格、游览价格等。非基本旅游价格是指旅游活动中对每个旅游者来说可发生也可不发生的旅游活动的价格，如旅游纪念品价格、医疗服务价格、娱乐服务价格等。基本旅游价格是满足旅游者基本需求部分的价格，基本旅游价格不合理，旅游者的基本需求得不到合理的满足，旅游活动要么无法进行，要么留下遗憾，从而影响到旅游客源。因此，合理地确定基本旅游价格十分重要。而非基本旅游价格是在旅游者基本需求获得满足基础上产生的，是旅游者进一步需求的体现，影响旅游者的旅游消费结构，从而增加旅游目的地的收入。在制定非基本旅游价格时，必须充分考虑基本旅游需求的独特个性，并按照其功能特性，制定合理的价格。

2. 一般旅游价格和特种旅游价格

这种分类是按照旅游产品构成内容的不同而分类的。一般旅游产品价格是指以旅游产品价值为基础来确定的，如餐饮价格、住宿价格、交通价格

等。这些旅游产品与国民经济的其他相关行业、部门的产品具有明显的替代性，因而它必须按照社会平均利润率，以旅游产品的价值为基础来制定。特种旅游价格是价格与价值背离较大的旅游产品价格，如旅游购物品中的古玩、名画的价格，名人住过或游览过的旅游景点的价格，这些旅游产品在特定的时间和空间内具有独占性，其价格也可以视作垄断价格，其价格制定不受成本的影响，而主要取决于市场的供求状况。

3. 包价、部分包价和单项价格

这种分类是按照旅游者购买旅游产品的方式划分的。旅游包价也叫统包价格，是旅行社为满足旅游者的需要所提供的旅游产品基本部分和旅行社服务费的价格。它由三部分组成：一是旅游出发地与旅游目的地之间的往返交通费；二是旅游目的地向旅游者提供的旅游产品的价格；三是旅行社的管理费用和盈利。旅游包价是旅游者一次性支付的价格。单项价格是旅游者按零星购买方式所购买的旅游产品的价格，亦即是在一定时期内不同旅游经营者所规定的各种单项旅游产品的价格，如客房价格、餐饮价格、交通价格、门票价格等。部分包价是介于包价与单项价格之间的旅游价格，指旅游者一次性购买部分旅游产品的组合，同时又以零星购买方式再购买另外的单项旅游产品，如参加某次运动会、某项球赛、某种娱乐的价格。随着旅游客源由团队向散客方向的发展，部分包价和单项价格将逐渐增多。

三、影响旅游产品价格的因素

（一）旅游企业内部因素

1. 旅游产品成本

产品成本是商品价格的最低限度。一般说来，商品价格必须能够补偿产品生产及经营活动的所有支出，并能补偿商品的经营者为其所承担的风险支出。旅游产品的成本是影响定价策略的一个重要因素。旅游企业制定价格时需要考虑到产品的固定成本，即旅游企业在一定规模内生产经营某旅游产品支出的固定费用，在短期内不会随产量的变动而发生变动的成本费用，如办公费、折旧费、固定工资等；同时也需要考虑变动成本，即旅游企业在同一范围内支付变动因素的费用，它是随产量的变化而发生变化的成本，如采购成本等。因为旅游产品的不可储存性，有时为了弥补固定成本，价格甚至可以定得低于固定成本而高于变动成本。如酒店深夜如有空房，价格可以定得非常低，飞机在起飞之前的几小时，票价也会比较低。

2. 旅游价格制定的目标

价格制定的目标是指企业在对其生产或经营的产品定价之前，预先设定的、有意识地要求达到的目的和标准。旅游企业在制定旅游价格时，必须首先确定旅游价格制定的目标，因为它是旅游价格决策的依据，直接关系到价格策略和定价方法的选择。因此必须慎重对待，科学地确定旅游定价目标。

（1）以维持企业生存为目标。企业在营销环境发生重大变化，难以按正常价格出售产品的情况下，为了避免受到更大冲击造成倒闭等严重后果而采取的一种过渡性策略。当企业受到经济环境、社会环境等宏观环境制约，以及供应过剩、淡季需求不足、新产品上市等方面的猛烈冲击时，产品往往难以按正常价格出售，在企业以维持企业生存为目标时，可以折扣价格、保本价格甚至亏损价格来出售自己的产品，以求促进销售、收回资金、维持营业，为扭转不利状况创造条件，争取必要的时间。这种定价目标只能作为特定时期内的过渡性目标，一旦出现转机，将很快被其他目标所代替。

（2）以保持产品质量为目标。旅游产品价格必须反映旅游产品质量，做到质与价相符，才能吸引游客，增大销量，实现收益的最大化。旅游定价选择这种定价目标具体又可分为以下三种类型：①反映旅游产品特色的目标。旅游产品特色可以从产品的质量、功能、服务、品牌、文化等方面进行设计，反映了旅游产品对旅游者的吸引力。旅游者不仅对旅游产品的特色满意，还会期望通过这种旅游产品的消费来获取某种精神上的满足。因此，这种旅游产品在定价时具有有利地位，其价格也相应要比同类旅游产品高。②反映旅游产品垄断的目标。旅游资源是旅游产品形成的基础，一定的时空环境里，旅游资源科学开发和组合而形成的旅游产品具有稀缺性，其价格也具有垄断性。如北京故宫、西安兵马俑和云南石林等这类产品的稀缺性，使之与同行业竞争对手相比具有很强的竞争能力，对旅游者的吸引力大，因此，其定价可以取较高的价位，高于其他同类旅游产品的价格。③提高旅游者满意度的目标。由于旅游者的文化背景、个人素养不同，阅历各异，因此，相同的旅游服务，即使是标准化的、规范化的服务对不同的旅游者来说也会有不同的感受，从而形成不同的评价。旅游企业针对不同旅游者的需求提供有针对性的服务，得到旅游者的较高评价，提高旅游者的满意度，可以确定较高的旅游价格。例如，有些旅行社或旅游网站在同样的旅游线路上，推出“旅行管家”或“小包团”服务，就因为大大提高了游客满意度，而适当地提高了产品价格。

（3）以保持和扩大市场占有率为目标。市场占有率，又称市场份额，指某旅游企业产品销售量或旅游收入在同类产品的市场销售总量或旅游总收入中所占的比重。旅游企业的市场份额越大，就越有发展潜力。特别是旅游产品既不能贮存、又不能运输，因此，保持和扩大市场占有率尤为重要。以稳定和扩大旅游市场占有率为目标，具体又分为以下三种类型：①以稳定价格为目标。旅游企业采取稳定价格的目标，实质是想通过本企业产品的定价或少数几家旅游大企业产品的定价左右整个市场价格水平。选择这种定价目标的应当是那些实力雄厚、市场占有率较高的大企业。②以有助于市场推销为目标。在旅游产品营销中，产品、价格、渠道和促销四大要素彼此配合、相互依赖形成强有力的营销阵容，推动旅游产品的顺利销售。因此，旅游价格的制定和调整要考虑其他三个因素，要有利于其他要素作用的发挥，以保持和提高市场占有率。③以符合市场行情为目标。旅游业是一个市场导向型产业，市场占有率的形成和变化是旅游市场竞争的结果。旅游企业要保持和提高自己的市场占有率，其价格制定必须符合市场行情，脱离市场行情的旅游价格很难吸引旅游者，也就很难保持市场占有率。

（4）以稳定和增加利润为目标。稳定和增强旅游企业的市场竞争力，使其在市场竞争中不断谋求有利地位，较好地实现旅游产品的价值，取得尽可能多的收益。具体又可分为以下三种情况：①以增加当前利润为目标。这一目标是指旅游企业通过价格手段在短期内获取最大限度的利润。它适用于旅游产品的技术含量和质量指标在短期内居于市场领先地位，旅游者认同感明显，短期内供不应求的企业。这时旅游企业或通过薄利多销的低价，或通过厚利适销的高价较快地获取最大利润。待到其优势消失的时候，旅游企业已经有了开发新产品的财力，又可以营造新的竞争优势。②以一定的均衡收益为目标。当旅游企业在同行业中占据主导地位，能够掌握市场需求情况，并基本能控制本企业的市场份额时，旅游企业可以选择一个保持长期稳定收益的定价水平，以一个固定的收益额作为定价目标，以使本企业在市场竞争中稳步发展。③以平均利润为目标。当旅游企业的经营管理水平处于同行业中的中等地位时，企业往往以获取平均利润作为定价目标。

综上所述，旅游价格制定的目标是多种多样的，不同的企业可能有不同的定价目标，同一旅游企业在不同时期也可能有不同的定价目标。在遵循收益最大化的基本目标前提下，旅游企业应当根据所处的市场竞争环境、企业本身的经济实力、旅游产品的特点及其在生命周期中所处的不同阶段来确定

具体的定价目标。

3. 市场营销组合

旅游企业的价格制定还受到市场营销组合的影响。价格、产品、渠道、促销四种营销手段必须互相协调、综合使用才能确保营销战略的顺利实施和营销目标的实现。如定位高的旅游产品，定价自然就会高；在旅游产品刚上市时，为了提升知名度，会采取低价促销甚至免票促销；旅游中间商的佣金比例也在一定程度上影响旅游产品的定价。

4. 非价格竞争因素

在旅游者越来越注重旅游体验的今天，旅游者不仅关注旅游产品的价格，还注重旅游企业的品牌、服务质量、增值服务和附加服务等。而这些因素可以增加购买旅游产品的额外利益，从而引发旅游者对高价格产品的购买欲望。

（二）旅游企业外部因素

1. 旅游产品供求关系

旅游产品供求关系是指在市场经济中决定旅游产品买卖双方变化方向的基本关系。当旅游产品的供求关系发生变化时，旅游产品的价格也会发生变化。一般来说，在旅游旺季，旅游产品的价格呈现上涨的趋势；而在旅游淡季，旅游产品的价格呈现下降的趋势。

资料8-1

2017春节三亚酒店价格涨了四至五倍

春节临近，一年一度的“候鸟”迁徙季再度来临，到三亚过冬成为不少上海市民的选择。记者从各大旅行社获悉，经历了去年的降温之后，今年春节到三亚过冬再度火爆，高星级酒店价格也比平时上涨了四至五倍，一些高达上万元的房间甚至只有少量余位。

业内人士分析，今年受到避霾和避寒双重利好的影响，三亚成为国内春节最火的目的地，而且今年未实行“限价令”，也让三亚酒店价格水涨船高。今年，三亚酒店价格再次迎来暴涨，价格普遍比平时上涨了四五倍之多。记者在各大预订网站查询发现，五星级酒店的价格基本在3 000元以上，部分酒店的价格甚至直逼万元大关。携程网显示，如果选择1月27日（除夕）入住，三亚悦榕庄房间的最低价格是9 700元/晚，最贵的要64 000元/晚；亚龙湾丽思卡尔顿酒店标间最低价格7 000元/晚，而且已经显示订完，套房价格则在 20 000/晚元左右；海棠湾洲际酒店标间价格最低在6 000元/晚，也已经显示订完，套房价格则在 8 000 元/晚以上。其余如文华东方酒店、柏悦酒店、康莱德、红树林、半山半岛洲际等五星级酒店，标间房价都在 5 000 元/晚左右，而且部分房型已经订完。

2. 旅游市场竞争状况

旅游行业大部分产品同质化倾向严重，差异性较小。这特别容易导致激烈的市场竞争。因此，企业制定价格的空间相应缩小。对于旅游企业来说，除了从竞争对手那里获得价格信息外，还要了解旅游产品的成本状况，这将有助于企业分析评价竞争对手在价格方面的竞争能力。旅游企业要借鉴竞争者确定其成本、价格和利润率的方法，这将非常有助于企业自己制定适宜的价格策略。

资料8-2

新婚夫妻的蜜月游

小王夫妇刚结婚，准备到海南旅游。于是他们到某旅行社咨询。旅行社销售人员给他们推荐了最有特色的“情定三亚”婚庆游产品，每人2 680元。小王夫妇觉得太贵，工作人员说：“我们的产品有六大特色，四大亮点，物有所值呀；而且现在是淡季，否则旺季时候可是 3 380 元，不打折。”小王夫妇说：“我们再考虑一下，昨天有一家也不错的是 2 480 元。”旅行社工作人员说：“你们要有诚意，每人优惠 100 元。”经过讨价还价，最终以 2 500 元成交。

以上案例中，有几个因素影响了旅游产品的价格？

3. 政府宏观政策

在市场经济中，市场作为配置社会资源的机制本身也会有内在缺陷，“市场失灵”也是经常发生的，客观上要求政府的经济政策调控市场。特别是当前我国市场体系还不健全，旅游市场还有诸多的问题，价格机制还不能充分发挥作用，在这样的情况下，政府经济政策对旅游价格的影响尤为重要。从我国旅游经济发展实际看，经济政策对旅游价格的调节主要包括以下方面：①政府通过对旅游企业的审批年检，调节一个国家或地区的旅游企业数，从而影响旅游产品的供给，调节旅游价格。②政府通过对旅游市场价格的调控，减少和避免旅游价格的信号失真，使旅游价格趋于合理。③政府通

过旅游经济发展政策直接和间接地影响旅游业的投资和旅游需求，进而影响旅游价格的变化。

4. 汇率水平和通货膨胀

汇率是指两国货币之间的比价，即用一国货币兑换另一国货币的数量。汇率的变化会对旅游产品的价格产生显著的影响，进而影响到该国的出境旅游和入境旅游。一般来说，汇率变动的影响主要通过旅游产品的报价形式反映出来。如果以目的地国家的货币对外报价，则该国货币贬值，汇率上升，对于旅游者有利，会引起前往该国的旅游者人数增加；反之，货币升值，汇率下降，可能造成旅游者人数减少。

通货膨胀是指在流通领域中的货币供应量超过了货币需求量而引发的货币贬值、物价上涨等现象。在通货膨胀时期，旅游企业的经营成本费用增加，因而产品价格上涨，而且幅度往往大于通货膨胀上升幅度，这样才能保证旅游企业不致亏损。当通货紧缩时，旅游产品价格业会有下调的压力。

第二节　旅游产品定价方法和程序

旅游产品定价方法是旅游企业在特定的定价目标指导下，根据企业的生产经营成本，面临的市场需求和竞争状况，对旅游产品价格进行计算的方法。旅游定价方法选择的正确与否，直接关系着旅游定价目标能否顺利实现，关系着旅游业的经济效益能否有效地提高。旅游定价方法通常有以下三种。

一、成本导向定价法

成本导向定价法是以旅游产品的成本为基础来制定旅游产品价格的方法，成本加上企业的盈利就是旅游产品的价格。成本导向定价法具体又分为以下几种。

（一）成本加成定价法

成本加成定价法是以旅游企业的单位产品成本为基础，加上预期利润而制定旅游产品价格的方法。其计算公式为：

旅游产品价格＝单位产品成本×（1＋加成率）

其中，加成率是单位产品的预期利润率。

例：旅游购物点某商品的原材料加上平均分摊的固定成本是20元，购物点经理确定的加成率为20％，则该商品的价格＝20×（1＋20％）＝24元。

成本加成是以产品的周期阶段、产品的季节性和市场需求变化等情况作为调整的依据。成本加成定价法的优点是计算简单，方便易行，有利于缓和同类旅游产品的价格竞争，有利于使旅游企业获得预期的利润；缺点是忽视了旅游市场需求的竞争因素，缺乏灵活性，难以适应旅游市场复杂多变的形势。特别是成本加成定价法难以准确得知所制定的旅游产品价格的实际销售量，因而使固定成本费用的分摊难保其合理性。

（二）目标利润定价法

目标利润定价法是旅游企业根据估算的总成本和预计的总销售量，确定应达到的目标利润，从而制定旅游产品价格的方法。其计算公式为：

单位产品价格＝（总成本＋目标利润）/预计销售量

其中，总成本＝固定成本＋变动成本。这种定价方法在酒店业中应用较广泛，如制定菜肴价格时使用的目标利润法，制定房价时使用的千分之一法等。千分之一法是指酒店造价与客房售价有着密切关系，酒店想要获得目标利润，将每间客房的出租价格确定为客房平均造价的千分之一的定价方法。

例：一家酒店有 400 间客房，总造价 6 000 万元，按照千分之一法计算可得：平均客房的售价＝（60 000 000/400）/1 000＝150 元。

目标利润定价法的优点：如果旅游企业预计的销售量和估算的总成本都比较准确，则能实现预期的目标利润。但是，此方法在为确保总成本而预计销售量时，并未明确在什么价格下的销售量，因而忽视了旅游产品价格对销售量的直接影响。因此，旅游企业在采用此方法定价时，应考虑几个不同的旅游产品价格，以测算旅游产品价格变动对销售量和利润所产生的影响，据此就能对按目标利润定价法制定的旅游产品价格进行适当的调整，使制定的旅游产品价格更为科学。

（三）盈亏平衡定价法

盈亏平衡定价法也叫保本定价法或收支平衡定价法。在销量既定的条件下，企业产品的价格必须达到一定的水平才能做到盈亏平衡、收支相抵。盈亏平衡价格也就是旅游企业不赔不赚时的产品价格，是指旅游企业在既定的固定成本、平均变动成本和旅游产品估计销量的条件下，实现销售收入与总成本相等时的旅游价格。其计算公式为：$P=\frac{Fc/Q+Vc}{1-Tc}$

其中，Fc 表示固定成本总额，Q 表示年营业额，Vc 表示每天变动成本，Tc 表示税率。

例：某旅游饭店共有客房300间，全部客房年度固定成本总额为2 000万，每间客房每天变动成本为90元，预计客房年平均出租率为80%，营业税率为5%，求该饭店客房保本时的价格。

计算：假设该饭店客房保本价格为X，那么，

1天的营业额：300（间）×80%（出租率）×X＝240X

1天的变动成本费：300（间）×80%（出租率）×90＝21 600元（事实上，很多情况下每间客房不需要天天变动，但是在计算保本时，我们尽可能地增加成本，以保证所定保本价格不会太低）

1天的营业税：营业额×5%＝12X元

可以得知：1天的利润额：240X－21600－12X＝（228X－21 600）（元）

保本就是利润和成本相等，得出：（228X－21600）×365天＝20 000 000（元）

答案：X＝335.01元

根据盈亏平衡定价法确定的旅游价格，是旅游企业的保本价格。低于此价格旅游企业会亏损，高于此价格旅游企业则有盈利，实际售价高出保本价格越多，旅游企业盈利越大。因此，盈亏平衡定价法常用作对旅游企业各种定价方案进行比较和选择的依据。

二、需求导向定价法

以需求为中心的价格策略，是以旅游者对旅游产品价值的认识和市场需求为依据，而不是以单纯的产品成本为依据来确定价格的策略。因此，旅游企业必须及时了解市场，了解旅游者需要什么产品，以及旅游者对该产品所愿支付的价格。其基本方法主要有以下几种。

（一）差别需求定价法

又称差别定价法，是指在旅游产品成本相同或差别不大的情况下，根据旅游者对同一旅游产品的效用评价差别来制定差别价格的方法。主要有：同一旅游产品对不同旅游者的差别定价，如同一酒店对散客、团队客人、常住客人、协议客户的价格差异；同一旅游产品在不同地点的差别定价，如同一款旅游线路在热点城市和冷门城市的售价是不同的，同样星级的酒店，交通方便或靠近市中心，其客房价格可定得高些；同一旅游产品在不同时间的差别定价，如酒店在周末与平时的价格不同，淡季和旺季的价格差别也会很大；同一旅游产品在增加服务时的差别定价，如同样的餐饮，由于提供用餐

服务不同，在餐厅用餐与送到客房用餐，价格是不同的。

(二) 理解价值定价法

理解价值定价法，是以旅游者对旅游产品价值的理解程度为依据来制定价格的方法。当企业制定的价格与旅游者对该旅游产品价值的理解和认识相一致时，旅游者才能接受这一价格，因此，这种方法要求企业必须准确地测定该产品在游客心目中的价值水平，然后以此为依据确定产品的价格，根据确定的价格估算能够销售的数量和产生利润。这其中的关键是要对游客所理解的价值作出正确的判断，对旅游者所理解的价值估计过高，会使制定的价格偏高影响销售的扩大；估计过低，会使制定的价格偏低，影响销售利润。所以，必须对目标市场进行深入细致的调查研究，才能正确判断市场的理解价值。

三、竞争导向定价法

竞争导向定价法是指旅游企业在市场竞争中为求得生存和发展，参照市场上竞争对手的价格来制定旅游价格的定价方法。在市场经济条件下，旅游企业不可避免地要遇到各种竞争。以竞争导向定价，就是为了竞争或避免竞争的直接冲突，其着眼点在竞争对手的价格上，而不管本身价格与成本及需求的变化。一般可以分为以下几种情况。

(一) 随行就市法

随行就市法是以市场上同类产品一般通行的价格作为依据制定价格的方法。这种定价法是一种比较稳妥同时风险较小的定价方法，因为它对行业整体的破坏性最小。旅游企业按该方法定价，既能与其他企业保持友好的关系，又能使所制定的旅游产品价格易于被旅游者接受。就旅游产品来说，同质化产品的比例也较高；对于旅游小型企业来说，也节省了前期的市场调研的费用。所以这种定价方法虽然缺乏特色，但是一种比较常见的方法。

(二) 率先定价法

率先定价法是指旅游企业采取“先下手为强”的定价姿态，并能够达到“先发制人”的效果，在竞争中处于有利地位的方法。率先定价法是一种积极主动的定价方法。一般为实力雄厚、对市场具有领导作用的企业所采用。率先定价法的关键是比较分析本企业和竞争对手的产品成本和价格，同时对双方未来的产品的销售量和利润进行预测，制定出具有竞争性的价格。当然，以竞争导向为中心的价格策略，不能长期忽视企业成本和旅游需求。应该在充分考虑成本和需求的基础上，针对竞争对手的情况制定价格策略。

（三）投标定价法

投标定价法是大多数通过投标争取业务的公司通常采取的竞争导向定价法。竞标的目的在于争取合同，因此旅游企业考虑的重点是竞争者会报出何种价格，公司制订的价格应比竞争者的低，而不局限于成本或需求状况。当然，企业必须事先确定一个最低的获利标准来投标：价格低于成本将有损利益；价格高于成本虽然增加了利润但不利于中标。

四、旅游产品定价的程序

旅游企业在制定旅游产品价格时，需要考虑的因素很多，因而旅游产品的定价工作是一项极其复杂的事情。旅游产品的定价程序可分为以下五个步骤。

（一）评估目标市场购买力及倾向

目标市场是旅游企业开展营销活动的基础，因此目标市场的收入、规模大小及购买倾向是企业定价的前提条件。旅游企业通过对目标市场的调研，可从中发现旅游者的实际需求，了解旅游者对旅游产品的价值理解程度和价格承受力，并深层次发掘旅游者的潜在需求及消费偏好变化的可能，以便采取灵活的价格政策，引导目标市场旅游者的消费。评估目标市场购买力及倾向时可采用问卷调查法、面谈法和专家意见法等方法。

（二）估测旅游企业产品或服务的成本及结构

通过评估目标市场购买力，就可以确定旅游企业产品供给的总量和价格的上限，再通过对企业单位产品成本估算，就能确定企业可以承受的价格下限，从而使企业明确产品价格的允许变动范围。对单位旅游产品成本进行分析，可进一步测算出其最佳规模时的最低成本，从而为确定最佳的产品价格提供可靠的依据。

（三）了解旅游企业市场环境及变化

旅游产品价格的确定，还要考虑企业宏观和微观环境变化的可能。对于旅游企业微观环境而言，供货商的价格稳定性、供货品质的可靠性等关系到旅游企业能否控制产品的成本。对旅游企业宏观环境而言，政府规定的最高限价是旅游企业价格主限的警戒线，收入水平、消费结构、人口因素、经济增长率等因素的变化也会制约或促进旅游产品价格的升降。社会文化环境中的旅游者购买行为准则、道德规范、风俗习惯等，限制了旅游者对旅游产品的购买规模和倾向，间接地影响了旅游产品价格的高低。

（四）确定旅游企业定价目标

目标市场的购买力、企业产品的成本、企业市场环境的走向决定了旅游企业定价的时间考虑、利润、市场占有率分析和防止竞争对手等目标的选择。旅游企业的定价目标关系到企业生存和发展的时间和空间，无论企业作何种定价目标决策，都必须考虑到自身的规模实力，目标市场的转移、替换，以及企业资源配置的变化等，从而在诸多的定价目标中选择出符合自己实际的定价目标。

（五）选择旅游企业定价方法和策略

由于旅游市场中竞争者的存在、旅游者需求的千差万别，以及价格因素的动态性，旅游企业在定价过程中还必须充分考虑到定价的策略，要从竞争者和消费者的心理上、市场的差异上、需求的差别上巧妙地进行定价工作，既使定价工作与企业其他营销工作相配合，为企业的全面发展创造良好的环境和条件，又能在定价工作中充分体现出定价的科学性、艺术性和技巧性，增进旅游者对旅游产品或服务的价格理解和偏爱。

第三节　旅游产品定价策略和技巧

定价是市场营销“4P”组合的组成部分，是企业重要的营销手段之一。定价策略包括新产品定价策略、产品生命周期定价策略、折扣定价策略、产品组合定价策略和心理定价策略等，在诸多的定价策略当中，心理定价策略是重中之重。心理定价策略是企业利用消费者在购买过程中的心理特点来设计价格，有意识地将价格定高些或低些，以满足消费者心理的需求，通过消费者对企业产品的偏爱和忠诚，来扩大销售，获得最大利益的定价策略。企业不是仅仅从产品的成本角度考虑定价，而是更多地从消费者的角度出发。常用的心理定价策略有尾数定价策略、整数定价策略、声望定价策略、吉祥数定价策略、最小单位定价策略、习惯定价策略和招徕定价策略等。

一、心理定价策略

（一）尾数定价策略

尾数定价策略是指保留价格尾数，采用零头报价，把价格定在整数价格之下，如10元的商品定价9.9元。虽然价格仅仅相差一角，但能给消费者便宜和定价认真的感觉。一般来说，尾数定价主要适用于价格较低的旅游产品。

（二）整数定价策略

整数定价即企业在制定产品的价格时，根据消费者价高质优的心理，以整数定价，不用零头，以满足消费者心理需要的一种策略。适合采用这种定价策略的产品，主要是消费者偏重于质量的产品。如高档旅游产品或消费者不太了解的旅游产品等。因为消费者对这些产品的质量往往缺乏了解，常通过价格的高低来进行判别。在当代社会，随着人们生活水平的提高，人们容易产生高价消费心理，产品及其定价除了满足人们物质生活需要外，还应满足其精神生活需要。在顾客有按质论价心理和高价消费心理需求时，产品宜采用整数定价。如某种礼品定价为 10 000 元比定价为 9 800 元更受欢迎。因为，在消费者看来，10 000 元的礼品高出一档。

（三）声望定价策略

声望定价策略是指利用商品的高知名度或者独特的品质（即声望）制定一个较高的价格的策略。采用该定价策略的旅游产品，其对应的客户群体是对价格不太敏感的，他们通过消费高档旅游产品来彰显自己的社会地位和声望。

质量不易鉴别的产品也适合采用此方法，因为消费者有崇尚名牌的心理，往往以价格来判断质量，认为高价格代表高质量。如某市各大医院的挂号费一般为 1～5 元，而某著名中医的挂号费是 50 元，而且需要早起去排队。国外对汽车价格和质量感受之间的关系进行研究时发现，人们认定定价较高的汽车拥有较高的质量，并认为高价值汽车的价格可以高于其真实价格。但是，旅游企业必须注意：该策略的运用要慎重，否则容易给消费者留下“暴利黑心”的形象。

（四）吉祥数定价策略

数字本身本没有什么含义，但是如果和发音联系起来，就会让人产生种种联想，如“8”谐音是“发”，有恭喜发财之意，“6”有“六六大顺”之意，“4”和“7”的谐音是“死”和“气”，让人觉得不吉利。因此，商场的商品的定价多用“666”“888”这类吉利数字。目前，尾数定价策略和吉祥数定价策略有应用过滥之嫌，商场超市里的几乎所有商品的标价都是长长的一串吉利数字。企业经营不应是数字游戏，更应该关注商品的质量。

（五）最小单位定价策略

最小单位定价策略是指用较小的单位定价或计算价格。如茶叶用两标价，不用斤。购买人寿保险每年交费 2 000 元，让顾客一下子拿出来是一个

负担，心理不容易接受，推销员可以把一年2 000元换算成平均一天几块钱，不过是一包香烟的价钱，以便使消费者在心理上容易接受。

（六）习惯定价策略

有些商品的价格，在市场上已形成习惯，企业在定价时亦应遵从习惯价格，迎合顾客心理。我国台湾省发生了这么一件事：台湾冰淇淋的习惯价格是2元一盒，美国福乐奶品公司刚进入台湾市场时，自以为所产冰淇淋质量好，每盒定价3元，虽做了大量广告，销路仍然不佳，最后不得不遵从了习惯定价2元。

（七）招徕定价策略

招徕定价策略是指将几种商品的价格定得非常之高，或非常之低，在引起消费者的好奇心理和观望行为之后，带动其他商品的销售。这一定价策略常为综合性百货商店、超级市场，甚至高档商品专卖店所采用。招徕定价应用较多的是将少数商品的价格定得较低，吸引顾客在购买“便宜货”的同时，购买其他正常价格的商品。如前几年，北京京客隆商场长期把羊肉片的价格定在每斤6.8元，此价格比许多小商贩定价都要低，以少数商品的低价吸引顾客进入商场，进而购买其他商品。在实践中，也有故意定高价以吸引顾客的。珠海某商场中有一只3 000港元的打火机，引起了人们的兴趣，许多人都想看看这只“高贵”的打火机是什么样子。其实，这只高价打火机样子极其平常，虽无人问津，但它旁边的2元一只的打火机却销路大增。

二、折扣定价策略

折扣策略是指旅游企业在确定基本价格的基础上，给予买方一定价格折扣的策略，以此吸引买方购买或增加消费，常见的折扣策略主要有数量折扣策略、时间折扣（包括季节折扣）策略、实物折扣策略、现金折扣策略等。

（一）数量折扣策略

数量折扣策略是指旅游企业根据买方购买旅游产品的数量或金额而给予不同价格折扣的定价策略，以鼓励中间商大量购买，吸引旅游者增加消费，吸引新的旅游者加入购买队伍。如有的旅行社推出10人以上集体报名参加旅行团价格优惠10%，酒店推出10人以上入住价格优惠20%，订宴席10桌以上免收一桌费用等就属此种定价策略。一般来说在一定时期内购买旅游产品数量越多或金额越高，给予的折扣率也就越高。数量折扣策略又分累计数量折扣策略和非累计数量折扣策略两种形式。

累计数量折扣策略即在一定时期内，按购买者购买总量或总金额给予不

同的价格折扣的定价策略。数量折扣适用于为调动旅游中间商增加购买数量、刺激旅游者增加消费量、提高回头消费率、吸引潜在旅游者加入购买的旅游企业。有些经营者把数量折扣策略运用得炉火纯青，当旅游消费者购买数量或金额达到一定标准时，往往不是直接减少客户的购买款，而是付给折扣款项的代金券，用以下次购买时冲抵等量价款。数量折扣不仅吸引了新客户，而且把新客户变成稳定的常客。但累计数量折扣实行周期长，不少客人会产生等待时间过长的感觉。

非累计数量折扣策略又称一次性数量折扣策略，即一次性购买旅游产品数量或金额达到相应折扣标准时，则给予相应折扣的定价策略。如某酒店对第一次入住的客人采取住 4 天免 1 天房价的优惠，对回头客采取住 3 天免 1 天房价的优惠，吸引了不少新老客人入住。非累计数量折扣的目的是采用鼓励增加每次购买的数量。非累计数量折扣打折少，对游客吸引力不强。

（二）季节（时间）折扣策略

季节（时间）折扣策略是指旅游企业根据旅游者购买季节（时间）的不同而给予一定的折扣的定价策略。旅游产品消费淡、旺季较为明显，甚至在一周或一天不同时段消费也不均衡。为充分发挥供给能力，避免资源闲置而造成的浪费，旅游企业一般会区分淡旺季或淡旺时段，对淡季或较清淡时段的购买者予以优惠。如某酒店康乐设备较为齐全，但客人一般集中于某一时段消费，其他时间生意清淡。该酒店经过调研后，对室内游泳池在每天零点至中午 12：00 的价格打 5 折，12：00～14：00 的价格打 6 折，14：00～19：00 不打折，19：00～24：00 打 8 折；舞厅在 14：00 开始营业，14：00～19：00 门票打 5 折、饮料等打 6.5 折，19：00～23：00 不打折……通过时间折扣，吸引了许多本地客人在清淡时段来店消费，黄金时段的营业额也因人气足而更高，出现了黄金时段更旺，淡时不淡的好势头。季节折扣能刺激旅游者平淡时段或淡季购买旅游产品，有利于“熨平”供求曲线，促进供求关系趋于平衡，提高设备利用率，增加销售量。但在淡季时段打折过多会影响企业收益，打折过少又起不到作用。

（三）实物折扣策略

实物折扣策略是指销货方在销售过程中，当购买方购买货物时配送、赠送一定数量的货物的定价策略。实物折扣的实质是以货物取代价格的商业折扣，即以赠送货物代替价格折让的商业折扣。一般情况下，实物折扣有如下几种形式：买一赠一、买十赠一等降价销售；捆绑销售（送同类不同型号产品、送非同类产品）；赠送小礼品；有奖销售等。实物折扣适用于关联性较强的旅游产品，如酒店对入住客人免费提供早餐、对就餐客人赠送果盘等。通过实物折扣能保住主要利润来源，如酒店对入住客人提供免费早餐，可吸引客人住，成本却增加很少。

（四）现金折扣策略

现金折扣策略是指对现金交易或按期付款的旅游产品或服务购买者给予价格折扣的定价策略。具体操作方式：若买方在卖方规定的付款期以前若干天内付款，卖方就给予一定的折扣，付款时间越短，折扣也越多。现金折扣目的是鼓励买方提前付款，以便企业尽快回收货款，加速资金周转。这种策略对诚信度不高或不了解其诚信度的客户较为适用，企业采用这种策略有利于改善卖方现金流，降低收账成本和呆账风险，减少经营风险。

三、新产品定价策略

（一）取脂定价策略

取脂定价策略是高价策略。取脂的本意是指从牛奶中撇取最富有营养成分的油脂，有提取精华之意。一些旅游产品在上市之初，经营者利用游客求新、求异心理，把产品价格定在高位，以期尽快收回成本，尽可能在短期内获取丰厚利润。采用取脂定价策略要有特定的条件，否则会因定高价而吓跑购买者，还可能被竞争者作为“靶子”来攻击企业，使企业给旅游者以“贪婪”的印象。取脂定价策略的适用条件主要有：

1. 旅游产品新颖独特

旅游产品既新又特、别具一格，尽管定价较高，也能吸引“先锋型”游客。

2. 生产技术或资源具有垄断性

生产技术或资源具有垄断性的旅游产品，供给弹性小。对那些市场吸引力强、生产技术具有垄断性的旅游产品，经营者可把产品定高价。如黄山风景区是中国 41 处、世界 23 处“自然和文化”双遗产之一，2002 年 5 月开始门票价格大幅提高，而游客量却不降反升，究其原因，主要是资源垄断性强、被替代的可能性小。还有一些旅游产品生产原料有限，企业又控制了原料来源，供给弹性小，这种情况也可定高价。旅游市场需求十分旺盛而旅游企业生产能力有限时，也可定高价。

3. 流行时间短，竞争压力小

一些旅游产品在一个时期内十分时兴，引领潮流，而其他供给者加入竞

争尚须时日。在那段稍纵即逝的时间内，经营者可把产品定高价，等竞争者纷纷加入或游客兴趣转移时，企业已获利颇丰。一些旅游企业通过市场预测，始终走在时间前列，抢占市场先机，向各类市场提供的旅游产品都是时兴产品，从各细分市场撇取了厚利。

（二）渗透定价策略

渗透定价策略是低价策略，是指经营者把价格定得低以吸引游客，以期挤入市场、增加销售量，在短期内获得较高的市场占有率的定价策略。旅游市场竞争十分激烈，不少企业采取与取脂定价相反的渗透定价策略，希望以薄利多销的办法来扩大市场份额，同时又希望通过“多销”所产生的规模效益，取得较多的利润。

低价策略希望实现四重目标，即既能提高销售额又能提高市场占有率，能获得规模效益，同时还能把同行竞争者挤出市场或使潜在竞争者望而却步不敢轻易加入竞争。采用渗透价格策略需要有一定的条件，这些条件包括：

1. 潜在市场规模大

这是实施低价竞争的前提，如果潜在市场规模过小，分摊到单位旅游产品中的固定成本往往很高，低价策略的基础不牢，长期实施低价策略会收窄企业的盈利空间，进而削弱旅游企业竞争力。一些旅行社，酒店已饱尝低价营销的苦果。如果潜在市场规模大，则可能通过低价实现多销，进而达到多销厚利的目的。潜在市场规模是“多销”的市场空间，也是潜在的利润空间。

2. 市场对价格敏感的大众化产品

当旅游产品特色不突出、市场识别低时，可考虑以低价赢得游客。对于面向普通旅游者所推出的大众化旅游产品，大都宜采取渗透价格策略，适当的低价位将有效激活市场，激发需求，扩大销售。

3. 企业供给能力强

庞大的潜在市场被激活、大批旅游者被吸引过来后，旅游企业应有足够的供给能力去保证。一些旅游项目以低价吸引了客流，而却因供给不足使许多游客分流到竞争企业，购买本企业产品的游客因消费环境恶化或服务质量下降而不满。如有家酒店推出每位 38 元海鲜自助午餐，其低价位吸引了大量客人，但因就餐者过多而餐厅场地容纳不下，一部分客人不得不排队等候，不愿等候的客人纷纷离去，就餐的客人也因就餐场所过于拥挤喧闹而烦恼，红红火火一段时间后，餐厅又趋于沉寂。

4. 潜在竞争者多

旅游市场除经营出入境游外，准入门槛较低，竞争者较易进入，一旦某种旅游产品在市场上走俏或有走俏的预兆，大量潜在竞争者会纷至沓来。为维护和扩大市场份额，经营者时常采取低价策略以阻止或延缓潜在竞争者加入，故此一些学者又通俗地称其为“别进来定价策略”。

实行渗透价格策略就其终极目标而言仍是为了赢利，一些企业把价格定得过低，表面看来虽然生意兴隆，实际上不赚钱甚至在做亏本买卖，这是经营者所应避免的误区，渗透价格的底限不宜低于成本。

（三）满意定价策略

满意定价策略是介于取脂定价和渗透定价之间的定价策略。不少旅游企业认为，过高和过低的价格都是价格决策中的极端行为，往往对旅游企业形象、对旅游产品销售、对旅游中间商、对旅游者都不利，因而宜权衡各种利弊得失，兼顾各方面利益，既不以高价吓走游客，也不以低价排斥同行，而采取适中的、令各方面较为满意的价格策略。对需求弹性适中的旅游产品定高价会失去很多顾客，定低价又会降低盈利，定适中价格为宜；经营者把价格定在中等水平则可避免引发恶性价格竞争。需求水平大致平衡，高价或低价都不会带来盈利或扩大市场份额，经营者把价格定得适中为宜。

四、差别定价策略

差别定价策略是旅游企业对同一旅游产品在不同地区、不同时期或不同用户之间确定不同的价格的定价策略，目的是通过形成若干局部市场以扩大销售、增加利润，差别定价策略主要包括以下几种。

（一）地区差价策略

地区差价策略是指旅游企业以不同的价格在不同地区营销同一旅游产品或服务的策略。形成这种差价主要是因为不同地区的旅游者具有不同的爱好和习惯，因而各种旅游市场就具有不同的需求曲线和需求弹性，旅游企业根据不同的需求弹性分别制定相应的价格，这就造成不同地区价格的差异。如同一款赴日本、韩国的邮轮，在上海和三线城市的定价差别超过 1 000 元。

（二）时间差价策略

时间差价策略是指旅游企业对相同的旅游产品或服务，按旅游者需求的时间不同而制定不同的价格的策略。采用这种定价策略，有利于鼓励旅游中间商和旅游者提高购买频率，加强购买力度，加速旅游企业的资金周转。

(三) 对象差价策略

对象差价策略是指旅游企业针对不同类型的旅游者，对同一旅游产品或服务实行不同的价格的策略，目的在于稳定客源，维持旅游企业基本的销售收入。有时为了开拓新的市场、增加销售收入，也会应用这种策略。如同一个景区对本地人门票优惠 5 折，对 70 岁以上老年人免费，对普通游客全价。

(四) 质量差价策略

在激烈的市场竞争中，为满足旅游者多种多样的需要，旅游企业会同时提供不同价格、不同内容、不同形式的产品或服务，即使同产品也可能形成不同价格的系列产品或服务。如同样的景区讲解员，金牌讲解员为 80 元，普通讲解员为 50 元。

思考与习题

1. 分析影响旅游产品价格的因素。
2. 旅游产品定价的方法有哪些？
3. 旅游新产品定价的策略有哪些？
4. 旅游产品的心理定价策略有哪些？

第九章 旅游产品营销渠道策略

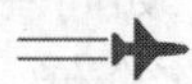

➤**教学目标** 知识目标：了解旅游产品营销渠道及其类型，了解旅游中间商的分类，熟悉旅游中间商的选择和管理，掌握旅游产品营销渠道的选择和管理

能力目标：能够根据企业自身情况和外部环境，选择合适的营销渠道及中间商

➤**教学难点** 旅游产品营销渠道的选择

➤**教学重点** 旅游产品营销渠道的选择，旅游中间商的选择和管理

旅游产品和服务只有通过或长或短、或宽或窄的营销渠道才能成功实现由旅游经营者向旅游消费者的转移，从而最终促成旅游交易双方利益的达成。在旅游企业的营销组合中，营销渠道就像血液循环系统一样，促进着旅游企业的商流、信息流、现金流、促销流等有效实现。在买方市场环境下，渠道制胜成为主要的竞争手段之一，渠道策略的重要性更加不言而喻。如何选择高效的营销渠道是每一家旅游企业必须面对的问题。

第一节　旅游产品营销渠道概述

一、旅游营销渠道的概念

营销专家菲利浦·科特勒认为：“一条分销通路是指某种货物或劳务从生产者向消费者移动时，取得这种货物或劳务的所有权或帮助转移其所有权的所有企业和个人。”简单地说，营销渠道就是产品或服务从生产者向消费者转移过程的具体通道或路径。越来越多的企业认识到渠道在营销过程中的重要性，市场瞬息万变，产品能否在最短时间内送至市场一线，呈现在目标消费者面前，已成为营销能否成功的关键因素。

由于旅游产品与一般实物产品有所区别，具有无形性、不可储存性、生产和消费同步性等特点，旅游产品营销渠道转移的是旅游产品的使用权。因此，旅游产品营销渠道，又称为旅游产品分销渠道或销售渠道，是指旅游产品从旅游生产企业向旅游者转移过程中，所经过的一切取得使用权或协助使用权转移的中介组织和个人，也就是旅游产品使用权转移过程中所经过的各个环节连接起来而形成的通道。旅游产品营销渠道的起点是旅游产品生产者，终点是旅游消费者，中间环节包括批发商、代理商、零售商等。

二、旅游产品营销渠道的作用

(一) 有利于提高销售的效率

旅游产品营销渠道的成员是众多的批发商、零售商、代理商，是旅游贸易中的中间力量，有着丰富的旅游业信息和知识，营销经验丰富，有良好的公共关系和众多的信息来源，熟悉旅游市场，能很好地解决旅游企业与游客的信息不对称问题。在现实的旅游市场中，旅游者分布的地理范围是广泛的，需求是多样化的。旅游企业是相对集中的，旅游产品的种类是多样化的，旅游中间商的出现，可以把旅游产品的分类与旅游者需求的分类充分组合起来，不同的营销渠道负责不同的细分市场，使旅游产品大大拓展了市场覆盖面，销售效率大大提高。

(二) 有利于增加旅游经济效益

旅游产品营销渠道的数量、环节多少以及容量等问题，对旅游产品的销售有着直接的影响。合理选择营销渠道，加强渠道的管理以及适时增加新的营销渠道，能加快旅游产品流通的速度，缩短旅游产品的销售时间，节省销售费用，降低销售成本，增加经济效益。旅游企业、旅游产品和旅游消费者越多，旅游中间商的作用就越明显。

(三) 有利于获取市场信息

营销渠道中的旅游中间商在旅游企业和旅游者之间建起信息沟通桥梁。旅游产品营销渠道的成员，尤其是零售商和代理商，直接与旅游者接触，一方面可以将旅游产品相关信息及时传递给旅游者，帮助旅游者更多、更清楚地了解产品信息，便于旅游者的选择与购买；另一方面通过接待和协助处理旅游者的投诉等方面的问题，了解旅游者的爱好、需求和竞争企业的动态。根据中间商的反馈的信息，旅游企业把握旅游者需求变化的趋势，及时调整市场营销策略，不断推出创新产品，提高市场竞争力。

资料9-1

维也纳酒店推出官方渠道最优价

2018 年 5 月，维也纳酒店向消费者保证通过官方渠道订到的房间一定是全网最低价，其中，维也纳酒店的官方渠道包括维也纳酒店官网、维也纳 APP、维也纳酒店微信公众号等。

针对“全网最优价”，维也纳酒店联合消费者发起了一起轰轰烈烈的“找差价”活动。如果顾客入住当日在其他线上销售渠道发现同日期、同分店、同房型更低价格，可通过维也纳酒店指定官方渠道向维也纳酒店提起申诉，申诉成功后可获得以现金券形式提供的 2 倍差价补偿，详询微信公众号“维也纳酒店”。

鼓励消费者通过维也纳酒店官方渠道预订，亦提倡消费者理性消费，对比价格获得最优消费渠道。“官方渠道最优价，差价赔双倍”，维也纳酒店是认真的。

三、旅游产品营销渠道的类型

（一）按照是否有中间商划分

根据是否有旅游中间商来划分，有直接销售渠道和间接销售渠道，这是营销渠道最基本的划分方式。

1. 直接营销渠道

直接营销渠道是指旅游产品直接由旅游企业销售给旅游者的销售方式，中间不经过任何环节。这是一种传统的销售方式，主要是依靠旅游企业的销售部进行旅游产品的销售，主要形式有旅游者主动上门购买，旅游企业通过自己的销售网点销售旅游产品，旅游者通过电话、传真、网络等工具直接向旅游企业预订和购买旅游产品。如饭店派人直接到机场、车站、码头招徕客人，旅游者直接前往旅游地进行自助旅游，旅游者直接在旅行社网站上购买旅游产品等。其模式如图 9－1 所示。

图 9－1　直接销售渠道销售模式

直接销售渠道的主要优点：有利于贴近市场，获取消费者的第一手信息，从而帮助企业改进营销策略；有利于企业直接对最终消费者进行宣传，提升企业的整体形象，获取游客的忠诚度；有利于节省中间商的营销费用，获取更大的利润。

直接销售渠道的主要缺点：直接销售渠道没有了中间环节，但因销售经验不足或其他原因，其销售成本有可能不降反升；企业资源有限，所建立的销售网点有限，很难满足市场需求，等等。

现代旅游企业都应顺应历史发展大趋势重视发展网络营销，并且为提高直接销售比例和赢利水平而建立自己的直接销售系统，但是若没有一定的经营规模并占有相当大的市场份额，企业就无法在激烈的竞争中求得长期的生存与发展。所以，现代旅游企业更多地选择间接销售渠道，利用旅游中间商大量销售旅游产品，以扩大市场份额，提高竞争力和经济效益。

2. 间接营销渠道

间接营销渠道是指旅游产品通过一个或者多个旅游中间商提供给旅游者的销售渠道。间接营销渠道是旅游企业主要的销售渠道，一个旅游企业往往有多个间接营销渠道。间接营销渠道根据中间环节的多少分为一级间接营销渠道、多级间接营销渠道、多级多层营销渠道几种类型。

（1）一级间接营销渠道。是指旅游产品通过一个旅游中间商环节提供给旅游者，如某酒店将客房挂在艺龙网上，旅游者可以直接在艺龙网上下单购买。在这个过程中，客房产品只通过一个旅游中间商即艺龙网提供给旅游者。这种营销渠道具有两个环节，旅游企业→旅游零售商为第一个环节，旅游零售商→旅游消费者为第二个环节，旅游企业通过这两个环节把旅游产品销售给旅游消费者，如图 9－2 所示。这种营销渠道能降低成本、减少开支，提高旅游企业经济效益，但仅适宜于营销批量不大、地区狭窄或单一的旅游产品。

图 9－2　一级间接营销渠道

（2）多级间接营销渠道。是指旅游产品通过两个或两个以上的旅游中间商环节提供给旅游者，如一位美国旅游者想来中国旅游，他向美国一家旅游零售商预订，旅游零售商又向一家旅游批发商预订，旅游批发商又同中国一家旅行社联系落实该旅游者游览活动的日程安排，最后由国内的旅行社安排

美国旅游者在中国的旅游。在这个过程中，旅游产品通过中国的旅行社、美国旅游批发商、美国旅游零售商三个中间商环节提供给美国的旅游者。这种营销渠道具有四个环节，即旅游企业→旅游代理商为第一环节，旅游代理商→旅游批发商为第二个环节，旅游批发商→旅游零售商为第三环节，旅游零售商→旅游消费者为第四环节，如图 9-3 所示。这种营销渠道在国际旅游中广泛使用。由于大型旅游批发商的规模比零售商大得多，手段、网点比零售商多得多，而且销售地区较广，因此采用这种渠道具有明显的优点。

图 9-3　多级间接营销渠道

（3）多级多层营销渠道。此渠道繁杂，有五个层次，十二个中间环节，如图 9-4 所示。第一层次是旅游企业→旅游代理商→旅游批发商→旅游零售商→旅游消费者，第二层次是旅游企业→旅游批发商→旅游零售商→旅游消费者，第三个层次为旅游企业→旅游批发商→旅游消费者，第四个层次为旅游企业→旅游零售商→旅游消费者，第五个层次为旅游企业→旅游消费者。采取这些营销渠道时，必须注意市场大小及结构的分析，选取一种或若干营销渠道加以组合使用，同时也要注意调整、充实现有的营销渠道，根据自己的需要慎重地选用新的旅游中间商。

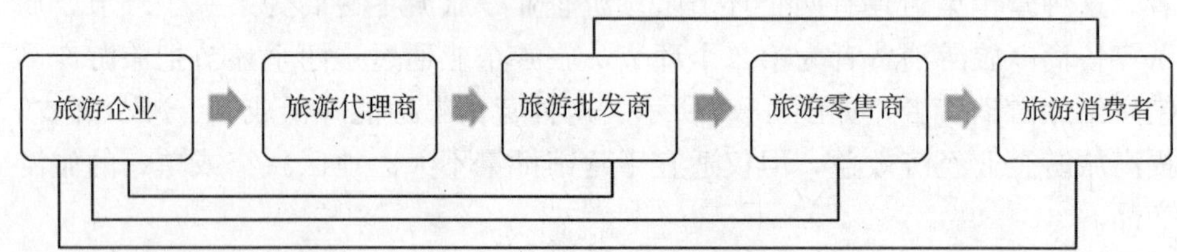

图 9-4　多级多层营销渠道

总之，间接营销渠道有自身的优点，也有一些缺点。其优点：通过庞大的、错综复杂的销售网络密切贴近市场、占领市场从而提升企业营业额；借助该网络系统向旅游最终消费者传播企业品牌形象及产品价值的各种信息，有利于树立企业形象；凭借该销售网络第一时间掌握消费者消费信息，便于企业及时调整营销策略，做到以顾客为中心。其缺点：中间环节多，增加旅游产品的成本，降低企业的利润及市场竞争力；由于间接渠道比直接渠道

长，旅游企业对目标市场的控制力下降。因此，旅游企业应根据自身的情况选择适合自己的旅游中间商。

（二）根据旅游中间商的数量划分

根据销售过程中介入的中间商环节的多少，营销渠道又可以分为长渠道和短渠道。

1. 长渠道

长渠道是旅游企业选择两个或两个以上的多个中间环节来出售产品。其具有覆盖面广的特点，有利于产品的销售，如旅游产品生产者→旅游代理人→旅行社总社→地方旅行社→旅游者。但在长渠道中，旅游中间商需要完成大量的营销职能，信息传递慢，流通时间长，旅游企业对营销渠道的控制较为困难。

2. 短渠道

短渠道是指旅游企业直接将产品卖给旅游消费者或只经过一个旅游中间商出售产品，其信息传递快，销售及时，有利于旅游企业控制营销渠道，如旅游产品生产者→旅行社→旅游者。但由于短渠道销售规模较小，影响产品的销售范围和数量。

（三）根据渠道的宽窄程度划分

旅游产品营销渠道的宽度是指每个环节中同类型中间商的数量，即旅游产品销售网点的数量和分配情况。同一层次或环节的旅游中间商越多，渠道就越宽；反之，渠道就越窄。

1. 宽渠道

宽渠道是指旅游企业同时选择两个以上的同类中间商销售产品的营销渠道，如图 9－5 所示。如某旅游景区通过许多批发商、零售商将其门票等相关产品推销到广大地区和广大旅游消费者手中，此营销渠道就较宽。

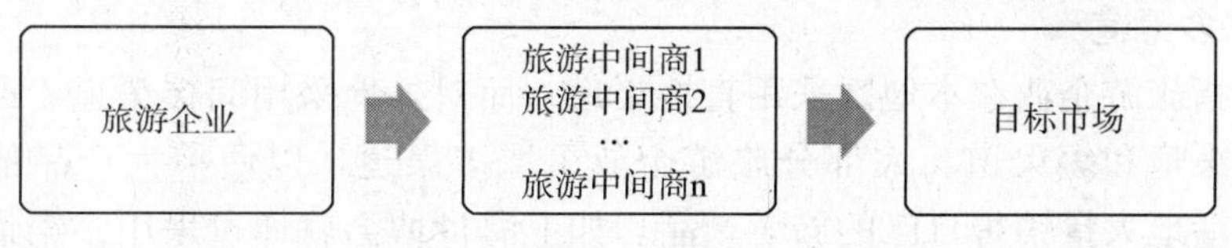

图 9－5　宽渠道

宽渠道使得旅游产品的市场覆盖面广，主要适用于旅游者分散或大众化的旅游产品，如美国的运通，在美国本土的东部、西部、中西部、中南部各州都有分公司，还有几千个零售代理。其缺点是由于中间商较多，旅游企业管理受到限制。

2. 窄渠道

窄渠道是指旅游企业在某一个地区或某一产品门类中只选择一个中间商作为自己销售产品的分销渠道，如图 9－6 所示。一般情况下，旅游企业只选择那些熟悉本企业产品性能的中间商经销自己的产品。如某旅行社推出的研学旅游产品只通过少数批发商或零售商推销其产品，或者在某地区只授权某一批发商或零售商经销其产品。

图 9－6　窄渠道

窄渠道由于使用范围较窄，主要适用于专业性较强或费用较高的旅游产品的销售。窄渠道最大的优点是生产者与中间商之间的关系非常密切，两者互相依赖。所以选用窄渠道有利于生产者与中间商的通力合作、互相支持；有利于加强旅游企业对市场的控制；有利于旅游企业节约销售费用、提高销售效率等。其缺点是市场的销售会受到限制。

(四) 按照渠道类型多少来划分

按照渠道类型多少来划分，旅游产品营销渠道可以分为单渠道与多渠道。

1. 单渠道

是指旅游企业所有产品全部由自己直接销售或全部交给旅游中间商，一般情况下，若旅游企业生产规模较小或经营能力较弱，可采用单渠道销售旅游产品。

2. 多渠道

是指旅游企业在本地区采用直接渠道，而对外地采用间接渠道，或同时采用长渠道和短渠道。大部分旅游企业采取多渠道，以便扩大产品的覆盖面，灵活地大量销售自己的旅游产品。如上海世博会就通过采用多渠道营销模式，成功吸引了国内外游客前来观光、休闲旅游。

资料9-2

旅游电商的渠道策略

据统计，截至目前，携程旅游、去哪儿、旅游百事通三大品牌的门店数将近6 500家，覆盖中国23省市，覆盖一、二、三线城市200多个。其中携程旅游门店签约已近400家，仅西安一地就已签约20家。据称，2018年携程也将继续实施落地战略，打造“旅游新零售”。

同程、驴妈妈、途牛等在线旅游企业同样也在积极布局线下门店。2016年，驴妈妈在西宁、乌鲁木齐、昆明、重庆、延边等110个城市设立子公司，并开设线下门店1 000多家，覆盖了全国主要旅游目的地。同程线下门店约为200家，以直营为主。途牛的门店（又称“区域服务中心”）数量相对较少，但在国内各重点城市的覆盖范围较广。途牛在全国共有180家线下的区域服务中心，已基本完成国内一、二线城市全覆盖，扩张重心延伸至三、四、五线城市。

第二节 旅游中间商

一、旅游中间商的概念

旅游中间商是指介于旅游生产者与旅游消费者之间，专门从事旅游产品市场营销的中介组织和个人。中间商的主要功能是为旅游企业与旅游消费者提供中介服务，通过买卖，中间商从中获得利润。如旅行社就是典型的中间商，旅行社以旅游线路为主题，从各行业、各部门购买相关产品和服务，满足旅游者旅游过程中所产生的吃、住、行、游、购、娱六大基本需求。很明显，旅行社作为中间商将相关旅游企业的客房、餐饮、景点景区、旅游交通等产品组合后卖给旅游者。因此，专业的营销中间商既能满足旅游者的物质需求，又能满足精神方面的多种需求。

表9-1 旅行社选择饭店至关重要的因素

因素	百分比（%）	因素	百分比（%）
如约履行预订客房的声誉	90	佣金	64
为客人提供良好服务的声誉	83	与特定饭店的打折客房价格	61
托收佣金的便利	77	可通过计算机系统进行预订	48
客房价格	76	与饭店销售代表之间的关系	31

续表

因素	百分比（%）	因素	百分比（%）
在特定饭店与预订客人成功合作经验	76	顾客对饭店提供经常性暂住计划的要求	26
饭店预订系统的效率	70		

资料来源：菲利普·科特勒，等．旅游市场营销［M］．大连：东北财经大学出版社，2006.

二、旅游中间商的类型

由于旅游中间商在旅游市场营销中的作用不同，旅游生产企业与这些中介组织和个人的责权利关系不同，因而旅游中间商的类型也呈多样化。中间商的类型有两种划分方法：一种是根据旅游产品在营销渠道中流动时有无所有权的转移，分为旅游经销商和旅游代理商；另一种是根据销售对象，可划分为旅游批发商和旅游零售商。

（一）旅游经销商

旅游经销商是指将旅游产品买进以后再卖出的中间商，它的利润来源于旅游产品购进价与卖出价之间的差额。旅游经销商与旅游生产企业共同承担市场风险，其经营业绩的好坏直接影响到旅游生产企业的经济效益。旅游经销商主要有以下两类：

1. 旅游批发商

旅游批发商是从旅游产品的供给企业大批量购买单项旅游产品，经过包装组合，再通过旅游零售商销售给旅游消费者的旅游中间商。旅游批发商的利润主要来自包价产品的成本加成，通过批量购买和业务关系获得旅游生产企业的折扣和优惠价。旅游批发商往往是一些从事批发业务的、实力非常雄厚的大型旅行社或旅游公司，在经营包价旅游产品时，有三方面的主要职责：旅游线路的策划、旅游产品的推销和旅游团队的组织与管理。一般地，旅游批发商通过大量地订购旅游交通运输企业、饭店、旅游景点等企业的单项产品，将这些产品组合成各种时间和价格的包价旅游线路，然后再批发给旅游零售商，最终出售给旅游者。旅游批发商的经营范围可宽可窄，有的旅游批发商可在全国甚至在海外通过设置办事处或建立合资企业、独资企业等形式进行大众化产品的促销工作；有的旅游批发商也可在特定的目标市场中只经营一些特定的旅游产品，如专项节日活动等产品；而有的旅游批发商则可以用铁路等交通运输工具组织包价旅游，如我国的长江三峡豪华游艇包价旅游、汽车穿越塔克拉玛干沙漠包价旅游等。旅游批发商大多拥有较强的

人、财、物及采购优势，采用集团化经营，也拥有自己的零售网络，抗风险能力强。在少数情况下，旅游批发商也对旅游消费者直接销售旅游产品。

2. 旅游零售商

旅游零售商是指直接面向广大旅游者从事旅游产品零售业务的旅游中间商，承担着为旅游消费者提供决策顾问和为旅游企业推销产品的双重任务。旅游零售商与旅游者联系最为紧密。一方面，为适应旅游者的多种需求，旅游零售商需要熟悉各种旅游产品的相关信息，并了解和掌握旅游者的购买能力、消费偏好等情况，以帮助旅游者挑选适宜于其要求的旅游产品。另一方面，旅游零售商在营销活动中应具有较强的沟通能力和应变能力，要与旅游目的地的饭店、餐馆、景点以及交通运输公司等旅游接待企业保持良好的联系，能根据旅游市场及旅游者的需要变化而相应地调整服务。如果旅游零售商进行的是旅游产品的买卖，该零售商属于旅游经销商，其收入主要来自买卖产品之间的差价；如果旅游零售商只是代理销售旅游产品的使用权，该零售商扮演的则是旅游代理商的角色，其收入主要来自被代理企业所支付的佣金。就目前来看，后者构成旅游零售商的主要部分。

（二）旅游代理商

旅游代理商是指与旅游企业签订合同、接受旅游企业委托、在某一特定区域内代理其销售旅游产品的旅游中间商。旅游代理商的主要职能是在允许的区域内代理旅游企业向旅游者或旅游经销商销售旅游产品和提供有关信息等。如代理饭店接受预订、宣传饭店的产品、向旅游者提供饭店的信息等。其主要收入来自于被代理企业支付的手续费或者佣金。当旅游企业需要在某一地区开拓市场或客源集中于某一地区而又无法直接进行营销活动时，可以借助于旅游代理商的营销资源优势寻求市场机会，通过向旅游代理商提供有关资料来扩大销售。

在实际工作中，旅游代理商一般直接面对广大的旅游者，以为旅游消费者提供服务为主，但同时也经营少量的旅游产品批发业务，因而旅游代理商往往又是旅游零售商，但其收入主要以收取佣金为主。一般而言，在旅游产品比较好的情况下，利用旅游批发商等中介组织的机会较多；而在新产品上市初期或产品销路不太好的情况下，利用代理商的机会比较多，利用代理商的风险转移程度比利用经销商要低得多。

（三）旅游专营机构

旅游专营机构主要是除了旅游中间商和零售商以外的其他中间组织环

节。这些中间组织大多数主要表现为存在形式的差异，其承担的功能与旅游批发商及零售商经常是重合的。旅游专营机构主要有旅游与会议促销机构、旅游经纪人、奖励旅游公司、旅游信息中心等，专门从事旅游宣传，向旅游者提供信息服务、预订服务及旅游线路的推荐，通常不收取佣金，而是通过提供服务，在每次预订中收取一定的费用作为报酬。

资料9-3

日本游客通过不同的旅游营销渠道畅游张家界

某一天，湖南武陵源黄龙洞的游客群中传来一阵笑声，只见3名日本游客紧紧地拥抱在一起。经一位懂日语的人与他们交谈才得知，他们曾经是日本东京大学篮球队的主力队员，自大学毕业后已有多年没有谋面了，然而，对中国世界自然遗产的热爱和向往，使他们不约而同地来此旅游，意外惊喜地欢聚于黄龙洞。那么，他们是怎样购得旅游景区景点产品，梦想成真呢？佐藤正男先生是因为工作业绩突出而受到公司奖励，与同仁们一起来中国观光的；田中光太郎及其妻子参加由日本观光旅游社组织的全包价团队来旅游的；而田中信一先生则是背包旅游爱好者，通过互联网预订到机票和旅馆，孤身一人来华旅游的。这说明张家界各旅游景点在日本市场的销售渠道是非常广泛的，已为广大日本消费者所知晓，此渠道策略是成功的。

三、旅游中间商的功能

旅游中间商在旅游市场营销中占有特殊的地位，对旅游产品营销渠道的形成和运行起着重要作用。一般来说，旅游中间商的功能主要体现为市场调研、开拓市场、促进销售和组合加工产品等。

（一）市场调研

旅游中间商数量的多少、层次的高低、购买力的大小对旅游企业的经济效益有着直接的影响。旅游中间商可以利用直接面向旅游消费者这一有利地位，真实、客观、全面地调查、掌握旅游消费者的意见和需求，从而为旅游企业提供准确、及时的信息，帮助旅游企业对市场的变动作出及时的反应，使旅游产品和服务的供应能不断适应旅游消费者的需求。

（二）市场开拓

旅游市场需求的不断变化和竞争对手强有力的竞争，客观上要求旅游企业要不断进行市场开拓，只有这样，才能在市场中生存和发展。旅游中间商

专门进行旅游产品的购销工作，对旅游市场的需求、变化及走向有着极强的敏感性，能对市场的未来发展有较为准确的判断，同时能够发现市场的空隙，捕捉市场营销机会。旅游企业与旅游中间商友好沟通、协作，能不断开拓市场，使旅游生产企业与旅游中间商都得以发展和壮大。

（三）促进销售

旅游消费者的存在是旅游企业生存和发展的前提。旅游产品要获得大量的旅游消费者的欢迎，一定要促进市场中潜在的旅游需求转化为现实的旅游需求。旅游中间商往往是旅游促销的专门人才，拥有各自的目标群体，与社会各方以及市场中各部门有可能形成良好的公共关系，它们依靠自身所特有的宣传、广告、咨询服务和其他多种形式的促销活动，激发旅游消费者的购买欲望，促进市场需求的形成，促进旅游消费者的购买。

（四）组合加工

旅游者在旅游活动中，一般需要旅游企业提供其所需要的食、住、行、游、购、娱等环节的各种旅游产品，但任何一个旅游企业均不能完整提供这些产品。而旅游中间商可以通过自身与多家旅游企业的联系，对多种旅游产品进行组合加工，满足旅游消费者的需求。如为满足旅游消费者多方需要，将各种旅游产品组合起来，形成系列化、完整的旅游产品，提供给旅游者，其内容包括了代售车票机票，安全接送，代订饭店、餐饮、观光游览，组织会议，提供导游，安排商务、文化体育等活动。这种组合还可按旅游消费者的不同要求，形成不同的组合方式和价格形式。

四、选择旅游中间商的原则

旅游企业在选择中间商时，应遵循以下原则：

（一）经济原则

追求营销活动的经济效益是旅游企业一切营销决策的基本出发点。选择旅游中间商自然也应遵守这一原则。因此，在选择旅游中间商时，首先要考虑使用旅游中间商的成本，即选择旅游中间商引起的销售收入是否大于为此所需的成本，只有收入大于成本支出，才符合企业追求经济效益的原则；其次要考虑旅游中间商是否有可靠的偿付能力和履行合同的信誉；最后是要考虑中间商的营销能力，如果旅游中间商能力较强，则会扩大旅游企业产品的销售，对旅游企业的经济效益产生积极的促进作用。

（二）控制原则

从长远目标考虑，旅游企业对旅游中间商的选择不仅要考虑其经济效益，还应当充分考虑所选择的旅游中间商的可控程度。因为旅游中间商的稳定、销售业绩的良好，对于旅游企业能够维持其市场份额、实现其长远目标至关重要。一般来说，在同一地区旅游企业选用唯一中间商即独家经营策略较为合适，但同时风险度较大；当旅游企业选择多个中间商时，风险相对较小，但旅游企业对中间商的控制力会降低。旅游企业应根据自身的实际情况，按照有效控制的原则，确定中间商的数量。首先有效控制应该考虑双方合作的意愿和诚意，还应建立一系列稳定而科学的分销机制，除此之外，还需要借助法律的力量约束中间商的行为。

（三）适应原则

旅游中间商对旅游企业而言，属于不完全可控的因素，因而旅游企业在利用中间商时应讲究适应性。一方面要考虑旅游中间商的目标市场是否和本企业的目标市场一致或有交叉，以此判断旅游中间商是否了解目标市场的消费水平、购买习惯和市场环境；另一方面还要了解旅游中间商是否具有快速的市场应变能力，当旅游市场发生变化时，是否能够及时抓住市场，避免市场威胁，并在最短时间内将相关信息反馈到旅游企业。因此，旅游企业按照适应原则选择中间商时，应保留适当的弹性，根据市场及其环境的变化，对旅游营销渠道进行适当的调整，以便更有效地实现旅游企业的营销目标。

资料9-4

众信旅游 2017 出境游批发业务概况

财报显示，2017 年，众信旅游的出境游批发业务收入 89.15 亿元，同比增长 19.82%，毛利率为 7.88%；出境游零售业务收入 20.49 亿元，同比增长 13.68%，毛利率为 16.36%；整合营销服务业务收入 8.77 亿元，同比增长 24.14%，毛利率为 10.55%。

作为全国最大的出境游批发商之一，众信旅游已在各主要一、二线城市设立了下属分子公司，并进一步将渠道下沉至三、四线地市，拥有超过2 000家代理客户及数万家合作经营网点，形成了覆盖全国、线上线下协作的批发销售体系。同时，众信旅游加大了零售业务开拓力度，在巩固京津冀、江浙沪地区主要城市的基础上，逐步在湖北、陕西、云南、江西等地实现品牌落地，将“众信旅游”零售品牌拓展至全国各地。众信旅游在10 余个口岸城市进行欧洲、亚洲目的地定期航班和包机合作，进行产品本地化落地，不断开发更多适合当地的产品，扩大区域市场份额。

第三节　旅游产品营销渠道策略

因为旅游企业的经营目标发生变化、产品结构重新调整、目标市场不断扩大、营销力量不断成熟壮大，以及旅游企业与旅游中间商要经过市场长期的检验与磨合，所以，旅游企业需要较长时间的经营才可能形成相对固定、经营理念统一、利益紧密结合的营销共同体，才可能形成和完善旅游产品营销渠道。在这个过程中，旅游产品营销渠道的选择、设计、管理与调整等策略的科学合理应用就显得尤为重要。

一、影响旅游产品营销渠道选择的因素

旅游企业在选择营销渠道时，会受到多种因素的影响和制约，旅游企业必须充分考虑这些因素，才能作出有效的营销渠道决策。

（一）旅游产品特性

旅游产品是旅游企业进行营销渠道选择时必须考虑的最重要因素。旅游产品的性质、种类、档次和等级以及其所处的生命周期阶段直接影响旅游企业营销渠道的构成。一般来说，餐厅、旅游景点、商务性饭店、汽车旅馆、旅游汽车公司等旅游企业，主要是采取直接营销渠道销售自己的产品。而国际旅行社、度假饭店、机场旅馆、包机公司等，尤其是经营跨国旅游业务的旅游企业，由于其市场销售面广，则往往采用间接营销渠道开展市场营销活动。对于高档的旅游产品，旅游购买者较少，回头客多，往往采用直接营销渠道进行。如经营高端定制旅游产品等的旅游企业往往采用直接营销渠道；而大众化、较低档次的旅游产品，由于市场面较广、旅游购买者较多，采用间接营销渠道的优势较为突出，易于在较大的空间内吸引、争取广大的客源。

（二）旅游消费者特性

旅游产品营销渠道的选择受旅游消费者人数、地理分布范围、购买频率、购买习惯以及对不同促销方式的敏感性等因素影响。如果旅游消费者分布范围广而且密度小，旅游企业可选择长而宽的营销渠道，如中国的古长城、秦始皇兵马俑是令人叹为观止的世界奇迹，对全世界的旅游者都有吸引力，消费者分布范围广，因而应选择长而宽的营销渠道，需要在全国甚至海外选择相应的旅游中间商进行销售活动；如果旅游消费者分布范围集中而且密度大，可以选择短而宽的营销渠道，既能加速旅游产品的流转，又能方便旅游消费者购买。如果为旅游者购买频率较高、交易工作量大的散客旅游，

旅游企业就应当利用一些旅游中间商，采取较长的渠道进行间接销售；相反，如果为旅游者购买频率低、每次购买量大的团体旅游，旅游企业就可以少利用一些旅游中间商开展销售活动，而采取较短的渠道进行直接销售。

（三）旅游企业自身特性

旅游产品营销渠道的选择还必须考虑旅游企业自身多方面情况，并进行实事求是的分析和判断。

首先，旅游企业的规模、声誉、资金能力对营销渠道的选择有很大的影响。旅游企业越大、资金实力越雄厚，选择营销渠道的灵活性就越大，如直接建立自己的预订中心和官网进行直接销售；旅游企业的社会声誉越好、影响越大，就越有机会挑选和利用各种有利的营销渠道。

其次，旅游企业的产品组合的广度和深度对营销渠道的选择也有很大的影响。旅游企业的产品组合面较广、较深，产品品种较多，就容易适应中间商的需要，采取的营销渠道就可以短一些、窄一些；旅游企业组合面太窄，产品单一，就不能很好地适应中间商的需求，采取的营销渠道应长一些、宽一些。

再者，旅游企业市场营销能力也会影响其营销渠道的选择。如果旅游企业自身有足够的销售力量，或者有丰富的销售经验，就可以少用或不用中间商，减少对中间商的依赖；反之，如果旅游企业的销售力量不够，或者缺乏产品销售经验，就要依靠批发商或零售商来帮助销售产品。

（四）中间商特性

旅游中间商的实力、声誉、合作意愿、经营状况等也会对旅游企业营销渠道的选择产生影响。因此，旅游企业在选择旅游产品营销渠道时必须考虑执行不同任务的中间商的优缺点，并在成本、可获得性以及提供的服务三方面对中间商进行评估。如高质量的旅游产品，必须选择高水平服务或设施的中间商进行销售。如旅游零售商的实力较强，经营规模较大，旅游企业就可直接通过旅游零售商经销旅游产品；反之，则只能通过旅游批发商进行分销。

（五）竞争者特性

旅游产品营销渠道的选择还会受竞争者所使用的营销渠道的影响。因此，旅游企业在进行营销渠道选择时应充分考虑竞争者的渠道策略，并采取相应的对策。旅游企业在考虑营销渠道竞争对策时，有两种可供选择的渠道竞争策略：一是正位渠道竞争策略，即在竞争对手营销渠道附近建立营销渠道，贴近竞争，这需要旅游企业有竞争优势，才能以优取胜；二是错位竞争

策略，即避开竞争对手的营销渠道，在市场的空白点另辟渠道，在旅游企业还不具备竞争优势时，这不失为一种很好的渠道竞争策略。

（六）环境特性

旅游产品营销渠道的选择还受到环境因素的影响，主要包括政治、经济、社会文化、法律法规、自然环境、竞争结构、技术等影响。如在经济繁荣的情况下，旅游客源市场就会扩大，可采取较长较宽的渠道；而经济不景气时，客源市场相应萎缩，旅游企业应使用较短的渠道，并免除那些会提高产品最终售价但又不必要的服务。自然环境对渠道的影响主要体现在地理条件方面，如位于偏远地区的旅游产品销售，往往只能借助较长的渠道进行。

资料9–5

在线旅游平台打响"目的地营销战"

当互联网流量红利逐渐消失，在线旅游平台竞争将走向何方？近期，多家在线旅游平台发布目的地营销战略，跑马圈地式地与国内、国际众多旅游目的地达成合作协议。新一轮竞争已经从线上走向线下，赢利模式也从单一的卖门票、机票、酒店转向打包式目的地推广，地方旅游部门、新兴景区、当地旅行社等将成为在线旅游平台的新"合伙人"，平台参股景区、民宿模式也变得不再新奇。

如果留意观察，近期"旅游圈"里最常看到的是各大旅游平台高调宣布推广目的地营销战略。在具体实施中，各家侧重点又有所不同。

日前，途牛在其2018春季产品发布会对外发布"全球合伙人招募计划"。途牛旅游网CEO于敦德表示，"全球合伙人招募计划"只是其在建设海外目的地服务网络上的一种突破。设立海外分公司，依然是途牛的一个延续性战略。当天，途牛与来自日本、泰国、美国三个出境游热门目的地的合伙人进行了现场签约。途牛旅游网CFO辛怡说："我们预计在未来的三年里，会在全球30个目的地通过合伙人招募的形式来铺设服务网络。"

携程旅行网更看重与目的职能部门的协作。2018年4月，在西安举行的"世界文化旅游大会"上，陕西省政府和携程集团宣布共建"全球最佳中转枢纽"示范基地。去年，携程还与日本大阪观光局合作发放旅游券，推广大阪旅游目的地。

而同程旅游未与艺龙合并前，去年曾宣布完成对网红民宿花间堂的战略投资，成为花间堂的第二大机构股东。而花间堂在丽江、香格里拉、杭

州等众多旅游目的地都开有门店。依托花间堂，同程打出了一张目的地营销的“文旅牌”。

目的地营销的效果如何？据介绍，驴妈妈旅游网的目的地营销主要采取与当地景区合作的模式。根据其公布的数据，在与黄山景区合作中，短短几年就实现了从5 000万的合作到2.4亿再到4.4亿元的提升。

途牛则表示，通过目的地营销可以带给游客更多高性价比产品和更好的服务体验。随着在线旅游平台在全球目的地服务网络的建设，全球供应链的扩展和直营地接能力的提高，游客在海外旅行时，或不再为“人生地不熟”而担忧。

二、旅游产品营销渠道的选择策略

旅游企业的生存和可持续发展在很大程度上取决于旅游产品营销渠道的畅通。旅游产品营销渠道的决策，不仅要保证旅游产品及时到达目标市场的旅游消费者手中，保持营销渠道的高效性，同时要尽可能减少营销费用，以确保良好的旅游经济效益。因此，在对旅游营销渠道进行选择时，旅游企业要认真分析、研究对营销渠道模式产生影响的因素。分析旅游产品的种类、数量、质量、目标市场，分析潜在旅游市场的区域、规模、购买总量等，分析旅游者购买旅游产品的动机、方式和原因，分析旅游市场的结构及其变化趋势，分析竞争者的数量、规模、实力及竞争方式，分析旅游产品的发展趋势、变动方向及相关生产经营技术等影响因素，分析旅游企业的目标销售收入、目标市场占有率、目标利润。通过对以上问题的分析，便可明确渠道应达到的目标，然后才能按照既定的目标，制定旅游营销渠道的选择策略。一般来说，旅游营销渠道主要进行以下几个方面的决策。

（一）营销渠道长度策略

旅游产品营销渠道长度的选择取决于旅游企业状况、旅游产品特点、旅游市场现状以及国家政策法规等因素。对旅游企业而言，营销渠道变长，渠道营销的成本随之提高，获取旅游消费者信息和进行营销渠道控制的难度也会增大，导致旅游市场竞争力降低；旅游产品营销渠道太短，则有可能违背现代社会专业化分工的要求，不利于利用社会资源，从而影响旅游产品的销售。

旅游产品营销渠道长度选择分为两个层次：一是决定采用直接营销渠道还是间接营销渠道进行销售；二是选择间接营销渠道的中间环节或层次多

少。旅游市场营销中，旅游企业往往同时采用两种营销渠道进行产品销售，这是由旅游企业自身的特性所决定的。由于旅游产品的目标市场一般十分分散，旅游企业无力凭借自身单一的力量建立广阔的营销网络，因而就必须因地制宜，依托多种类型的旅游中间商进行营销工作，这采取的是间接营销渠道。同时，旅游企业的产品往往具有生产和消费同步的特点，旅游企业本身就是营销的场所，有一定比例的产品要自己的销售力量或网络来完成，这采取的是直接营销渠道。每一条销售渠道在长度策略理论上都具有一些优点，如直接销售渠道可以直接了解旅游者的有关需求和意见，方便供求双方信息沟通；间接销售渠道可以加快旅游产品的流通等。但对某个具体的旅游产品生产者或供应者来说，每一条销售渠道在长度策略理论上的优点都是相对的，而非固定的。如果某一长度策略符合旅游企业自身情况，能为企业带来最大利润而又不违背企业的长远利益和社会根本利益，那么，这种策略可以说就是最佳策略。

当前，在强化产品销售的基础上适当缩短营销渠道的长度，已经成为营销活动的潮流，这就是营销渠道扁平化。营销渠道扁平化是现代营销去渠道的基本策略，其基本思想就是“强化零售环节，减少中间环节”。

资料9–6

未来中国景区渠道发展“四转变”

未来的景区渠道市场，传统旅行社、网络电子商务在线销售、自驾游必定三分天下。为什么唯有渠道？道理只有一个：得渠道者得天下。作为渠道供应商的景区，如何在变革激烈的旅游市场竞争中，掌握先机，制胜渠道终端？希望本文渠道发展四转变分析能为中国景区制定渠道管理策略提供有益的参考。

一、传统渠道结构向扁平化方向转变

未来十年内，传统旅行社渠道依然会占据着市场的绝大部分份额。但是国内旅行社近阶段的综合实力、运作特点、管理模式等，存在着许多不可克服的缺点。从管理层面看：一是旅游产品销售的综合性，决定了景区难以有效地控制旅行社销售渠道；二是肆意承包、家庭作坊式管理、多层结构有碍于效率的提高，且景区臃肿的渠道销售模式不利于形成产品的价格竞争优势；三是单项式、多层次的流通使得信息不能准确、及时反馈；四是景区的销售政策不能得到有效的执行落实。

从成本层面看：旅行社销售渠道扁平化作为一种销售模式，简化了销售过程，缩减了销售成本，使景区有较大的利润空间和冲刺规模的可能性。但扁平化并非是简单地减少哪一具体销售环节，而是要对原有的供应链进行优化，剔除供应链中没有增值的环节，使供应链向价值链转变。旅行社渠道扁平化是未来的发展方向，但更是景区系统平台和系统营销能力的体现，同时也更有利于景区渠道管理的精耕细作。

二、渠道终端向个性化需求转变

旅游行业电子商务革命，带来的消费多样性和个性化趋势已逐步成型。未来的景区渠道终端也将随着市场环境的变化而不得不调整销售策略和方式。对景区渠道商而言，个性化针对消费者的产品定制不仅可以减少中间环节，避免景区产品空置，而且个性化的旅游产品价格缺乏弹性，所以可以为渠道客户带来较大的利润。为此进一步延伸对旅游者需求研究和挖掘，必将成为网络销售渠道商获取更大利益的一个主要手段和途径，而传统的旅行社销售模式和观光旅游方式，在不久的将来，将逐步被取代，国内的几大旅游电子商务网站从门票代理销售逐步转向在线旅游产品销售。如途牛网，在销售安徽齐云山风景区门票的同时，开发以齐云山风景区为主要产品的线路，即齐云山风景区牛人专线，从近两年的收客来看，效果明显。

三、渠道模式向多元化发展转变

新兴的网络市场和自驾游市场分割了传统旅行社渠道商的市场份额。目前全国旅游网站几千家，旅游在线收客平台近千家，庞大且快速增长的中国旅游市场吸引了众多欧美投行的关注和入资。携程、驴妈妈、途牛、同程等全国性网站的快速崛起，更坚定了新兴渠道的发展。

未来的中国旅游市场肯定是旅行社、在线网络、自驾户外三驾马车并驾齐驱。近几年来，传统旅行社渠道也建立了自己的在线电子商务平台，如苏州八爪鱼在线旅游收客平台；在线旅游电子商务网站也不甘示弱，纷纷涉足传统旅行社，如前不久途牛网刚刚收购的两家有赴台旅游资质的旅行社。中国自驾游旅游市场也紧随其后，近些年成立的中国自驾游联盟安徽分会表明，自驾游渠道商也看到未来旅游市场发展走向，纷纷布点、开店，抢夺市场资源。

四、景渠关系向更加紧密的合作关系转变

由于争取一个新顾客的成本要大大高于保持老顾客的成本，所以建立

同顾客之间的联系，并管理这些事关顾客和景区利益的关系就显得尤为重要。关系营销的中心就是顾客对品牌的忠诚。未来，景区的渠道管理，肯定像今天的家电厂商关系一样，设立大客户总监和大客户经理，专门处理大客户事宜，通过数据管理，可以建立起大客户目标群的档案。切片分析，针对具体目标客户的特点进行“一对一”营销，形成战略同盟合作关系。帮助他们了解更多的关于景区产品线路的信息，通过实行一种“许可营销”或“独家代理”来培养顾客的忠诚度，实现景区与渠道商共赢。

（二）营销渠道宽度策略

营销渠道长度设定之后，旅游企业应对每个环节中间商数量，即渠道覆盖能力进行选择，一般有密集型营销、选择型营销和独家营销三种策略。

1. 密集型营销

密集型营销也称广泛营销或普遍性营销，是指广泛而不受任何限制地选用旅游中间商加入分销本企业旅游产品的行列，主要适于旅游消费者集中的地方或者企业的主要目标市场。如我国许多旅游产品通过中旅、国旅、青旅等大型旅游批发商或大型的在线旅游企业进行销售。

其特点：市场覆盖面广，灵活性强，旅游者购买旅游产品较为方便，而且一般不会受到某一个旅游中间商经营失利的严重影响。因此，比较适合大众化的旅游产品，在主要目标市场采取密集型营销，效果往往更为明显，如许多海外旅游公司常通过中旅、国旅等大型批发商在我国开展促销。同时，旅游企业也要充分考虑这种策略的不足之处，如营销控制力弱、信息反应慢等。

2. 选择性营销

选择性营销指旅游企业只选择那些素质高、营销能力强的中间商销售其产品。一般情况下，旅游企业在某一地区仅选择少数几个经过严格挑选的同类中间商推销其产品。这种策略介于独家营销和密集型营销之间，比较适用于价格较高或数量有限的旅游产品，旅游消费者购买这些产品要经过慎重考虑与选择，因为，它要求中间商具备相应的专业知识、服务水平和信誉。我国国际旅行社在经营国际旅游市场业务中大都采用选择型营销策略。使用这种策略的重心着眼于企业市场竞争地位的维护，塑造品牌，保护声誉，淘汰不合适的中间商，提高经济效益。这种策略在新产品的试销阶段尤为适用。

其特点：旅游企业只与少数中间商合作，可以把经历集中于这些精选的

中间商，增强对渠道的控制；旅游企业与中间商联系密切，使中间商更好地完成旅游企业赋予的营销职能，扩大产品的销售；经过认真挑选的旅游中间商都有较强的经营能力和良好的信誉，有利于提高绩效，降低成本；但因渠道对非选购产品缺乏足够的适应性，旅游企业要为被选用的中间商提供较多的服务，并负担一定的市场风险。

3. 独家营销

独家营销是指旅游企业在一定时间、一定市场区域内只选择一家经验丰富、信誉卓著的中间商销售其产品，授予该中间商独家经营权。这是最窄的一种销售渠道形式，产销双方一般都签订合同，规定双方的销售权限、利润分配比例、销售费用和广告宣传费用的分担比例等。旅游产品生产者或供应者选择独家营销策略，其成功与否同所选择的旅游中间商的好坏有着密切的关系。

其特点：双方关系紧密，利益互动，有利于双方真诚合作，共同开拓有利的市场机会，提高销售能力和企业盈利能力；但其灵活性较小，不利于大众消费者分散购买，另外，它的市场覆盖面狭窄，风险较大，一旦旅游中间商不能胜任独家分销的重担，就会严重影响企业在该市场的整个营销计划。所以，选择了独家营销，应持相当慎重的态度去选用旅游中间商，力求万无一失。

资料9-7

独家经营的风险

2003 年 5 月，我国北方某市的 WP 国际旅行社在一次博览会期间结识了施密特先生。施密特先生在考察了该旅行社之后，对他们的工作效率和服务质量都非常满意，随即向该旅行社提出建立合作关系的请求。当天，双方经过商谈便达成了协议。此后的 10 年里，施密特先生经常组织旅游团来华，并将这些旅游团都交给了 WP 旅行社接待。施密特先生也是个十分重视信誉的旅游中间商，从不拖欠团费。旅游者们对双方的服务也都比较满意。经过数年的苦心经营，施密特先生的旅行社成为该国颇具实力的大型旅行社。WP 国际旅行社通过与施密特先生的合作不仅获得了稳定、逐年上升的入境旅游客源，而且还获得了良好的市场声誉和较好的经济效益。其间，一些来自施密特先生国家的旅行社也曾与 WP 旅行社接触，试图建立合作关系，但都被坚持诚信的该旅行社婉言拒绝。

WP旅行社与施密特先生的旅行社合作的20年里，也有人曾经几次向该旅行社总经理提醒：尽管双方合作卓有成效，互相信任，但为了防止意外发生，WP旅行社应该未雨绸缪，制定预案，以免施密特先生的旅行社因人事变动或其他突发事件致使无法继续合作，然而旅行社总是以“疑人不用”的古训予以拒绝。2014年，施密特先生突患重病去世，施密特先生的女儿将旅行社出让给了他人，旅行社新任总经理将其经营方向转向非洲地区，退出了旅华市场。由于WP旅行社事先没有准备，也没有预案，结果，WP旅行社不仅失去了一条稳定的客源渠道，而且丧失了在该国旅华市场上的立足点，被迫重新开发该国的旅游市场。

（三）营销渠道联合策略

随着旅游市场的不断发展和完善，旅游市场竞争越来越激烈，旅游企业依靠单一的营销力量和手段进行市场营销，已显得落后，旅游营销渠道日益复杂，出现了以旅游营销渠道联合化为主要特征的发展趋势，就其具体情况而言，大致有以下几种联合化倾向。

1. 营销渠道的纵向联合

旅游企业营销渠道的纵向联合，是指用一定的方式将营销渠道中各个环节的成员联合在一起，采取共同目标下的协调行动，促使旅游产品或服务市场营销整体经济效益的提高。它包括契约型的产销联合和紧密型的产销一体化联合，前者是指旅游生产企业同其所选定的各个环节的中间商以契约的形式，确定各自在实现同一营销目标基础上的责权利关系和相互协调行动，如景区与旅行社签署协议，旅行社向景区输送客源，景区给旅行社一定的折扣票价；后者是指旅游企业以延伸或兼并的方式建立起统一的旅游产品的产销联合体，如景区与旅行社签订实际性的契约，明确双方的义务、责任和权力，如规定旅行社每年必须向景区输送游客的数量，景区为旅行社团队提供服务保障或饭店奖励等。

旅游营销渠道的纵向联合在一定程度上缓解和避免了渠道成员间由于追求各自利益而形成的相互冲突，以及由此对营销系统所造成的损失。由于整体协调功能增强，整体效益得以提高。

2. 营销渠道的横向联合

旅游营销渠道的横向联合，是指由两个以上的旅游生产企业联合开发共同的市场营销渠道。它分松散型联合和固定型联合两类形式。前者往往是为了共同开发某一市场，各有关旅游企业联合起来，共同策划和实施有助于实现这一市场机会的营销渠道，如旅游包机公司与旅游目的地的旅游生产企业联合起来，共同开发某一客源市场；后者则往往以建立同时为各有关企业开展市场营销活动的销售公司为主要形式，如旅游目的地的有关生产企业联合成立旅游公司。旅游营销渠道的横向联合能较好地集中各有关旅游企业在市场营销方面的相对优势，如各企业可能都有自己的营销网络，联合起来就可能同时扩大各旅游企业的市场覆盖面。

3. 集团联合

旅游集团联合就是以旅游企业集团的形式，结合旅游企业组织形式的总体改造来促使旅游企业营销渠道的发展和改造。由于旅游企业集团是由多个企业联合而成的，具有生产、销售、信息、服务等多种功能的经济联合体，往往能通过集团内的营销机构，为集团内各生产企业承担市场营销业务。

旅游企业集团的联合是一种比较高级的联合形式，其市场营销功能比较齐全，系统控制能力和综合协调能力都比较强，对市场营销活动能进行较为周密的系统策划，并能建立起健全高效的运行机制，从而能促使旅游市场营销活动的整体效益大幅度地提高。

三、旅游产品营销渠道的管理

建立和维持旅游营销渠道需要成本，对营销渠道实施科学有效的管理和控制，是旅游企业能否最终实现销售目标的关键。只有加强旅游营销渠道的管理，才能保证其运行按事先预定的方式和轨迹进行，才能达到选择、确立旅游营销渠道的目的，使旅游企业和旅游中间商获得应有的经济效益。旅游营销渠道管理的核心是调动旅游中间商的积极性、主动性，减少渠道成员之间的冲突，保障渠道的畅通。

（一）旅游中间商的选择

旅游企业面临选择旅游中间商时，要考虑以下因素。

1. 目标市场

旅游中间商销售覆盖面所涉及的旅游者应该与旅游产品所确定的目标市场相一致，中间商的营销渠道或营业地点应在目标群体相对集中的区域，要注意选择那些了解旅游企业目标市场需求、有营销经验的中间商。

2. 营销实力

营销实力主要包括旅游中间商的人力、物力和财力状况，服务质量以及开展营销工作的经验等。同时，旅游中间商的经营规模意味着其销售网点的

数量。在其他条件相同的情况下，应优先选择经营规模较大的旅游中间商。

3. **信誉程度**

良好的信誉是旅游企业与旅游中间商建立合作关系时必须着重考虑的问题。旅游企业一方面可以通过正面接触来判断中间商的相关人员的许诺是否可以信赖，另一方面可以通过与业内人员的交流来了解中间商的信誉状况，如从已与该中间商建立合作关系的企业了解情况，也可以从银行等金融机构获取相关信息。

4. **合作意愿**

旅游产品生产者与旅游中间商的合作关系是建立在双方自愿、互利互惠基础上的，是一种双向选择。因此，旅游企业在选择旅游中间商时必须考虑其合作的意愿，特别是对为多家同类旅游产品供应者提供代理零售业务的中间商更应该如此，这直接影响旅游中间商未来销售本企业产品的积极性。

5. **地理位置**

旅游中间商地理位置，对于目标市场的营销和销售目标的实现影响很大。如果旅游中间商位于人口密集、收入水平高的地区，潜在的旅游消费者就多。

（二）旅游中间商的合作与激励

加强与旅游中间商的合作，调动它们的积极性，是营销渠道管理的重要任务之一。旅游中间商和旅游企业都是相互独立的企业，旅游中间商为了自己的经营目标，会同时推销多家旅游企业的产品，这些旅游产品既可以组合成综合旅游产品，又可以是相互竞争的产品，旅游中间商选择什么旅游产品取决于其和旅游企业的合作程度。因此，旅游企业应关心和重视对旅游中间商的优惠与奖励措施，增强与中间商的合作精神。一方面，应维护中间商的尊严，尊重中间商的各种利益，加强与中间商的沟通，如有分歧，应本着共同协商的原则，以达到双赢的目的；另一方面，给中间商更多的优惠，增加中间商的收入。旅游企业可以根据中间商的营销能力、资信度给不同的中间商以最大限度的价格优惠，同时采用灵活的优惠形式，如减收或免收预订金、邀请中间商参加熟悉产品的旅游活动、联合宣传和促销、赠送小礼品等。

激励旅游中间商应以适度激励为基本原则，尽量避免过分激励和激励不足。一般来说，激励方法分为两种，即正刺激和负刺激。放宽信用条件、提高销售佣金等为正刺激，惩罚中间商甚至终止合作关系等为负刺激。使用负

刺激时应注意可能对其他成员造成的消极影响。

（三）旅游中间商的评估

旅游中间商确定后，旅游企业需要定期评估旅游中间商的表现，根据中间商从事旅游产品销售的能力、条件、销售量及销售费用等，确定旅游中间商的业绩优劣。对做出重大贡献的旅游中间商要予以一定的奖励；对于绩效一般或低于企业要求的旅游中间商，要找出原因予以补救；对绩效特别差的旅游中间商要予以剔除，以保证渠道的效能。

对旅游中间商的评价主要从以下几方面展开：旅游中间商的销售指标完成情况；旅游中间商为旅游企业提供的利润额与所花费的费用；旅游中间商对本旅游企业产品推销宣传的情况；旅游中间商的服务水平及游客满意度状况；完成的销售量占旅游企业产品销售量的比重；旅游中间商为竞争对手销售的情况；与其他旅游中间商的关系及配合程度等。

（四）旅游产品营销渠道的调整

1. 增减旅游产品营销渠道中的中间商

即在某一营销渠道中增加或减少一个甚至几个旅游中间商。通过对旅游中间商的评估，对那些营销不积极、参与热情低、经营管理不善、合作意识差、信誉欠佳的中间商，旅游产品生产者在必要时可中断与其的合作关系，选择新的中间商合作。

2. 增减某一种旅游产品营销渠道

通过某种营销渠道销售某种产品所获取的销售额一直不够理想时，旅游企业可以考虑在某一目标市场或某个区域内撤销这种渠道类型，而另外增设其他营销渠道。企业为满足消费者的需求变化而开发新产品，若利用原有营销渠道难于迅速打开销路和提高竞争能力时，则可增加新的分销渠道，以实现企业营销目标。

3. 调整整个旅游产品营销渠道

这是指旅游产品生产者对其所有的营销渠道做出调整，如直接渠道改为间接渠道，单渠道改为多渠道等。当旅游企业的销售存在严重问题时，就需要重新审视，通盘调整，改变旅游企业的整个分销系统。这种策略对旅游企业的影响是非常巨大的，意味着要取消原有的所有销售渠道，重新进行销售渠道的设计，因此，采取这种策略应该特别谨慎。

当旅游企业销售渠道产生了无法解决的矛盾导致整个销售的混乱而无法销售产品时，或旅游企业没有经过认真科学的分析盲目选择销售渠道导致整

个渠道无法开展工作时，或旅游企业战略目标和目标市场进行重大调整时，都应对销售渠道模式进行重新设计和组建。

资料9-8

全渠道营销：一种新战略

顾客变化了，竞争对手变化了，合作伙伴变化了，这要求企业必须进行营销变革，但如何变革是困扰着企业决策者的难题。企业陷入了“不变革等死，变革找死”的尴尬境地。实施全渠道营销是摆脱这种尴尬境地的一种新视野、新选择和新战略。

全渠道是一个近几年出现的词汇，人们对它的理解是多种多样的。在一般情况下，它被理解为全部的分销或销售的通路，是从单渠道、多渠道、跨渠道演化而来的，这种理解已经不适合今天的营销实践了。我们需要扩展“全渠道”含义的范围：不仅包括全部商品所有权转移的渠道，也应该包括全部的信息渠道、全部的生产渠道、全部的资金（支付）渠道、全部的物流渠道，甚至还包括全部的顾客移动的渠道等。

全渠道营销，并不是公司营销战略选择的一个“备胎”，而是营销变革的必然方向。为什么？根本原因在于一个新的现实：全渠道顾客群的突然崛起。现在市场上最具活力、最具购买力、最具影响力的恰恰是全渠道顾客群。他们不仅全渠道购买，全渠道参与设计、生产，全渠道收货，全渠道消费，还进行全渠道评价、反馈、传播。全渠道顾客已经渗透到业务活动的每一个环节，如果企业只进行全渠道销售变革绝对是“out”了。

思考与习题

1. 假设你作为本地的一家旅行社的营销总监，试说明你将如何选择旅游产品的营销渠道。
2. 旅游中间商具有哪些功能？旅游企业选择旅游中间商应遵循哪些原则？
3. 试写一份旅游营销渠道的选择策略报告，并说明原因。
4. 如何通过QQ群、微信、微博等进行网络营销？
5. 列举几种旅游营销渠道的类型并说明其优缺点及其适用范围。

第十章 旅游促销策略

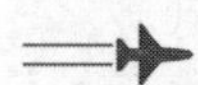

➤**教学目标** 知识目标：了解促销与旅游促销的内涵与意义，掌握旅游促销的常见方式，阐述旅游促销组合决策的过程

能力目标：学会根据旅游促销的方式及优缺点设计旅游促销方案

➤**教学难点** 旅游促销组合决策过程，旅游促销组合优化方法

➤**教学重点** 旅游促销的主要方式，旅游促销组合的决策过程

第一节 旅游促销概述

一、促销与旅游促销

促销是通过人员推销或者非人员推销的方式，向目标顾客群体传递商品或服务的存在及其性能和特征的信息，以帮助消费者认识商品或服务所带给购买者的利益，引起消费者的兴趣，激发消费者的购买欲望及购买行为的活动，即促进销售。

旅游促销指旅游企业或旅游目的地借助可控手段正式对外开展的各种营销传播或市场宣传活动。对旅游产品生产者来说，旅游促销的总目标就是要影响消费行为，把消费者的需求转变成对本企业旅游产品的购买行为。为此，旅游产品生产者首先要使自己的产品为消费者认知和了解，同时，还要让消费者了解其产品与其他旅游产品的区别，经过对比分析后，力求使他们购买该产品。

旅游促销一方面将旅游产品的相关信息传递给旅游消费者，使之成为旅游消费者将需求欲望转变成购买行为的依据；另一方面，在旅游促销过程中，旅游消费者也会把旅游产品的需求动向反馈给产品生产者，使生产者根据旅游者的需求情况来生产旅游产品。因此，旅游促销也是旅游产品生产者与旅游消费者之间双向信息沟通的过程。但是一般旅游促销的目标受众除了消费者市场之外，还会涉及外界具有合作关系的投资者、供应商、中间商以及其他方面的利益相关者。

二、旅游促销的重要性

宣传促销对于旅游产品销售、扩大市场份额、提高国内外客源市场占有率、促进旅游业成为新经济增长点等来说，有着重要意义。

1. 宣传促销是旅游产品出售的需要

旅游业的任务是生产售卖旅游产品以获取利润。旅游产品包含旅游吸引物（分为自然的和人文的吸引物）、旅游设施、旅游购物和旅游服务等。所有这些旅游的产品和服务，都必须通过宣传促销引起旅游者的消费兴趣，并进一步增强购买欲望，才能最终由旅游者购买（观光、享受、消费）。

2. 宣传促销是旅游产业开发的需要

旅游业是一种产业，是能实现价值和创造价值的产业，具有经济性、文化性、带动性和涉外性。旅游业本身包括行、游、住、吃、购、娱六个要素，而每一个要素的产品和服务，都需要通过宣传促销使之众所周知，最终售卖出去，实现价值，获取盈利。因此，从旅游产业开发以及产业投资经营来看，必须大力宣传促销，使之能招徕旅游者前来购买，旅游价值才能实现。

3. 宣传促销是旅游经济发展的需要

在市场经济条件下，旅游经济是一种交换经济，旅游企业通过旅游产品和服务的使用价值与旅游购买者的货币价值相交换，才能不断地获得更多的货币。将旅游业作为新的经济增长点来培育发展，就是要以市场为导向，满足旅游市场需求，搞好宣传促销，在政府宏观调控政策引导下，合理配置旅游资源，从而获得最大效益，推进旅游经济快速健康发展。

资料10-1

荷兰“海平面下的艺术之光”

为更好地推广荷兰深度旅游产品，继成功推广“探访世界上最美丽的春天”及“海平面下的骑行”大型主题活动后，荷兰旅游局结合恺撒国际旅行社“缤纷荷兰6日体验之旅”产品，与荷兰5家著名旅游机构一起合作推出“海平面下的艺术之光”网络游戏推广活动，目的在于巩固并提高荷兰业者在中国市场中的知名度，促进更多本地业者参与荷兰旅游推广活动，同时吸引更多中国旅游者选择荷兰作为他们的旅游目的地。

第一，“海平面下的艺术之光”将通过网络游戏的形式将荷兰特色展示给参与游戏的消费者，游戏简单、有趣、轻松，内容活泼、丰富。所有参与者都有机会获得丰富的奖品，数量多多，周周惊喜不断；另外，荷兰旅游局还将在活动最后通过抽奖的方式产生“荷兰双人游大奖”，中奖者可以亲身前往荷兰，领略这座海平面下国度的艺术魅力。清华大学总裁班网络营销专家刘东明认为网络时代的营销需要遵循网络营销“4I”原则，首先是趣味原则，网络营销要趣味化，而游戏恰恰是娱乐化程度最大的。旅游美景与游戏融合自然让网民流连忘返。

第二，将艺术作为主线贯穿整个行程是产品的一大亮点，参观阿姆斯特丹国立博物馆和凡·高美术馆作为重点，穿插参观乌特勒支音乐盒博物馆以增加产品的多样性及参观情趣，使消费者在花费较少的条件下，尽可能地享受更多精彩。此产品极具竞争力的市场价格，以及独特鲜明的旅游亮点，自投放市场以来，已经受到许多消费者和业者的高度关注。

三、促销的理论基础

（一）经济学角度

从经济学的角度来看，促销的目的是改变产品的需求曲线，通过促销，企业可以在一定价格的条件下，增加产品的销售量。同时促销还会改变产品的需求价格弹性，当价格提高时，通过促销使需求无弹性，当价格降低时，通过促销使需求有弹性。因此，当价格上升时，需求量降低较小的比例，当价格下降时，需求量却有较大幅度的提升，从而在总体上增加销售收入。

（二）沟通学角度

促销本质是一种沟通活动，是旅游企业或旅游目的地通过一定的媒介向目标客户群体传递信息的过程，因此，沟通者有意识地安排信息、选择渠道媒介，以便对特定沟通对象的行为和态度进行有效的影响。这种沟通说服有三种途径：一是雄辩式说服，沟通者通过人格魅力或其他方式博得目标群体的信赖，然后再激发目标群体的情感以取得信任，列举证据诱发需求；二是宣传式说服，通过用语言、文字、气氛、事件等方式来争取说服目标群体；三是交涉式说服，通过双方的相互沟通谈判、劝诱来实现说服的目的。

第二节 旅游促销方式

一、旅游广告促销

（一）广告及其类型

广告是为了某种特定的需要，通过一定形式的媒体，并消耗一定的费用，公开而广泛地向公众传递信息的宣传手段。广告的英文原义为“注意”“诱导”，即“广泛告知”。广告通常是商品生产者、经营者和消费者之间沟通信息的重要手段，也是企业占领市场、推销产品、提供劳务的重要形式。

资料10-2

世界上最早的广告

广告是商品经济的产物，自从有了商品生产和交换，广告也随之出现。世界上最早的广告是通过声音进行的，叫口头广告，又称叫卖广告，这是最原始、最简单的广告形式。早在奴隶社会初期的古希腊，人们通过叫卖贩卖奴隶、牲畜，公开宣传并吆喝出有节奏的广告。古罗马大街上充满了商贩的叫卖声。古代商业高度发达的迦太基——广大地中海地区的贸易区，就曾以全城无数的叫卖声而闻名。

商标字号也是古老的广告形式之一。商店的字号起源于古城庞贝。在古罗马帝国，人们用字号标记来做角斗和马戏团表演的广告。商标字号都是象征的，如古罗马的一家奶品厂就以山羊作标记；一条骡子拉磨盘表示面包房；而一个孩子被鞭子抽打则是一所学校采用的标记。在中世纪的英国，一只手臂挥锤表示金匠作坊；三只鸽子和一根节杖表示纺线厂。

我国是世界上最早拥有广告的国家之一。早在西周时期，便出现了音响广告。《诗经》的《周颂·有瞽》一章里已有“箫管备举”的诗句，据汉代郑玄注说：“萧，编小竹管，如今卖饧者吹也。”唐代孔颖达也注解说：“其时卖饧之人，吹箫以自表也。”可见西周时，卖糖食的小贩就已经懂得以吹箫管之声招徕生意。

在我国古代继音响广告之后而出现的则是悬帜广告。《韩非子·外储说右上》说到“宋人有酤酒者，升概甚平，遇客甚谨，为酒甚美，悬帜甚高。”这是我国酒家和酒旗最早的记录。酒店开设在固定场所，为了招徕顾客，抛出“一面酒旗”，这也就是吸引主顾的广告形式。这种形式后来沿用不断，如唐代张籍有“高高酒旗悬江口”，杜牧有“水村山郭酒旗风”等诗句。《水浒传》里也有这样描绘：“武松在路上行了几日……望见前面有一个酒店，挑着一面招旗在门前，上头写着五个字道：‘三碗不过冈’。”《元曲·后庭花》中“酒店门前三尺布，过来过往寻主顾”，不但说明了酒旗的尺寸，还说明了酒旗的作用。除了酒旗外，其他行业也有各种标志性的广告形式。据《费长房》中说“市有老翁卖药，悬壶于肆头”，就是用葫芦作为药铺的象征性标志，悬挂街头或药铺的门前。这里的“悬旗”“悬壶”给人以非常醒目的视觉效果，用现代话说，就是“招牌广告”。

（二）广告的特点

1. 传播性

广告是种传播平台，由商品的生产或经营机构（广告主）将商品信息传送给特定用户和消费者。

2. 说服性

广告进行得有计划、连续的传播活动是带有说服性的，是有目的的行为。

3. 价值性

广告不仅对广告主有利，而且对目标对象也有好处，它可使用户和消费者得到有用的信息。

（三）广告的类型

按照不同的分类标准，广告可以分为多种类型。一般在广告选择中，使用较多的分类是按照传播媒介进行的划分。为了正确地选择各种广告媒体，实现广告目标，企业在选择媒体之前，必须对媒体的接触度、频率和效果作出决策。接触度是一定的时间内接触广告的人数。频率是一定时间内，平均每人接触广告的次数。频率过多，费用太高；过少，又难以加深记忆。效果是指企业投放的广告显露的效果。

表 1　广告的不同分类

划分标准	分类
传播媒介	报纸广告、杂志广告、电视广告、电影广告、网络广告、包装广告、广播广告、招贴广告、POP 广告、交通广告、直邮广告、交互广告
广告目的	产品广告、企业广告、品牌广告、观念广告
传播对象	消费者广告、企业广告

1. 不同媒体的优缺点

报纸灵活性高，传播迅速及时，成本低，地理选择性好、可信度高，主要局限是保存性较差，内容庞杂，易分散注意力，清晰度也较差；电视是能够把形象、声音与动作结合起来，能够较好地吸引观众的注意力，在短时间内给人留下深刻的印象，主要局限是成本高，时间短，对象缺乏可选性；广播传播迅速及时，不受场所限制，成本较低，主要局限是速度快不易记忆，无处查阅，没有视觉上的刺激，不易加深印象；期刊针对对象明确，收效好，保存率高，阅读率也较好，采用套色印刷有利于吸引读者注意，局限性是传递信息的延迟性较大，读者也有一定局限；户外媒体的地理位置选择好，利用各种美术，造型等艺术手段，使广告鲜明、醒目、美观、简明，容易记忆，局限是受空间限制，复杂的内容无法表达。

2. 选择媒体时应考虑的因素

（1）目标市场接触媒体的习惯。如对青少年顾客来说，电视广告和互联网广告的效果最好。

（2）产品种类。如为女性服装做广告，选择彩色印刷杂志广告很有吸引力。

（3）广告信息。选择何种媒介还取决于广告信息本身。如复杂的技术信息在广播和电视中都难以说清，而选择专业杂志和邮寄广告较为理想。

（4）成本费用。电视广告成本很高，而广播、报纸相对成本较低。

（四）广告决策过程

一般情况下制定广告决策的第一步是确定广告目标，各种广告决策目标应该以目标市场、市场定位和企业营销组合的有关信息为基础加以确定；第二步是要综合考虑旅游产品在市场所处的生命周期阶段、竞争与干扰、市场份额、广告频率、产品差异等因素编制广告预算；广告信息决策是广告决策中的第三步，在当今费用高昂、信息充斥的广告环境中，好的广告信息尤为重要；第四步是选择承载信息的媒体；第五步是要定期对广告的传播和销售效果予以评估。

资料10-3

新西兰《指环王》奇迹

10多年前，新西兰南部是一片风景壮丽，但是人烟稀少的地方。2003年12月1日，新西兰首都惠灵顿万人空巷。由美国新线电影公司投资拍摄的电影《指环王》三部曲之第三部《国王归来》，在这里举行全球首映。

这不仅是第一次好莱坞影片在新西兰举行全球首映，而且首映规模也创造了历史纪录：参加人数达10万人。一位专程从其他城市赶到惠灵顿的影迷说："这部影片将是新西兰电影史上的唯一，是所有新西兰人的骄傲。"

这部典型的好莱坞风格影片令远离美国的南太平洋国家新西兰获得了神奇的力量。如今只要提起《指环王》，世界各地的观众都能轻易地联想到新西兰，因为电影中神话般的"中土世界"，正是取景于新西兰南部一片风景壮丽、人烟稀少的地方。

一、《指环王》打造的旅游品牌

《指环王》三部曲在无形之中成就了一个经典的旅游品牌，新西兰的旅游业也因此有了一个鲜明的主题。

1. 旅游品牌定位：魔戒之国。

2. 旅游主题开发：在原有新西兰旅游的基础上，重新包装推出探访新西兰南北岛各大新奇景点的"魔戒"主题游。

二、影视业与旅游业的完美结合

《指环王》上映后新西兰国家旅游局发表的一项调查显示，每十个到新西兰旅游的外国游客中，就有一个声称是被《指环王》吸引来的，并且，这股热潮短期内不会停止。

三、新西兰旅游业奇迹产生的启示

由此，利用强大的影视资源，展开营销传播活动，对剧中的自然风光与人文特色展开具有特色品牌打造、资源开发，成为可能。

1.《指环王》对新西兰南部旅游地的整合营销传播。

2.《指环王》赋予了新西兰南部旅游鲜明的品牌价值、文化内涵。

影视、比赛等文化娱乐活动会让观众感同身受，从而产生身临其境的期望——旅游成了满足这种期望的最好方式。所以，结合热门的文娱活动进行深度旅游和特色旅游线路的开发，将会成为旅行社开发新品的趋势之一，也将越来越广泛地被消费者认同和接受。网络营销专家认为，新西兰其实可以借力《指环王》更全方位地传播，参考韩国影视剧与旅游的深度合作以及服饰、餐饮、影视周边产品联动的模式，尤其需要学会使用互联网和移动互联网的媒体传播。互联网已经超过了报纸、杂志、电视等传统媒体，成为公众获取旅游信息的最重要渠道，是旅游信息传播的第一媒体。

二、旅游人员推销

旅游人员推销，即旅游地通过派出销售人员，与一个或多个可能的购买者交谈，做口头陈述，以推销旅游产品，促进和扩大销售。在人员推销活动中，推销人员、推销对象和推销品是三个基本要素。

（一）人员推销的优缺点

人员推销的优点在于它是双向沟通，易于在短时间内强化购买动机；形式灵活；易与顾客建立良好的商业关系；可以随时收集顾客的反馈意见，并根据顾客的意见及要求很快作出调整。其缺点是成本高，费时多，沟通面窄，且对推销人员自身素质要求较高。

（二）人员推销的功能

传递信息。旅游企业人员推销是推销人员与旅游中间商和潜在旅游者的直接交流。通过面对面的沟通，能够详细地介绍自己的产品和服务，及时反馈信息，易产生亲切感和信任感。

（1）销售产品。旅游人员推销的最终目的是将旅游产品卖给旅游者，同时，推销人员有责任解释旅游者提出的问题，如旅游线路中的价格、交通、旅游项目和食宿安排等。

（2）获取市场信息。旅游推销人员和市场最贴近，最了解旅游者的需求，也最了解竞争对手。所以，旅游人员推销这一促销方式还具有获取旅游市场信息的作用。

（3）开拓新市场。通过旅游人员推销，为旅游者排忧解难，协调双方的利益，巩固老客户，寻找新客户，从而不断扩大旅游产品的市场覆盖面。

（三）人员推销的形式

旅游人员推销主要包括三种形式：一是旅游目的地单独或联合目的地企业群体到目标市场参加旅游推介会；二是旅游目的地旅游企业到客源地旅行社进行拜访、推销；三是旅游企业向大客户，代表性单位、团体、企业等进行推销。

三、旅游销售促进

旅游销售促进指各种鼓励购买或销售产品和劳务的短期刺激，常见形式有折扣、赠品、赠券、抽奖、竞赛等。

（一）销售促进的优缺点

旅游销售促进的优点：吸引力大，容易引起消费者的注意；刺激性强，能有效增加消费者的购买动机和在短时间内改变消费者的购买习惯，从而导致冲动型购买。其缺点：不利于建立旅游企业品牌，且成本较高，组织工作量较大。

（二）销售促进的方式

根据旅游推广对象的不同，旅游销售促进可以分为三类，每一类销售促进都有一些不同的方式。

1. 针对旅游者的销售促进

对旅游者进行销售促进，目的在于“吸引新顾客，留住老顾客”，说服新的旅游者积极尝试购买，鼓励老客户重复购买。其主要方式：为旅游者提供优惠项目；增加新的旅游项目；免费赠送礼品、宣传品和旅游纪念品；赠送优惠券或代金券；设立俱乐部等。

2. 针对旅游中间商的销售促进

对旅游中间商进行销售促进，目的在于拓展旅游产品与旅游者之间的交流渠道，促使中间商更主动地购买或推销本企业产品，其主要方式有折扣价格、推广补贴、联合制作促销广告和举办旅游交易会等。

3. 针对旅游销售人员的销售促进

对旅游销售人员进行销售促进，目的在于激励其销售行为，特别是淡季的销售和寻找潜在购买者，其主要方式有销售让利、销售竞赛。

（三）旅游销售促进的流程

第一步是要确定销售促进的目标，包括增加短期的旅游收入、增加长期的旅游收入、吸引新旅游者以及建立游客忠诚度等。

第二步是要选择销售促进的工具，包括为旅游者提供优惠项目，增加新的旅游项目，免费赠送礼品、宣传品和旅游纪念品等。

第三步是要制订销售促进计划，包括确定激励规模的大小，确定参与的条件、推广日期以及推广预算等。

第四步是要在销售促进实施后，依据已制定的目标评估推广的效果。

四、旅游公共关系

公共关系是相关的社会公众人物之间的关系。旅游公共关系主要是通过设计各种计划以促进或保护旅游地形象，增强旅游者的购买信心。

（一）公共关系的优缺点

旅游公共关系的优点：通过媒体进行的公关活动，有中立、权威的第三者说话，可信度高；容易消除潜在顾客的心理防御机制，建立良好形象和信誉；戏剧化，容易引人注目；影响面广，影响力较大。其缺点是销售效果不够直接，运用限制性大。

（二）公共关系的形式

旅游公共关系活动一般包括五种形式：一是邀请参观，其对象包括旅行社（旅游公司）的高层主管、国内外有广泛影响的新闻媒介的记者和专栏作家等。一则专题报道（或新闻消息）往往比一则广告更令消费者信赖。二是邀请度假，其对象包括国内学术界有名望的专家学者、德高望重的社会人士等。三是授予代表性游客（名人、记者、专家）旅游地"荣誉游客""荣誉市民"称号。四是在其他部门的招商引资会上，将当地旅游形象作为投资环境介绍的一部分。五是委托前往外地及国外的文化、艺术、体育和科技交流团体协助宣传。

第三节　旅游促销组合策略

一、旅游促销组合

促销组合是指企业根据促销的需要，对广告宣传、销售促进、公共关系与人员推销等各种促销方式进行的适当选择和配合。促销组合是指企业在市场营销活动中有计划、有目的地把人员促销和非人员促销两大类中的人员推销、广告、营业推广和公共关系这些具体的促销方式结合起来，综合运用，形成一个完整的最佳促销策略。促销组合是一个有机的整体，是各种促销方式的正确选择、组合和运用。

促销组合体现了现代市场营销理论的核心思想——整体营销。促销组合是一种系统化的整体策略，四种基本促销方式则构成了这一整体策略的四个子系统。每个子系统都包括了一些可变因素，即具体的促销手段或工具，某一因素的改变意味着组合关系的变化，也就意味着一个新的促销策略的产生。

二、旅游促销组合决策过程

旅游促销组合的确定需要经过多方面的考虑，其起点是旅游促销所面对的顾客群体，即目标市场，根据目标市场来确定促销目标，进行确定促销信息、传递渠道及其促销方式等，最终形成良好的促销效果。

（一）确认促销对象

通过企业目标市场的研究与市场调研，界定其产品的销售对象是现实购买者还是潜在购买者，是消费者个人、家庭还是社会团体。明确了产品的销售对象，也就确认了促销的目标对象。

（二）确定促销目标

不同时期和不同的市场环境下，企业开展的促销活动都有着特定的促销目标。短期促销目标宜采用广告促销和营业推广相结合的方式；对于长期促销目标，公关促销具有决定性意义。注意：企业促销目标的选择必须服从企业营销的总体目标。

（三）促销信息的设计

应重点研究信息内容的设计。企业促销要明确目标对象所要表达的诉求是什么，并以此刺激其反应。诉求分为理性诉求、感性诉求和道德诉求三种方式。

（四）选择沟通渠道

传递促销信息的沟通渠道主要有人员沟通渠道与非人员沟通渠道。人员沟通是指向目标购买者当面推荐，得到反馈，利用良好的“口碑”来扩大企业及产品的知名度与美誉度。非人员沟通主要指大众媒体沟通。大众媒体沟通与人员沟通有机结合才能发挥更好的效果。

（五）确定促销的具体组合

根据不同的情况，将人员推销、广告、营业推广和公共关系四种促销方式进行适当搭配，使其发挥整体的促销效果。应考虑的因素有产品的属性、价格、生命周期、目标市场特点、“推”或“拉”策略。

（六）确定促销预算

企业应根据自己的经济实力和宣传期内受干扰程度的状况决定促销组合方式。如果企业促销费用宽裕，则可几种促销方式同时使用；反之，则要考虑选择耗资较少的促销方式。

三、旅游促销组合影响因素

（一）促销目标

促销目标是影响促销组合决策的首要因素。每种促销方式，如广告、人员推销、销售促进和公共关系都有各自的特性和成本。营销人员必须根据具体的促销目标选择合适的促销方式组合。

（二）市场特点

除了考虑促销目标外，市场特点也是影响促销组合决策的重要因素。市场特点受每一地区的文化、风俗习惯、经济政治环境等的影响，促销方式在不同类型的市场上所起的作用不同，所以我们应该综合考虑市场和促销方式的特点，选择合适的促销方式，以达到最佳促销效果。

（三）产品性质

由于产品性质的不同，消费者及用户具有不同的购买行为和购买习惯，因而企业所采取的促销组合也会有所差异。

(四) 产品生命周期

在产品生命周期的不同阶段，促销工作具有不同效益。在导入期，投入较大的资金用于广告和公共宣传，能产生较高的知名度，促销活动也是有效的；在成长期，广告和公共宣传可以继续加强，促销活动可以减少，这时所需的刺激较少；在成熟期，相对广告而言，销售促进又逐渐起着重要作用，购买者已知道这一品牌，仅需要起提醒作用水平的广告；在衰退期，广告仍保持在提醒作用的水平，公共宣传已经消退，销售人员对这一产品仅给予最低限度的关注，然而销售促进要继续加强。

(五) 促销费用

促销组合较大程度上受公司选择“推动”或“拉引”策略的影响。推动策略要求使用销售队伍和贸易促销，通过销售渠道推出产品。而拉引策略则要求在广告和消费者促销方面投入较多，以建立消费者的需求欲望。

(六) 其他营销因素

影响促销组合的因素是复杂的，除上述五种因素外，公司的营销风格、销售人员素质、整体发展战略、社会和竞争环境等不同程度地影响着促销组合的决策。营销人员应全面考虑，制定出有效的促销组合决策。

四、促销组合优化

(一) 促销组合的预算选择

1. 确定固定预算线

设促销预算由人员推销和广告促销两部分构成，如果全部费用用于人员推销，其费用为 M，全部费用用于广告推销，其费用为 N，则 MN 为固定预算线（如图 10－1）。在固定预算线上可有许多种组合，而要想确定最优组合就需要考虑销售量。

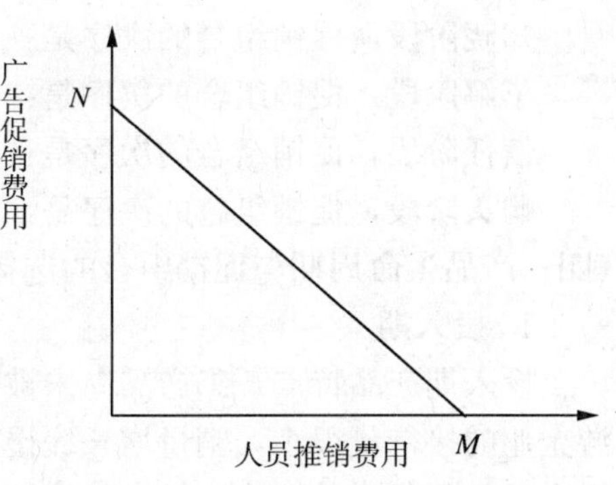

图 10－1　促销组合固定预算线

2. 无差异销售曲线

根据经验，某几种促销组合都可达到相同的销售额，描点连线，可以得到销售量为 100 的无差异曲线，进而可以得到销售量为 80 或 60 的无差异销售曲线，如图 10－2 所示。

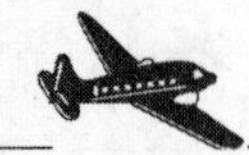

3. **最佳促销组合预算**

根据固定预算线，结合销售量无差异曲线，在切点 O 处广告推销的边际效益＝人员推销的边际效益，此时促销组合达到最优效果（图 10－3）。

广告促销费用
S=100
S=80
S=60
人员推销费用

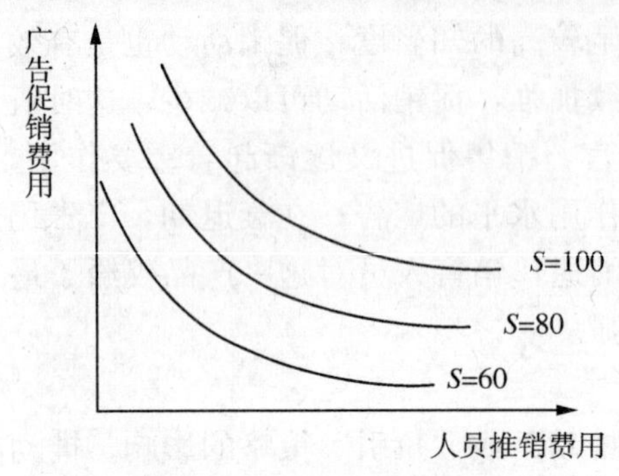

图 10－2　无差异销售曲线

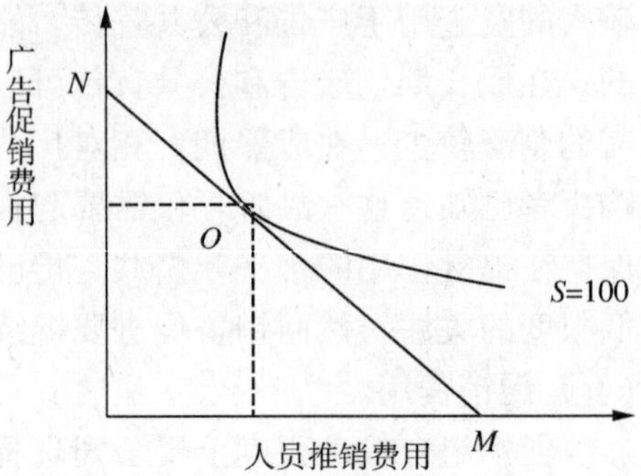

广告促销费用
N
O
S=100
M
人员推销费用

图 10－3　最佳促销组合

（二）促销组合对产品类型的选择

日常生活中的产品分消费品和投资品两种类型。

对于消费品的促销组合次序：广告、销售促进、人员推销、公共关系。

对于投资品的促销组合次序：人员推销、销售促进、广告、公共关系。

旅游产品一般属于消费品，但在旅游企业办理的会员卡或储值卡等属于投资品。因此，针对销售的不同的产品，要采取不同的促销组合。

（三）促销组合对购买阶段的选择

消费者购买阶段一般依次有以下四阶段：

知晓阶段，促销组合的次序是：广告、销售促进、人员推销。

了解阶段，促销组合的次序是：广告、人员推销。

信任阶段，促销组合的次序是：人员推销、广告。

购买阶段，促销组合的次序是：人员推销为主、销售促进为辅。

（四）产品生命周期与促销组合的选择

1. **投入期**

投入期产品特点：①产品尚未被市场广泛了解和接受，旅游目的地或旅游企业的接待量很小，销量增长缓慢；②为了使市场了解和认识产品，需组织大量的促销活动，投入较高的费用，单位成本较高；③利润往往很少，甚至出现亏损；④市场上一般很少有同行竞争。

在投入期主要采取的促销策略包括宣传、诱导、试用等多项策略，综合运用广告、人员推销、销售促进等各种促销手段宣传产品，使顾客尽快认识

产品，迅速拓宽销路。

2. **成长期**

成长期产品特点：①产品销量迅速增长，消费者对产品已有了解，促销费用相对减少，单位成本大幅度下降，利润迅速上升；②在利润吸引下，新的竞争者将会进入该市场，市场开始出现竞争趋势。

成长期采取的促销策略：促销投入可适当减少，教授型的促进活动可停止。这时期的广告宣传应转为宣传树立企业整体形象，提高企业声誉，创立品牌。其促销重点应放在争取潜在顾客和增强旅游消费者对旅游产品和旅游企业的信任感上。

3. **成熟期**

成熟期产品特点：①旅游产品的市场需求量已达到饱和状态，销售量达到最高点；②利润在前期也达到最高点，随着成熟期的延长，成本增加，利润逐渐下降；③很多同类产品和仿制品进入市场，市场竞争十分激烈，差异化成为竞争的核心。

在此阶段市场竞争异常激烈，需要进行集中性促销以保持和扩大市场，加强销售促进、公关等促销活动力保产品的市场地位。

4. **衰退期**

衰退期产品特点：产品销量日益下降。价格不断下跌，利润迅速减少，甚至出现亏损。此时主要要在降低促销成本的基础上扩大销售量。

思考与习题

1. 促销的内涵与本质是什么？
2. 常见的旅游促销方式有哪些？
3. 按照媒介不同，广告促销可以分为哪几种类型？
4. 简述广告促销的决策步骤。
5. 简述人员推销的优缺点。
6. 销售促进有哪些方式？
7. 简述旅游促销组合决策过程。
8. 简述如何对旅游促销组合进行优化。

第十一章

旅游创新营销

➤**教学目标**　知识目标：了解网络营销、事件营销、关系营销、整合营销相关的概念、特征和分类

能力目标：能够对网络营销、事件营销、关系营销、整合营销作出正确的分析和运用

➤**教学难点**　营销模式在不同市场的选择模式

➤**教学重点**　网络营销，事件营销，关系营销，整合营销功能、优势、模式

第一节　网络营销

一、网络营销的定义与内容

“网络营销”是一个从英文翻译过来的术语，对于网络营销的概念，不同的人站在不同的角度有不同的理解，英文的表达方式也是多种多样。如“internet marketing”强调的是以因特网（包括 web 站点）为工具的市场营销，就翻译成因特网营销；“online marketing”指借助于联机网络的网上营销，中文叫作在线营销比较合适；“webmarketing”一般是指网站（website）营销，如利用推广网站，发展用户，通过站点与顾客沟通，保持顾客对站点的忠诚度等；“e-marketing”从字面上理解，是电子营销的意思，实际上它是指互联网营销，包括因特网（Internet）、内部网（Intranet）和外部网（Extranet）等；“net marketing”的内涵与“e-marketing”接近，字面上理解为网上营销；“cyber marketing”为计算机数字营销，指借助联机网络、电脑通信和数字交互式媒体的营销方式。显然，以上这些概念之间一方面存在着密切关联，另一方面又存在一些细微的差别。究其原因，主要是这些营销方式都是因特网技术是各种电子技术综合发展的结果。因此，可以把网络营销定义为：网络营销是企业整体营销战略的一个组成部分，是建立在互联网基础之上、借助于互联网的特性来实现一定营销目标的一种活动和管理过程，同时也是一种基于网络的新的营销方式和手段。网络营销学作为研究网络营销活动的客观运动规律和内在

联系的学科，所涉及的范围非常广泛。主要内容有网络营销环境分析、网上购买行为分析、网上市场调查、网络营销战略规划、网络营销产品策略、网络营销价格策略、网络营销渠道策略和网络营销促销策略等。

二、网络营销的特点

（一）网络营销是一种全球范围内的市场营销

因特网为人们提供了不受地域限制的，最直接、最广泛的联系，成为客户和供应商之间相互沟通的桥梁。由于网上的顾客几乎是无法限量的，因此，对企业来说，网络意味着无限的商机，网络营销的任务就是要抓住这些商机。

（二）网络营销是一种以顾客为导向的营销

一方面，因特网给顾客以力量。网络空间聚集着无数的企业站点，使得顾客有绝对充裕的选择空间，再加上从网上获取信息或服务的便捷性，从而使得顾客与企业的天平向顾客倾斜，使客户能理直气壮地要求企业提供为他量身定制的产品或服务。可以说，在网络时代，整个社会生产将由顾客驱动，顾客居于更加主动的地位，而且消费者的要求将更加苛刻。另一方面，因特网也赋予了企业获取消费者需求的便捷渠道。由于传统营销渠道对市场反应迟缓，企业很少能照顾到消费者的个别需要；而通过网络营销，企业可以迅速获得关于产品概念和广告效果测试的反馈信息，也可以测试顾客的不同认知水平，从而更加容易地对消费者行为方式和偏好进行跟踪，进而使为每一位客户提供不同的商品和服务。如网上订票能为订票者提供任选航班、座位，优惠票价，全包旅行等服务。

（三）网络营销是一种低成本的营销

网络的运用使企业有可能大幅降低运营成本，尤其是物流成本。企业通过网络进行销售，不需要耗费巨资修建大楼，也无须招聘大量员工，可减少销售环节，降低销售成本；按订单生产的直销模式能大大减轻库存的压力，从而降低了市场的风险成本。据统计，在航空领域，采用网上订票可让航空公司出售一张机票的成本，由 65 元降至 8 元。另外，网络经济能降低公司的售前、售中和售后服务的成本。在 Web 空间，企业可以提供精心设计的“FAQ（常见问题解答）”“商品注意事项”及“使用步骤”等资料，快速方便。至于客户的电子邮件，即使工作人员没有立即看到，也可以通过设置的“自动回复功能”，告知用户“邮件已经收到，将很快解决”之类的话，这不仅减少了顾客的等待时间，节省双方的金钱，更能赢得客户的满意度。

(四) 网络营销活动是一种精确的营销活动

主要表现在两个方面：一是利用 web 产生了新的广告模式，不仅能实现广告的精确投放，而且能实现对广告效果的定量评价；二是能为客户提供精确的个性化的产品。此外，网络营销还能够更好地使企业了解顾客对企业和产品的态度和意见。

(五) 网络营销是一种公平营销

因特网全天候的服务，给中小企业以力量，提供了相对公平的竞争空间和机会。

(六) 网络营销实质上是信息化的市场营销

网络是营销的工具和渠道，同时也是媒体。Web 空间是网络营销的依托，同时又是产品，所有的营销活动都被转化为信息加以传递，使得信息流动的时效和准确性得到保障。信息的自动化处理和控制不但可以监控和管理物流（如供应链管理中网络物流管理软件的应用），同时还可以协助实现资金的流动（如通过因特网进行电子支付等）。

三、网络营销的基本职能

网络营销作为一种营销手段，它重视操作、讲究方法，对市场营销起着十分重要的作用。其职能主要表现在以下几个方面。

(一) 网络品牌管理

这包括品牌建设和品牌维护。通过网络媒体，营销者可以实现建立并推广企业品牌的目的。知名企业的原有品牌可以在网上得以延伸，一般企业则可以通过互联网快速树立品牌形象，并提升企业整体形象。品牌是企业的无形资产，管理品牌、维护品牌就是管理品牌资产。营销人员通过购买地点、顾客统计，甚至心理分析来对顾客进行分类，进行顾客对品牌的认知和认识的分析，从而达到及时调整品牌战略的目的。

(二) 网站推广

这是网络营销最基本的职能之一，与其说是网站推广，还不如说是网址推广。因为消费者只有通过输入网址才能进入网站，了解网站的所有功能和信息。网站作用的发挥都是以一定的访问量为基础的，所以，网址推广是网络营销的核心工作。

(三) 信息发布

网站是一种信息载体，通过网站发布信息是网络营销的基本职能之一。网络营销是一种信息营销，无论哪种网络营销方式，目的都是将一定的信息

传递给目标市场、公众、合作伙伴、竞争者等。

（四）销售促进

营销的基本目的是为增加销售提供帮助，甚至有人据此错误地认为营销就是推销。网络营销的大部分方法都与直接或间接促进销售有关，不但促进网上销售，同时也通过网上公共关系、网上广告等手段促进网下销售。

（五）销售渠道

一个具备网上交易功能的企业网站本身就是一个网上交易场所，网上销售是企业销售渠道在网上的延伸。

（六）顾客服务

从形式最简单的FAQ到邮件列表，以及信息产品的网上诊断、网上修复等，互联网提供了更加方便的在线顾客服务手段。提高顾客服务质量是提高产品价值、树立产品品牌的重要手段，对于网络营销效果具有重要影响。

（七）顾客关系

网络与数据库技术的综合运用使营销者有了建立全面顾客数据库、分析顾客个性化需求的可能，为关系营销、一对一营销提供了手段。网络信息沟通能够加强企业与顾客的联系，改善与顾客的关系，提高顾客的忠诚度。

（八）网上调研

通过填写在线调查表或者发送电子邮件等方式，营销者可以完成网上市场调研。网上调研相对传统市场调研具有高效率、低成本的特点。

四、网络营销的分类

从不同的角度对网络营销有不同的分类。

（一）按照商业活动的运作方式分类

按照商业活动的运作方式来分类，网络营销分为完全网络营销和非完全网络营销。完全网络营销是指完全可以通过网络营销方式实现和完成完整交易的交易行为和过程，即指商品的销售或者服务的完成过程是在信息网络中实现的一种网络营销方式，完全网络营销能使双方超越地理空间的障碍进行网络交易，可以充分挖掘全球市场的潜力；非完全网络营销是指不能完全依靠网络营销方式实现和完成完整交易的交易行为和过程，非完全网络营销要依靠一些外部因素，如运输系统的效率等。

（二）按照开展网络交易的范围分类

按照开展网络交易的范围来分类，网络营销可分为本地网络营销、远程国内网络营销、全球网络营销三类。本地网络营销通常是指利用本城市或者本地区的信息网络实现的网络营销活动，网络交易的范围较小。本地网络营销系统是开展国内和全球网络营销的基础系统，因此，建立和完善本地网络营销信息系统，是厂家实现全球网络营销的关键。远程国内网络营销是指在本国范围内进行的网络交易活动，其交易的地域范围较大，对软硬件和技术要求较高，要求在全国范围内实现商业电子化、自动化，实现金融电子化，交易各方具备一定的网络营销知识、经济能力和技术能力，并具有一定的管理水平和能力。全球网络营销是指在全世界范围内进行的网络交易活动，参加网络营销的交易各方通过网络进行贸易活动，涉及有关交易各方的相关系统，如买卖双方国家进出口公司系统、海关系统、银行金融系统、税务系统、保险系统等。全球网络营销业务内容繁杂，数据来往频繁，要求网络营销系统严格、准确、安全、可靠，应制定出国际通用的网络营销标准和网络营销协议，使网络营销得到顺利发展。

(三) 按照商务活动的内容分类

按照商务活动的内容来分类，网络营销分为间接网络营销和直接网络营销。间接网络营销是指有形货物的电子订货与付款等活动，需要利用传统渠道（如邮政服务和商业快递车送货等）送货；直接网络营销是指无形货物或服务的订货或者付款等活动，如某些计算机软件、娱乐内容的联机订购、付款和交付，或者是全球规模的信息服务。间接网络营销需要依靠一些外部因素，如运输系统的效率等；直接网络营销能使双方跨越时空限制，直接进行交易，更充分地挖掘全球的市场潜力。

(四) 按照使用网络的类型分类

按照使用网络的类型来分类，网络营销主要分为基于 EDI 网络的网络营销，基于 Internet 的网络营销，以及基于 Intranet 的网络营销。基于 EDI 网络的网络营销就是利用 EDI 网络进行网络交易。EDI 是指将商业或行政事务按照一个公认的标准，形成结构化的事务处理或文档数据格式，并且实现从计算机到计算机的电子传输方法。简而言之，也就是按照商定的协议，将商业文件标准化和格式化，通过计算机网络，在贸易伙伴的计算机网络系统之间进行数据交换和自动处理。基于 Internet 网络的网络营销就是利用 Internet 网络进行网络交易，Internet 是一种采用 TCP/IP 协议组织起来的松散的、国际合作的国际互联网络。基于 Intranet 网络的网络营销就是利用企业内部网络进行网络交易。Intranet 是在 Internet 基础上发展起来的企业内联网，是在原有局域网上附加一些特定的软件，将局域网与 Internet 连接

起来，从而形成企业内部的虚拟网络。

（五）按照交易对象分类

按照交易对象分类，网络营销可以分为商业机构对商业机构（简写：B to B，Business-to-Business）的网络营销，商业机构对消费者（简写：B to C，Business-to-Consumer）的网络营销，商业机构对政府（简写：B to A，Business-to-Administrations）的网络营销，消费者对政府（简写：C to A，Consume-to-Administrations）的网络营销四类。在下文的论述中，主要按这种分类进行讨论。

B to B 的网络营销是指企业和企业之间进行的网络营销活动。例如，某商店利用计算机网络向某电器工厂定购电风扇，并且通过网络进行付款等。这一类网络营销已经存在很多年，其中以企业通过专用网或增值网（VAN）采用 EDI 方式进行的商务活动尤为典型。这种类型是网络营销的主流，也是企业面临激烈的市场竞争，改善竞争条件，建立竞争优势的主要方法。

B to C 的网络营销是指企业与消费者之间进行的网络营销活动。这类网络营销主要借助 Internet 开展在线销售活动，例如，亚马逊网站在线销售书籍。近年来，Internet 为企业和消费者开辟了新的交易平台，再加上全球网民的增多，使得这类网络营销得到较快发展。特别是企业的网页对于广大消费者而言，并不需要统一标准的单据传输，而且在线销售和支付行为通常只涉及信用卡、电子货币或电子钱包。另外，Internet 提供的搜索浏览功能和多媒体界面，又使得消费者更容易寻找和深入了解所需的产品。因此，商业机构对消费者的网络营销具有巨大的潜力，是今后网络营销发展的主要方向。

B to A 的网络营销是指企业与政府机构之间进行的网络营销活动。例如在美国，政府采购清单可以通过 Internet 发布，公司可以通过电子化方式回应；另外，政府通过电子交换的方式向企业征税等。这种方式可以更好地树立政府的形象，实施对企业的行政事务管理，推行各种经济政策，等等。

C to A 的网络营销是指政府对个人的网络营销活动。例如，社会福利基金的发放以及个人报税等。这类网络营销活动目前还没有真正形成，但随着商业机构对消费者，以及商业机构对政府网络营销的发展，各国政府将会为个人提供更为完善的电子方式服务。

第二节　事件营销

一、事件营销内涵

事件营销是企业通过策划、组织和利用具有名人效应、新闻价值以及社会影响的人物或事件，引起媒体、社会团体和消费者的兴趣与关注，以求提高企业或产品的知名度、美誉度，树立良好品牌形象，并最终促成产品或服务的销售目的的手段和方式。1999 年张家界世界飞行特技大奖赛，就是一个非常成功的旅游营销事件，开启了中国旅游事件营销的先河。

20 世纪 90 年代后期，互联网的飞速发展给事件营销带来了巨大契机。通过网络，一个事件或者一个话题可以更轻松地进行传播和引起关注，成功的事件营销案例开始大量出现。

二、事件营销特点

（一）目的性

事件营销应该有明确的目的，这与广告的目的性是完全一致的。事件营销策划的第一步就是要确定自己的目的，然后明确通过怎样的新闻可以让策划者达到自己的目的。通常某一领域的新闻只会有特定的媒体感兴趣而进行报道，而这个媒体的读者群也是相对固定的。

（二）风险性

事件营销的风险来自于媒体的不可控制和新闻接受者对新闻的理解程度。虽然企业的知名度扩大了，但如果一旦市民得知了事情的真相，很可能会对该公司产生一定的反感情绪，从而最终伤害到该公司的利益。

（三）多样性

事件营销是国内外十分流行的一种公关传播与市场推广手段。它具有多样性的特性，可以集合新闻效应、广告效应、公共关系、形象传播、客户关系于一体来进行营销策划，多样性的事件营销已成为营销传播过程中的一把利器。

（四）新颖性

事件营销往往是通过当下的热点事件来进行营销，把当下最热的事情展现给客户，因此，它不像许多过剩的宣传垃圾广告一样让用户反感，更多是体现出它的新颖性，吸引用户点击。

（五）效果明显性

一般通过一个事件营销就可以聚集到很多用户一起讨论这个事件，然后很多门户网站都会进行转载，效果显而易见。

（六）趣味性

每一天都有很多的事件发生，但是不可能每一件事都成为热点。从一般的心理学角度来说，事件具有一定的可观性和趣味性，那就可以作为事件营销的素材了。

三、事件营销模式

事件营销逐渐受到企业的青睐，组织进行事件营销无外乎三种模式：借力模式和主动模式。

（一）利用既定事件进行营销的模式

一般来说，既定事件应是具有较大影响力的事件，如奥运会、世界杯足球赛等重大体育赛事，或世博会等重大活动等。此类事件为社会公众所关注，利用这种关注度进行旅游营销宣传可以有效扩大宣传覆盖面和提升影响力。利用既定事件营销宣传应进行充分策划，以求最佳效果。

（二）利用突发事件进行营销的模式

突发事件，尤其是重大突发事件，是媒体与公众的即时关注点，及时有效加以利用，可以成为宣传的极好机会。利用突发事件进行旅游形象宣传，要有敏感的营销意识，善于抓住机遇，及时策划运作，借助媒体，扩大影响。

（三）策划事件进行营销的模式

即有意识地策划一些重要事件（活动），以吸引媒体与公众的关注，达到宣传旅游形象的效果。由于既定事件利用的有限性及突发事件利用的不可知性，旅游事件营销更多的是策划性的事件营销，这种策划做得好，可以取得很大成功。比较著名的策划案例是“澳大利亚全球最好的工作案例”。

资料11-1

中国最FUN工作，翼起FUN起来

由搜狐社区、雅安碧峰峡大熊猫基地、长安福特联合发起的“中国最FUN工作——熊猫帮主招募”活动结果××年7月18日正式揭晓，并在碧峰峡大熊猫基地举行了隆重的“帮主”入职仪式。来自山东的90后职场新人魏存明，通过报名筛选、网友投票、终极PK等环节，一路过关斩将，通过层层选拔，荣任“熊猫帮主”，赢得了“熊猫帮主”这份中国最FUN工作。他不仅获得了这份与熊猫亲密接触一年的工作机会，还获得了丰厚的年薪，以及福特翼搏一年的使用权。他将携手福特翼搏一起开启

全新的职场冒险之旅。此次招募活动还同时评选出了10位熊猫观察员，他们也将获得在熊猫基地与大熊猫亲密接触3天的宝贵机会。

据统计，本次“中国最FUN工作”从××年5月10日公开接受报名起2个多月内，便有近3万人次报名参加，吸引了全球各地关爱熊猫、热心公益的人们积极参与，通过搜狐网、搜狐视频、搜狐新闻客户端、新华网、微博、微信、报纸、各大卫视等诸多渠道，实现了对网民和观众的全面覆盖，关注和参与本次活动的网友更是以数亿计。

长安福特和搜狐社区联合发起的“Fun手一搏”“中国最Fun工作”等活动，有种让人眼前一亮的感觉。传统的汽车营销更多是生硬的广告，反正车企的体量在那摆着，各种炫酷的图片、视频都拍得出来，各种详尽的参数可以列得出来。但这都无关乎消费者的内心感受。

第三节 关系营销

一、关系营销的定义

理论界对关系营销的理解很不一致，提出很多不同的定义，争议也很大。但是，西方学者对关系营销的认识有一点是共同的：企业对现有顾客营销比对新顾客营销更有利。在众多的定义中，较有代表性的观点有以下：

白瑞（Berry）从保持老顾客比吸引新顾客的营销效率更高的现象出发，认为关系营销的实质是“保持和改善现有顾客”。白瑞是首先提出关系营销概念的学者。白瑞并没有否认吸引新顾客的必要性，但他把现有顾客作为关系营销的核心。我们认为，他对关系营销的这种理解忽视了顾客发展的动态过程。很明显，任何老顾客都是从新顾客发展而来的，一味固守老顾客很难适应市场环境的变化。

摩根和汉特（Morgan and Hunt）从经济交换与社会交换的差异来认识关系营销，承诺与信任正是社会交换的本质所在。从经济交换转向社会交换，企业营销的本质也在于承诺与信任。于是，他们从交换关系的角度来定义关系营销，认为关系营销是“旨在建立、发展和维持成功关系交换的所有营销活动”。理解关系营销的核心是明确关系交换是否具有生产性与有效性，即是什么导致关系营销的成功与失败。关系承诺与信任正是关系营销成功的核心。这个定义停留在静态营销阶段，而关系营销更重要的特征是关系发展存在建立、稳定和终结过程。

顾木森（Gummesson）则从企业竞争网络化的角度来定义关系营销，他认为“关系营销就是把营销看作关系、网络和互动”。这个定义把关系营销看作“网络范式”的一部分，认为全球竞争日益在企业网络之间进行，而不再是单个企业之间的竞争。然而，全球经济的变化，导致了关系营销某种程度的矛盾性质，要成为全球经济有效的竞争者，要求企业在网络内成为值得信任的合作者。于是，竞争与合作就不再是对立的两个方面，为了竞争必须合作，有效的合作又可以增强竞争力。

塞斯和帕维提亚（Sheth and Parvatiyar）强调合作的重要性，提出关系营销是“通过合作及合作努力来与选定的顾客、供应商、竞争者为了创造价值而建立密切的互动关系的导向”。他们认为，合作是关系营销的手段，而创造价值是关系营销的目的。他们的观点在两方面值得商榷：第一，在关系发展过程中，常常存在非价值创造因素，如人际满意；第二，关系营销的对象局限在顾客、供应商和竞争者三方，忽视了其他市场，如企业员工、政府等。

在评述以上定义的基础上，我们认为：关系营销是企业为实现其自身目标和增进社会福利而与相关市场建立和维持互利合作关系的过程。首先，这个定义提出关系营销的目标是双重的，包括社会宏观目标与企业微观目标。企业作为社会的一部分，除了其自身的目标外，还应该关注社会总体利益与目标。其次，关系营销的对象是相关市场。相关市场可以包括企业所有利益相关者，如顾客、供应者、员工、媒体、政府部门等。再次，关系营销的手段是互利合作。互利是合作的前提，没有互利，很难有进一步的合作；缺乏合作的营销也不能成为关系营销。最后，关系营销是动态的过程，而不是静止的状态。

二、关系营销的特征

（一）双向沟通

在关系营销中，沟通应该是双向而非单向的。只有广泛的信息交流和信息共享，才可能使企业赢得各个利益相关者的支持与合作。

（二）合作

一般而言，关系有两种基本状态，即对立和合作。只有通过合作才能实现协同，因此合作是“双赢”的基础。

（三）双赢

即关系营销旨在通过合作增加关系各方的利益，而不是通过损害其中一方或多方的利益来增加其他各方的利益。

（四）亲密

关系能否得到稳定和发展，情感因素也起着重要作用。因此关系营销不只是要实现物质利益的互惠，还必须让参与各方能从关系中获得情感的需求。

（五）控制

关系营销要求建立专门的部门，用以跟踪顾客、分销商、供应商及营销系统中其他参与者的态度，由此了解关系的动态变化，及时采取措施消除关系中的不稳定因素。此外，通过有效的信息反馈，也有利于企业及时改进产品和服务，更好地满足市场的需求。

三、关系营销的形态

（一）亲缘关系营销形态

亲缘关系营销形态指依靠家庭血缘关系维系的市场营销，如以父子、兄弟姐妹等亲缘为基础进行的营销活动。这种关系营销关系稳定、长久，利益容易协调，但应用范围有一定的局限性。

（二）地缘关系营销形态

地缘关系营销形态指以企业营销人员所处地域空间为界维系的营销活动，如老乡关系或同一地区企业关系进行的营销活动。这种关系营销在经济不发达，交通落后，物流、客流、信息流不畅的地区作用较大。

（三）业缘关系营销形态

业缘关系营销形态指以同一职业或同一行业之间的关系为基础进行的营销活动，如同事、同行、同学之间的关系。由于接受相同的文化熏陶，彼此具有相同的志趣，在感情上容易形成一个整体，可以在较长时间内相互帮助，相互协作。

（四）文化习俗关系营销形态

文化习俗关系营销形态指以企业及其人员之间以共同的文化、信仰、风俗习俗为基础进行的营销活动。由于企业之间和人员之间有共同的理念、信仰和习惯，在营销活动的相互接触交往中易于心领神会，对产品或服务的品牌、包装、性能等有相似需求，容易建立长期的伙伴营销关系。

（五）偶发性关系营销形态

偶发性关系营销形态指在特定的时间和空间条件下发生突然的机遇形成的一种关系营销，如营销人员在车上与同坐旅客闲谈中可能使某项产品成

交。这种营销具有突发性、短暂性、不确定性的特点，往往与前几种形态相联系。

四、关系营销策略

企业是按照人的意愿组织起来的经济组织，它的交换职能又是由具体的人来操作得以实现的。企业与企业、企业与政府、企业与社团以及企业与顾客之间的关系，归根到底是人与人之间的关系。关系营销的最大特征正是突出了人与人之间的关系。人与人之间的关系的处理是关系营销的关键。在关系营销理论指导下，企业的营销策略涉及企业的所有利益相关者，以企业与其利益相关者的关系为核心展开，因此，企业的营销策略包括以下方面。

（一）员工关系营销策略

员工关系是指在企业内部管理过程中形成的人事关系，其具体对象包括全体职员。员工从内部关系角度看是企业的对象，从外部关系角度看又成了主体。他们是企业赖以生存的活细胞，是企业产品的生产者、服务的承担者，对外又是企业形象的代表者，与企业的利益和目标关系最密切，企业的一切方针、政策、计划、措施，首先必须得到他们的理解和支持，并身体力行付诸实施。员工的技术水平、创新精神、职业道德、精神风貌、服务态度等直接影响社会公众对企业的整体印象和评价。因此，任何企业都必须首先处理好内部员工关系，这是实施关系营销的基础，其具体措施包括：①提高员工的企业满意度；②造就员工积极向上的价值观念；③承认和尊重员工的个体价值等。只有这样，才能切实保障员工的主人翁地位，让员工真正享主人权、尽主人责、得主人益。员工只有以主人翁身份和感觉存在于企业时，才能把企业的发展看成是自我实现的过程，才能以塑造企业形象为己任，通过自己的具体工作为企业的良好形象增光添彩。

（二）顾客关系营销策略

顾客关系即企业与企业产品或服务的购买者、消费者之间的关系。企业与顾客的关系不仅是商品与货币的交换关系，还包括广泛的信息交流关系、感情沟通关系。顾客关系营销的实质就是通过互动和交流，与客户建立一种超越买卖关系的非交易关系。其目的就是促使顾客形成对企业及产品的良好印象和评价，提高企业及产品在市场上的知名度和美誉度，为企业争取顾客、开拓和稳定市场关系，保证企业营销成功。建立并维持与顾客的良好关系是企业营销成功的保证。为此，应采取如下措施：①树立以顾客为中心的经营思想；②企业要了解顾客的需要，提高顾客的满意度；③科学地进行顾客关系管理，培养顾客的忠诚度等。顾客关系营销的重点也是难点在于发展一种同企业最佳顾客之间的特定关系，顾客从中感受到良好的双向沟通，并认为自己得到了特别关注和奖励。许多事实表明，高度的顾客满意度能培养一种对品牌情感上的吸引力，而不仅仅是一种理性偏好，并且将建立起高度的顾客忠诚。俱乐部市场营销、频繁市场营销、一对一市场营销都是解决顾客关系营销难题的比较有效的、切实可行的手段和方法。

资料11-2

乔·吉拉德如何发展客户关系

乔·吉拉德把成交看作是推销的开始。他在与客户成交之后，并不是把他们置于脑后，而是继续关心他们，并恰当地表示出来。他每月要给自己的1万多名客户寄去一张贺卡。一月份祝贺新年，二月份纪念华盛顿诞辰日，三月份祝贺圣帕特里克日……凡是在他那里买了汽车的人，都会收到他的贺卡。正因为他没有忘记自己的客户，客户才不会忘记乔·吉拉德。乔·吉拉德在销售过程中，总结出了著名的“250定律”。他认为在每位客户的背后，都大约站着250个人，这是与他关系比较亲近的人：同事、邻居、亲戚、朋友。如果一位推销员在年初的一个星期里见到50个人，其中只要有两个客户对他的态度感到不愉快，到了年底，由于连锁效应就可能有500个人不愿意和这位推销员打交道。因此，在销售过程中不能得罪任何一个客户，得罪一个客户就等于得罪了250个客户。反过来讲，如果你赢得了一个客户的口碑，就等于赢得了250个客户。

（三）合作者关系营销策略

合作营销又称为联合营销，是企业与企业，或企业与其他机构通过合作的方式，共同研究市场、开拓市场、进入市场、占有市场，共同开发产品、修建分销渠道、传播信息、促进销售，为实现各自的营销目标，通过各种协议、契约而结成的介于独立的企业和市场交易关系之间的一种松散型组织状态。其本质是在做市场的过程中与他人建立伙伴关系或朋友关系。从竞争关系的角度划分，合作营销策略主要分纵向合作竞争型营销策略和横向合作竞争型营销策略。前者是指具有供需关系的企业间的策略合作，在这种合作中通过信息、技术共享等方式，降低整个价值链的成本、提高总体利润，实现“双赢”，并以此击败共同的竞争对手；后者是指生产能相互代替产品的企业间的策略合作，也就是与同行、竞争对手间的策略合作，这是为了寻求资源

共享和优势互补，使拥有不同优势的企业为了生存发展，在竞争的同时也通过彼此之间的合作进行经营，通过优势互补、资源共享、成本降低和风险分散等效益，增强竞争双方的实力。

(四) 影响者关系营销策略

当今，企业从“以生产为中心”转到“以市场为中心”，使得社会的关系结构发生了根本的变化，长期形成的以行业为主的竞争方式开始向全方位转变。企业作为一个开放的系统从事活动，不仅要关注企业内部的员工关系、企业与顾客关系、企业与合作者的关系，还必须拓展视野，注意企业与股东的关系，企业与政府的关系，企业与媒体、社区、国际公众、名流、金融机构、学校、慈善团体、宗教团体等的关系，这些关系都是企业经营管理的影响者。面向影响者的企业市场营销策略通常借助公共关系的宣传型、服务型、社会型、交际型以及征询型等活动方式，有效地提高企业的知名度、美誉度、和谐度，最大限度地获得企业的无形资源，树立企业的良好形象。

第四节　整合营销

整合就是把各个独立的营销工作综合成一个整体，以产生协同效应。这些独立的营销工作包括广告、直接营销、销售促进、人员推销、包装、事件、赞助和客户服务等。

一、整合营销的概念

整合营销理论产生于20世纪90年代，是由美国西北大学市场营销学教授唐·舒尔茨（Don Schultz）提出的。整合营销就是根据企业的目标设计战略，并支配企业各种资源以达到战略目标。传媒整合营销作为“整合营销”的分支应用理论，简言之，就是从“以传者为中心”到“以受众为中心”的传播模式的战略转移。

整合营销是以消费者为核心重组企业行为和市场行为，综合协调地使用各种营销形式的传播方式。它以统一的目标和统一的传播形象，传递一致的产品信息，实现与消费者的双向沟通，迅速树立产品品牌在消费者心目中的地位，建立产品品牌与消费者长期密切的关系，从而更有效地达到广告传播和产品营销的目的。

资料11-3

苏州国际旅游节整合营销与全民撬动

苏州旅游一直走在全国旅游品牌创新的前沿。第 19 届“东方水城”中国苏州国际旅游节与第九届江苏省园博会同天开幕，本次旅游节突破传统彩船巡游模式，从旅游节品牌出发，定制了旅游节视觉识别系统，并策划执行了“千万红包大派送”“千言万语说苏州”“百米长卷绘苏州”“万人狂欢闹苏州”四大系列活动，以线上+线下的方式进行全域整合，尤其是以全民的惠民促销与祝福征集的形式在全国旅游市场形成了“病毒式”传播，极大地延长了旅游节的时间并扩大了其影响力，使苏州旅游节以及苏州旅游品牌得到全方位的传播。

二、整合营销的层次

一般来说，整合营销包含两个层次：一是水平整合，二是垂直整合。

（一）水平整合

1. 信息内容的整合

企业的所有与消费者有接触的活动，无论其方式是媒体传播还是其他的营销活动，都是在向消费者传播一定的信息。企业必须对所有这些信息内容进行整合，根据企业的传播目标，对消费者传播一致的信息。

2. 传播工具的整合

为达到信息传播效果的最大化，节省企业的传播成本，企业有必要对各种传播工具进行整合。所以企业要根据不同类型顾客接受信息的途径，衡量各个传播工具的传播成本和传播效果，找出最有效的传播组合。

3. 传播要素资源的整合

企业的一举一动、一言一行都是在向消费者传播信息，应该说传播不仅仅是营销部门的任务，也是整个企业所要担负的责任。所以有必要对企业的所有与传播有关联的资源（包括人力、物力、财力）进行整合，这种整合也可以说是对接触管理的整合。

（二）垂直整合

1. 市场定位整合

任何一个产品都有自己的市场定位，这种定位是在市场细分和企业产品特征的基础上制定的。企业任何的营销活动都不能有损企业的市场定位。

2. 传播目标的整合

有了确定的市场定位以后，就需要确定传播目标了。想要达到什么样的效果？多高的知名度？传播什么样的信息？这些都要进行整合，有了确定的目标才能更好地开展后面的工作。

3. “4P”整合

“4P”整合的主要任务是根据产品的市场定位设计统一的产品形象。各个“P”之间要协调一致，避免互相冲突、矛盾。

4. 品牌形象整合

主要是品牌识别的整合和传播媒体的整合。名称、标志、基本色是品牌识别的三大要素，是形成品牌形象与资产的中心要素。品牌识别的整合就是对品牌名称、标志和基本色的整合，以建立统一的品牌形象。传播媒体的整合主要是对传播信息内容的整合和对传播途径的整合，以最小的成本获得最好的效果。

三、整合营销的运作思路

整合营销是以整合企业内外部所有资源为手段，重组再造企业的生产行为与市场行为，充分调动一切积极因素，以实现企业全面的、一致化营销，简而言之，就是一体化营销。整合营销主张把一切企业活动，如采购、生产、外联、公关、产品开发等，不管是企业经营的战略策略、方式方法，还是具体的实际操作，都要进行一元化整合重组，使企业在各个环节上达到高度协调一致，紧密配合，共同进行组合化营销。其基本思路如下：

(一) 以整合为中心

整合营销重在整合，从而打破了以往仅仅以消费者为中心或以竞争为中心的营销模式，而着重企业所有资源的综合利用，实现企业的高度一体化营销。其主要用于营销的手段就是整合，包括企业内部的整合、企业外部的整合以及企业内外部的整合等。整合既包括企业营销过程、营销方式以及营销管理等方面的整合，也包括对企业内外的商流、物流及信息流的整合。总而言之，整合、一体化、一致化是整合营销最为基本的思路。

(二) 讲求系统化管理

区别于将注意力主要集中在生产环节和组织职能的生产管理时代的企业，以及以职能管理为主体，各个单项管理集合的混合管理时代的企业，整合营销时代的企业由于所面对的竞争环境的复杂多变，因而只有整体配置企业所有资源，企业中各层次、各部门和各岗位，以及总公司、子公司，产品供应商，与经销商及相关合作伙伴协调行动，才能形成竞争优势。所以，整合营销所主张的营销管理，必然是整合的管理、系统化的管理。

(三) 强调协调与统一

整合营销就是要形成一致化营销，形成统一的行动。这就要强调企业营销活动的协调性。这不仅仅要求企业内部各环节、各部门的协调一致，还要求企业与外部环境协调一致、共同努力，以实现整合营销。这是整合营销与传统营销模式的一个重要区别。

(四) 注重规模化与现代化

整合营销是以当代及未来社会经济为背景的企业营销新模式，因而，十分注重企业的规模化与现代化经营。规模化不仅能使企业获得规模经济效益，而且，也为企业有效地实施整合营销提供了客观基础。与此同时，整合营销依赖于现代科学技术、现代化的管理手段，现代化可为企业实施整合营销提供效益保障。

四、整合营销的原则

(一) 趣味原则

趣味性的广告更能吸引年轻人的眼球。可以从产品名称、产品包装造型、价格体系、个性渠道或终端特点、促销品、广告语、公关活动等系统中创造能够引发趣味笑话谈资的营销传播元素，并使其从传播资源延伸到最终的销售动力。

(二) 互动原则

网络媒体区别于传统媒体的一个重要的特征是其具有互动性，如果不能充分地挖掘运用这个独特点，新瓶装旧酒，直接沿用传统广告的手法，无异于买椟还珠。但网络媒体在传播层面上失去了传统媒体的“强制性”，如此的“扬短避长”，单向布告式的营销，肯定不是整合营销的前途所在，只有充分挖掘网络的交互性，充分地利用网络的特性与消费者交流，才能扬长避短，让整合营销的功能发挥至极致。

数字媒体技术的进步，已经允许我们能以极低的成本与极大的便捷性，让互动在营销平台上大展拳脚。而消费者们完全可以参与到网络营销的互动与创造中来。在陶艺吧中亲手捏制的陶器弥足珍贵，是因为融入了自己的汗水。同样，消费者亲自参与互动与创造的营销过程，会在大脑中刻下更深的品牌印记。把消费者作为一个主体，发起其与品牌之间的平等互动交流，可以为营销带来独特的竞争优势。未来的品牌将是半成品，另一半由消费者体

验、参与来确定。当然，营销人找到能够引领和主导两者之间互动的方法很重要。

资料11–4

百万悬赏大神玩咖——“好客山东”旅游攻略大赛

为宣传推广“好客山东”十大文化旅游目的地品牌，进一步发掘山东旅游目的地的新体验及新玩法，山东省旅发委携手同程旅游向全国网友及旅游爱好者征集山东省的旅游攻略。此次大赛采取“全国征集＋省市县企业分级众筹＋线上游戏＋自媒体宣传”的方式，进行线上＋线下联动营销，征集创意游戏微攻略＋专业达人精品攻略，引发了全域联动、全民参与的高潮。此次大赛共收集攻略10万余篇，奖金池达40万元，推出了山东省十大文化旅游目的地主题产品，实现了目的地与游客的新互动，是整合营销创新的典范。

（三）个性原则

个性在网络营销中的地位不断凸现。对比“大街上人人都在穿”“全北京独此一件，专属于你”，你就明白专属、个性显然更容易俘获消费者的心。因为个性，所以精准，因为专属，所以诱人。个性化的营销，让消费者心理产生“焦点关注”的满足感，个性化营销更能投消费者所好，更容易引发购买行动。但是在传统营销环境中，做到“个性化营销”成本非常之高，因此很难推而广之。但网络媒体让这一切变得简单、便宜，细分出一小类人，甚至一个人，做到一对一行销都成为可能。

思考与习题

1. 网络营销的类型和原则是什么？
2. 事件营销的类型和原则是什么？
3. 关系营销的类型和原则是什么？
4. 整合营销的类型和原则是什么？

第十二章 旅游市场营销管理

➤**教学目标** 知识目标：了解旅游市场营销管理的过程，熟悉旅游市场营销计划的含义、类型与内容，掌握旅游市场营销计划的实施步骤及控制方式，掌握旅游市场组织的概念、旅游市场营销组织的方式

能力目标：初步具备制定企业市场营销计划的能力

➤**教学难点** 根据旅游企业设计合适的营销组织结构

➤**教学重点** 市场营销管理的过程

资料12–1

"史上最成功的"旅游营销案例

旅游营销对一个项目，一个城市有多重要？"全世界最好的工作"让30亿人知道了大堡礁周围的小岛。2009年1月，澳大利亚大堡礁的小岛突然成为全球各大媒体争相报道的对象，因为那里有"全世界最好的工作"。这次极为成功的策划营销案例的背后推手，是Sapient Nitro（以下简称Sapient）公司。

一、不可能完成的任务

Sapient公司是澳大利亚昆士兰州旅游局的长期合作伙伴，每年都承担许多昆士兰旅游推广项目。2008年初，公司接到推广大堡礁岛屿旅游项目时，有点为难。布拉纳说："大堡礁虽然早在1981年就被列入世界自然遗产名录，但它周边的岛屿并不出名，对于打算去海岛度假的游客，他们首先想到的不外乎夏威夷、加勒比海、马尔代夫和爱琴海诸岛等。"另一个问题是预算，因为昆士兰州旅游局只给Sapient公司100万澳元的预算。用这么点资金，通过营销手段让大堡礁周围岛屿获得全世界认知，这几乎是不可能的事情。

二、做一回当地人

Sapient需要一个能迅速吸引人们注意和打动消费者内心的全新策略

方案。布拉纳的团队从消费者心理入手。“全世界的消费者都希望从产品中获得更多的价值，旅行者也是。‘坐飞机，然后慵懒地躺着’，这种度假方式正在消失。人们想要得到真正的体验，回去之后能与朋友们分享的体验。他们不仅想要看风景，更想参与，他们想完全把自己沉浸其中。这种深度体验的要求，是现代旅行者内心最真实的诉求。而成为一个当地居民，是体验文化的最好方式。”布拉纳强调。有了这个想法，布拉纳团队总结出一句话的营销策略：“感受大堡礁，生活在这里。”

团队经过进一步讨论，又引入“工作”这个概念。“我们意识到，绝大多数人都要工作，而一个人的工作与他的生活密切相关。因此，在一个美满的人生里，我们都想要一份我们热爱的工作，一份能让人乐意从床上跳起来的工作。这是现代生活中，最广泛和普遍的梦想之一。”布拉纳说。2009 年初，正值金融风暴席卷全球，企业大量裁员、失业率居高不下，人心惶惶。所以，能够拥有一份稳定、高薪的工作，绝对是一件令人羡慕的事情。

基于以上两点考虑，布拉纳团队的想法有了一次飞跃：让人们想象，能生活在大堡礁——不仅仅是旅游，而是拥有一份每小时 1 400 澳元超高待遇的工作，而且工作环境又惬意，工作内容又轻松。布拉纳说：“所有这一切都看起来美妙得难以置信，而且绝对没有欺骗。大堡礁岛屿看护员是一个受昆士兰州旅游局雇用的、完全实实在在的工作岗位。这份工作的任务是生活在大堡礁附近的岛屿上、清理泳池、喂鱼和收发邮件，然后和世界分享他的经历。世界上的任何一个人都可以申请这份工作。“这该会有多么大的吸引力啊！谁能不为这份工作心动呢？”

三、请你们帮我讲故事

当这些想法成熟后，布拉纳团队开始为世人讲述这样一个美丽的故事：在北半球一片阴沉和寒冷的时候，这里的热带岛屿阳光明媚，有一份惬意的工作正等着你。是的，这是“全世界最好的工作”。

招聘的流程很漫长，还有很多环节，这是布拉纳团队特意设计的，因为这样，世界各大媒体就会有充分时间持续报道。广告投放也非常简单。他们仅在澳大利亚旅游主要客源国，如美国、欧洲各国、新西兰、新加坡、马来西亚、印度、中国、日本和韩国等，发放一些分类职位广告、职位列表和小型的横幅，引导人们登录网站。另外，布拉纳的团队还利用网络的交互性，比如 YouTube、Twitter、Facebook 等，使活动影响力不断延伸。

四、最成功的旅游营销战略

经过一年的运作，“全世界最好的工作”的受众达到30亿，几乎占了全球总人口的一半；收到来自202个国家（和地区）近3.5万份申请视频。全球每个国家（或地区）都至少有一人发出了申请；招聘网站的点击量超过800万，平均停留时间是8.25分钟；谷歌搜索词条“世界上最好的工作十岛”，可搜到4万多条新闻链接和23万多个博客页面；据国际知名公共关系公司泰勒·赫林统计，这次营销活动在全球公共关系案例历史上排名第八。从美国有线新闻网（CNN）的报道到英国广播公司（BBC）的纪录片，再到美国《时代》杂志的文章，全球媒体报道带来的广告价值约为2.07亿澳元（约合13.8亿元人民币）。招聘活动结束的当天，昆士兰州州长安娜·布莱由衷地赞叹道：“‘全世界最好的工作’不仅是一段令人赞叹的旅程，也是史上最成功的旅游营销战略！”

第一节　旅游市场营销管理过程

旅游市场营销管理是旅游企业或组织不断调整自身系统以适应需求变化的动态过程，在这一过程中企业内部的各职能部门需要充分协调，任何一个环节衔接不上都会影响整个市场营销活动的效果。因此，旅游市场营销管理过程实际上就是旅游企业或组织针对营销工作履行决策、计划、组织、实施、控制五大职能的过程。从工作程序上讲，旅游市场营销管理过程可大致分为五个阶段：分析市场销售机会，研究和选择目标市场，制定市场营销战略，制定营销计划，实施和控制营销计划（见图12－1）。

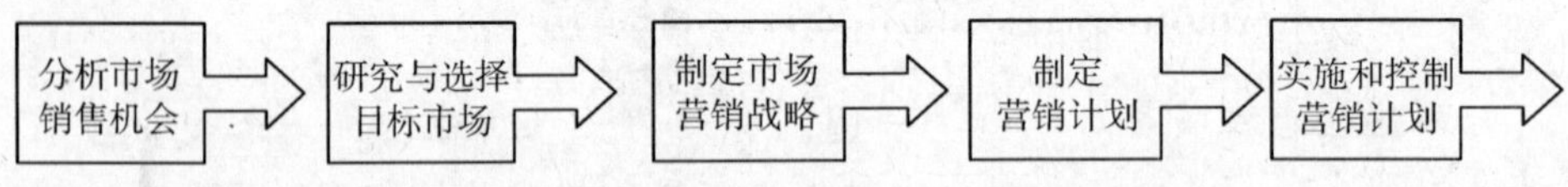

图12－1　旅游企业市场营销管理过程示意图

一、分析市场营销机会

市场营销学认为，寻找和分析、评价市场机会，是市场营销管理人员的主要任务，也是市场营销管理过程的首要步骤。由于市场需求不断变化，旅游企业为了谋求长期、稳定的发展，必须经常寻找、发现新的市场机会。旅游市场营销机会就是与企业内部条件（资金能力、技术能力、生产能力、销售能力、管理能力等）相适应，能实现最佳营销因素组合策略和营销目标，

享有竞争优势和获得局部或全局的利益，并能促成企业自身发展的环境机会。旅游企业在分析市场营销机会时，必须注意以下几个方面的问题：

（一）最大范围地收集意见和建议

首先，应树立“游客意见是企业的财富”的理念，通过收集游客意见来不断完善营销活动。在实际工作中要认真做好游客意见的收集、整理、分析、反馈、保存等方面工作，及时向被投诉部门发出“游客投诉意见转达表”，并做好投诉意见的分析、调研、汇总、统计工作，及时向企业领导反馈和传递质量管理方面的信息，并提出建议或处理措施。其次，应最大范围地收集企业内外部的意见和建议，在这方面经常采用的方法有询问调查法、德尔菲法、座谈会法、课题招标法、头脑风暴法等。

（二）开发具有本地特色的项目

旅游市场机会的把握要依托本地自然资源和人文景观，开发具有本地特色的旅游项目，要加大旅游商品开发力度，大力发展具有民族特色和文化内涵的旅游纪念品。如近年来风行的“农家乐”，游客住农家屋、干农家活、吃农家饭、享受农村生活情趣。这种结合本地特点、独具特色、集观光与休闲为一体的旅游项目给各地旅游带来了勃勃生机，刺激了地方旅游项目的深度开发。

（三）聘请专业人员进行市场机会分析

旅游企业可聘请专业人员对市场机会进行分析，这些人员职业水平比较高、看问题比较客观、信息比较灵通、建议容易为人们所重视。考虑到旅游企业的市场营销活动是一个长久性的活动，专业人员进行市场机会分析时，要保证工作的连续性和持久性。

（四）建立完善的市场信息系统和进行经常性的市场调研

越来越多的旅游企业认识到客户信息所能产生的效益远远超过一切传统营销方式。信息技术的发展正改变着社会的方方面面。如美国航空公司设有一个旅行者数据库，存有 80 万人的资料。这部分人平均每人每年要搭乘该公司航班达 13 次之多，占该公司总营业额的 65%。因此，该公司每年会以他们为主要对象举行促销宣传活动，旨在维持和增强企业与顾客的感情纽带，同时通过在线信息，发现并满足顾客的需求，极力改进服务，提高顾客满意度。完善的营销信息系统包括企业内部报表系统、营销情报系统、营销调研系统、营销分析系统。

二、研究与选择目标市场

目标市场的选择是一项繁杂庞大的工作，任何一个国家、地区和企业，都不可能垄断整个旅游市场。旅游目标市场的选择，就是在市场细分的基础上根据旅游企业本身的资源情况、营销能力以及细分市场吸引力的大小，对各细分市场进行评估，确定特定的细分市场作为市场营销的重点，并用合适的旅游产品来满足特定细分市场的需要。

简言之，研究、选择旅游目标市场的过程分为四个步骤，即：测量和预测市场需求、进行市场细分、选择目标市场、实行市场定位。选择目标市场一般可以运用无差别市场策略、差别性市场策略和集中性市场策略。市场定位也就是对产品进行竞争定位，尤其是在竞争加剧时，正确的市场定位不仅能使旅游企业的产品在游客心目中占领一个与众不同、有吸引力的位置，而且能扬长避短，使企业在竞争中处于有利地位。

资料12-2

西霞口旅游营销案例

国信旅行社依托西霞口独特丰富的旅游资源，通过深度梳理，归纳出了独特的气候资源、自然生态旅游资源、社会主义新农村参观考察资源、景区景点资源、动物鸟类地质科考资源等五类资源，针对不同客源群包装推出了“大手牵小手，看透西霞口”亲子游产品，“动物天地，海滨地貌”科普夏令营产品，“牵手到海角，情定西霞口”新婚度假产品，“福如东海，清凉度假”老人休闲养生之旅，“迸发激情，凝聚团队”企事业单位奖励旅游产品，“同走幸福路”社会主义新农村参观考察产品以及“浪迹天涯、个性张扬”自驾游、自助游等七类旅游线路产品，实现了西霞口由卖资源到卖产品的转变，使其迅速走进大众的视野，成为媒体关注的热点。

三、制定市场营销战略

营销战略是各个企业希望达到的各种营销目标的营销逻辑。制定旅游市场营销战略应综合考虑企业经营使命、企业经营目标、企业经营策略、企业经营业务组合等因素。旅游市场营销战略是指导旅游市场营销活动的全局性指导方针，策略是实现战略的每个具体环节的战术，策略包含了各种营销因素组合的综合利用。企业经营策略由旅游企业的高层领导制定，企业为实现

这些经营目标，通常采用的四大策略为市场渗透策略、市场拓展策略、新产品开发策略、多元化发展策略。

1. 市场渗透策略

在现有产品和经营业务不作任何改变的情况下，想办法使现有旅游者消费更多数量的现有产品，以实现更多的销售额。要让现有旅游者多消费现有产品，必须在其消费过程中不断创造新意，增加旅游产品新的用途或价值，否则顾客的忠诚度就会降低。

2. 市场拓展策略

旅游企业努力开辟新的细分市场，争取新的顾客群，把现有旅游产品推销给新顾客消费。如一家商务酒店开始积极拓展会议客源，以弥补商务客源的不足，力求扩大销售面，提高市场占有率。

3. 新产品开发策略

旅游企业通过不断开发新产品来稳定和留住现有顾客，吸引现有顾客不断回头消费，从而增加销售，巩固市场。此策略特别适用于旅游行业中的餐饮和娱乐产品的经营，以灵活多变的经营方式，时常推出新产品，去适应不断变化的顾客需求。

4. 多元化发展策略

旅游企业向全新的产品和经营领域扩展，搞“一业为主，多种经营”。面向新的市场、新的顾客，经销新的产品和业务，以此来拓展企业的经营范围。如有的高星级酒店搞管理输出，以成立酒店管理公司的形式，向外扩展委托经营、管理及培训等业务；有的酒店凭借自身硬件设施和技术之优势，对外拓展专业服务业务，如洗衣、租车、烹饪、地毯清洁保养、艺术团演出、插花、装饰等业务；有的旅游企业涉足多个行业的经营，实施多种产业并举，向连锁经营和集团化发展。

资料12-3

西湖旅游营销案例

西湖免费开放的成功模式战略营销是营销思想发展的一个新阶段，它认识到以消费者导向的营销观念忽视竞争的缺陷，特别强调消费者与竞争者之间的平衡。在新的竞争环境中，旅游目的地已经无法像以往那样单纯地注重日常的经营，而是必须运用战略管理的思维和工具指挥营销活动，

才能达成目标。中国特殊的国情，恰好使得很多优秀的旅游目的地在战略营销方面发挥了积极的作用。2001年，杭州市政府批准实施的《杭州市城市总体规划（2001—2020年）》中提出：城市东扩，旅游西进，沿江开发，跨江发展的城市空间发展战略。2002年9月，老年公园、柳浪闻莺公园、少儿公园和长桥公园的围栏被拆除，几个独立的小公园在打通后成为环湖大公园，向游客24小时免费开放。此后的10年间，西湖相继取消了130多个景点的门票，占景点总数的70%以上。免费开放的景区面积达到了2 000多公顷。对于免费西湖的“心意”，游客用“脚”作出了反馈。杭州市旅委公布的数据显示，2002年杭州市的旅游总人数为2 757.98万人次，旅游总收入为294亿元，到了2011年，旅游总人数达到7 487.27万人次，旅游总收入为1 191亿元，是2002年的四倍。旅游收入的增速，明显高于同期杭州市GDP的增速。从整个杭州范围来看，“舍”去一张门票钱，激活吃、住、行、游、购、娱全方位的旅游休闲消费，“得”的是旅游产业结构的优化，以及城市现代服务业的整体发展与提升。

解析：西湖免费开放的成功模式，为国内其他景区的免费开放提供了丰富的经验。在诸多因素和条件相似的情况下，西湖免费开放的具体经验和示范效应，可以帮助其他景区在免费开放中少走弯路，可以为那些已经在免费中，或者即将免费的景区所在地的旅游经济的发展，提供有益的借鉴。但需要指出：每处景区都有各自的特点和地区实际，在借鉴西湖景区免费模式时，一定要因地制宜，因势利导，避免机械复制行事。

四、制定营销计划

为使旅游营销战略得以贯彻落实，营销部门还必须制定营销组合计划，包括产品管理和产品发展计划、价格管理和定价计划、销售渠道管理和分销计划、促销计划。营销组合计划亦称营销组合策略，简称营销组合或营销计划。营销计划是营销管理系统最重要的一项输出，通常以计划书的形式提供给主管领导。规范化的营销计划书包括以下内容：内容摘要、目前营销状况、营销机会和问题分析及结论、计划期营销目标、计划期营销战略、营销战略的实施计划、费用预算、利润计划和营销计划控制措施。

五、实施和控制营销计划

营销管理过程的最后一个阶段是实施和控制营销计划。旅游企业必须设计一个能够实施营销计划的营销组织。营销组织通常是由一位主管营销的副总经理负责，他有两项使命：第一，协调全体营销人员的工作；第二，促使企业所有部门齐心协力地履行营销部门对顾客许下的诺言。这就需要与分管

财务、业务、研究开发、采购和人事等的副总经理密切配合。营销部门的有效性不仅依赖于它的结构，同时也取决于对人员的选择、培训、指导、激励和评价。在开放型和封闭型营销组织的经营活动中，存在着巨大差异。营销人员需要对自己的营销活动进行反馈。经理们必须定期召见下属，检查他们的业绩，表扬优点，指出缺点，并提出改进意见。在营销组织实施营销计划的过程中，可能会出现许多意外情况，企业需要有一套控制程序，以确保营销目标的实现。

第二节　旅游市场营销计划管理

一、旅游市场营销计划的概述

旅游市场营销计划是对旅游目的地和旅游企业市场营销活动方案的具体描述，即通过对目前市场发展态势以及自身地位和实力的分析，确定今后发展目标及其实现战略和行动方案的工作过程。反映这些既定目标、战略和行动方案的书面文件便是旅游地或旅游企业的市场营销计划。企业计划工作是公司及各类企业中一个相当重要的部分。旅游企业在通往错综复杂的计划工作的道路上，要经历以下五个阶段。

（一）无计划阶段

当公司或企业最初组织起来时，经理忙于张罗资金、顾客、设备和材料，以致很少有时间编制计划。这时管理层会全神贯注于日常的经营业务以维持生计。这一阶段就是无计划阶段。

（二）预算制度工作阶段

在这一阶段，公司为了加强对企业经济效益的控制，建立了一套预算制度。高层管理者估算出下一个年度的总收入以及与此有关的成本和现金流量，各部门经理为本部门拟定预算。但是这些预算都是财务上的，并不要求具有真正计划工作那样的水平。此外，不应该把预算和全面计划混为一谈。

（三）年度计划工作阶段

1. 计划工作的方法

（1）自上而下的计划工作。它由高层管理者为所有较低的管理部门建立目标和计划。在企业中，它来源于行为科学的X理论，即认为雇员们不喜欢负责而宁愿接受指挥。

（2）自下而上的计划工作。企业内部的不同单位各自草拟本部门的目标和计划，并送给较高层次的管理者审批。这种方法的基础是行为科学中的Y

理论，即认为雇员们愿意负责，如果他们参与企业的计划工作，就会增强他们的创造性和责任感。

(3) 目标下达而后计划上报的计划工作。高层领导者总揽公司的机会和需求，建立公司的年度目标，公司下属的各个部门负责制定帮助达到这些目标的计划。当这些计划被高层领导批准后，便成为正式的年度计划。

2. 计划工作的作用

高层管理者必须考虑怎样把计划工作观念引入组织，督促和监控公司的计划工作；同时，还必须宣传计划工作的优点。计划工作的主要作用有：鼓励大家系统性地思考问题；使企业的许多工作得到较好的协调；使企业为最后的营销控制制定一套绩效考核目标；使企业能制定出更敏锐的指导目标和策略；使企业对突发事件有较为充分的准备。

(四) 长期计划工作阶段

管理者认识到在制定年度计划以前应该先有一个长期计划。年度计划应该是一个长期计划中的某一年度的详细计划。如广州白天鹅宾馆的管理层年初为本酒店编制一个五年计划，然后再制定年度计划。由于环境的变化和长期计划需要复审，这个五年计划每年都要修订一次（称为滚动计划）。我国目前管理较好的旅游企业基本都是这么做的。

(五) 战略计划工作阶段

一个称职的企业领导最终会认识到其计划工作的绝大部分是处理现行业务和如何使它们进行下去。外界的宏观环境和微观环境如此多变，以至于公司需要发展能够抵抗冲击的业务组合。战略计划工作就是研究处理在不断变化的环境面前怎样努力使得整个企业能最恰当地适应它遇到的市场机遇。随着管理科学的不断更新、进步，企业在计划工作上也获得了更多的经验，目前已建立了一套标准化的计划格式。计算机程序的开发可以帮助营销经理们审查不同的营销计划效果和环境假设对销售及利润的作用。在主要计划之外，还应该要求经理们制定权变计划，以便他们在危急事件发生时能及时作出反应。这都标志着公司战略计划工作阶段是目前企业计划的最高阶段。

二、旅游市场营销计划的类型

实事求是，从实际出发，是一切战略、方针和计划的出发点，也是保证一切战略、方针和计划切实可行、基本正确的前提条件。一般地讲，任何计划工作都涉及制定今后的方针目标以及策划实现这些目标的实施方案。目标

的制定通常要在市场调研与分析的基础上进行。实施方案的策划则需要考虑有关的成本、费用，并且要规定出以何种方式控制计划的实施以及评估计划目标的实际落实程度。但是，由于计划的时期范围不同，制定目标的等级也有差异。有的目标是长远性的战略目标，有的目标则属于为保证长远性战略目标的最终落实而应在近期内加以实现的阶段性目标。围绕这些不同等级的目标，营销计划可以分为以下两大类：

（一）战略性营销计划

战略性营销计划是一种长远性规划，通常指三五年或更为长久的计划。它们都要回答三个基本问题：一是本企业经营的现状如何，本地旅游业的发展状况如何；二是今后某一较长时期内要达到的书面目标或地位是什么；三是如何实现这些目标和地位。

企业总体经营规划和旅游总体发展规划中所涉及的内容范围要比营销计划广泛。营销计划只是这一总体规划中的内容之一。对于任何以营销为导向的旅游企业来说，战略性营销计划都是企业总体经营规划中最重要的组成部分，很大程度上决定着企业未来的营业收入。因而市场营销工作的根本职能在于直接负责识别和刺激未来顾客的需求，并将这些需求转化为营业收入。战略性营销计划的主要内容包括以下方面。

1. 战略目标

所谓战略目标，是指一个旅游目的地或旅游企业在将来某一时期内在其市场中所要占据的位置，通常就是对未来的目标市场、产品范围、销售量、计划增长率、市场份额以及创收或利润等方面作出大体规定。如每五年国家旅游局都要制定旅游业发展规划纲要，对我国旅游业的发展战略目标进行具体规定。

2. 形象确立

形象确立是指规定未来某一时期内本企业或旅游目的地在市场上应努力树立起何种形象以及在人们心目中达到何种地位。所谓在市场上的形象，是指企业及其产品在客源市场心目中所形成的看法。

3. 营销预算

营销预算指实现计划所规定的营销目标所需花费的资金。

4. 具体措施

具体措施一般指为实现既定目标所需采取的各种行动计划。

（二）战术性营销计划

战术性营销计划也称营销行动计划，战术性营销计划是一种短期内（通常是1年）的营销行动计划。从战术意义上讲，这种营销计划主要是针对近期的市场情况，特别是针对竞争者的行动作出对策和反应。战术性营销计包括以下方面。

1. 营销目标

要以数量化形式具体规定计划实现的销售额和营业额指标或者其他方面的营销目标。

2. 手段和预算

手段和预算是指实现目标所涉及的营销组合决策以及有关的费用预算。

3. 行动方案

行动方案是指有关营销工作的执行方案，尤其是促销活动的安排协调。

4. 评价与控制

评价与控制是指如何定期检查、评价和控制营销活动的效果。

三、旅游市场营销计划的内容

营销战略计划是旅游企业战略规划核心内容。怎样来编制营销计划？同其他行业一样，旅游企业的市场营销计划并没有统一的固定模式。各企业营销计划的结构和制定程序不尽相同，同时营销计划的内容也随着管理层考虑问题的出发点不同而变化。营销计划通常包括旅游企业当前的营销状况、机会和问题分析、企业目标的确定、制定营销战略、确定营销行动方案、营销预算与计划控制六个方面的内容。

（一）当前营销状况

市场状况：弄清楚本企业为其服务的市场数据，包括市场的规模、成长状况。

产品状况：应明确本企业产品的实力、价格水平、为企业贡献利润的大小。

竞争状况：对主要的竞争者进行辨认，并逐项描述其规模、目标、市场份额、产品质量、营销战略和其他特征，以便恰如其分地了解其意图和行为。

分销状况：应了解本企业产品到达消费者手中的销售渠道和每个分销渠道上的发展变化，注意分销商在力量上的变化以及激发他们分销积极性的价格和交易条件。

宏观环境状况：描述宏观环境的主要趋势，包括政治、经济、法律、技术和社会文化等方面。它们都对旅游企业产品的开发前途有着巨大影响。

(二) 机会和问题分析

在描述当前营销状况数据的基础上，企业经理需要辨认在本计划期内公司所面临的机会与威胁、优势与劣势的问题，这就是战略管理理论中的SWOT分析。S代表“strength”，W代表“weakness”，O代表“opportunity”，T代表“threat”。优势与劣势分析也称S/W分析。所谓优势和劣势，是指企业的内部因素。企业的领导人在确定企业目标之前应辨认、分析企业的优势与劣势。机会与威胁分析也称O/T分析。所谓机会和威胁，是指能够影响企业前途的外部因素。

企业的领导人应辨明企业所面临的主要机会和威胁，把它们记录下来，以便提出一些可能采取的行动；还应对问题和机会进行分类，以便对一些较重要的问题有足够的注意。在进行了O/T分析和S/W分析之后，企业应运用机会与威胁、优势与劣势分析得来的调查结果，确定在计划中必须注意的主要问题。

(三) 企业目标的确定

旅游企业的领导者了解到问题所在之后，接下来就面临着对企业目标作出某些基本决策。这些企业目标将指导后面寻找战略和行动方案的工作。企业的领导者必须建立两种目标：财务目标和营销目标。每一个企业都在寻求一定的财务目标，投资者将会寻找一个令人满意的长期的投资报酬率，并且希望知道他们在本年度所能获得的利润。财务目标必须转化为营销目标。如某旅游商品生产厂家想赚到180万元的利润，并且它的目标利润率是销售收入的10%，那么它的销售收入目标必须是1 800万元。如果企业产品的平均单价是260元，那么它的销售量必须是69 230个单位。如果该企业对整个行业的销售预计是230万个单位，那么它的市场占有份额就是3%。这个3%的市场份额，就可以作为企业的营销目标。

一套目标应该具有一定的标准。首先，每一个目标应该有一个明确表达的形式和一个应该完成的期限。其次，各个目标应该具有内部的统一性。再次，各个目标的叙述应该有层次性，适当的目标应该由高到低非常清楚地排列。最后，这些目标是可以达到的，就像跳起来就可以得到苹果一样，要尽可能使目标具有足够的挑战性，并能激励员工努力工作。

(四) 制定营销战略

营销战略也称“竞争计划”，是一个企业用以达到其目标的基本方法。它包括目标市场决策、营销定位与组合决策、营销费用水平决策三个方面。

在制定一个营销战略时，企业领导者往往面临着许多可能的选择。对于旅游企业来说，领导者除了要考虑经济效益外，还应考虑社会效益和环境效益。在制定战略的过程中，企业的领导者还需要和那些对营销战略成功与失败负有很大责任的人员进行合作，共同研讨，以获取各方的支持。

（五）确定营销行动方案

营销战略说明了企业领导为达到企业的目标而将采取的总营销的内容，但我们还必须详细分段阐述营销战略的每个要素，并回答下列问题：企业将做什么？什么时候做？由谁来做？成本为多少？若能对上述问题有较圆满的回答，那么企业的行动方案也就具备了较好的可操作性。

（六）营销预算与计划控制

在行动计划中，生产企业应该集中说明支持本方案的预算，即列出一张实质性的预计损益表。此表的收入一方，指出预估的营业情况和平均价格；在开支一方，标明生产成本、实体分销成本、营销费用以及再细分的细节项目。收入和开支之差就是预计利润。上一级的管理者将审核这个预算，并提出赞同或修改意见。

在计划书的最后部分，还将概述控制情况，用以监督计划的进程。通常来说，目标和预算是按月或季度来制定的。上一级的管理者每期都要审查这些结果，并且指出没有达到预期目标的部门。这些落后部门的经理必须说明没有达到预期的原因以及他们正在采取什么行动来改进计划，以争取实现预期的目标。一些计划的控制部分还包括权变计划。权变计划概述了管理层在特殊的不利情况发生时所应实行的步骤。制定权变计划的目的是鼓励经理们对可能发生的某些困难做事先考虑。

四、旅游市场营销计划的执行

营销计划的执行直接影响着营销工作的成效。营销计划的水平固然重要，但仅仅强调营销计划的制订是不够的。如果对于一个好的营销计划执行不力，其后果是可以想象的。一般地讲，在市场营销计划的执行中应注意以下几个方面的问题：

（一）要开展目标管理，保证计划层层落实，保证营销计划的同时性

在旅游企业的营销活动中，时间安排是一个至关重要的问题，这在很大程度上是同旅游的季节性特点分不开的。每一项营销活动都有其最佳实施时间，过早或过迟开展都会使这些工作事倍功半，造成人、财、物的浪费。

（二）要抓好营销人员的任务落实，调动他们的工作积极性

可结合企业的具体情况和市场营销工作的需要，实行各种形式的责任制，做到责任明确、分工合理。

（三）要正确处理计划与变化的关系

营销计划并非是僵死的规定，它所体现的是企业发展的趋势。在计划执行过程中，由于经营环境的变化，需要根据突发情况的出现而修订计划。这种灵活性做法在执行计划过程中不仅是允许的，而且是必要的。但在对有关计划安排作出较大调整之前，应当对这种突发的新情况进行认真的评估，然后才能对原计划进行调整。

（四）要注意经营工作的全面协调

营销工作只是企业经营工作中的一个组成部分。营销计划的执行离不开其他方面工作的支持。如某饭店在制定年度营销计划时，预计通过营销行动可使国家法定节日期间前来住店的顾客大量增加。则该饭店的营业部门应提前做好各种准备，否则，随着营销计划的实施和顾客的大量增加，服务员人手不足的问题势必会抵消饭店在营销方面所做的努力。如果没有各个部门做后盾，营销人员纵有天大的本事也很难取得成功。这都说明营销计划的执行不仅要靠营销部门的积极努力，还要其他部门的大力配合。

五、旅游市场营销计划的控制

旅游市场的影响因素日益复杂，因而针对未来不确定的市场环境所制定的计划就难免与实际实施情况有一定的出入和偏离，为维护和保证旅游市场营销计划的严肃性和科学性，在计划实施过程中就应有相应的调控程序，对计划本身或计划的实施进行必要的调整，以保证旅游企业营销目标的实现。一般来说，对旅游市场营销计划的基本控制方式有年度计划控制、盈利能力控制和战略控制三种：

（一）年度计划控制

旅游企业进行年度计划控制是为了保证达到年度市场营销计划中所制定的各项目标，如营销额、营销利润、市场份额等。在年度计划控制中，旅游企业高层管理者控制整个市场营销计划的总体执行和进度，中层管理者控制市场营销计划的局部执行情况，通过年度计划指导各部门工作的协调配合，共同保证年度计划目标的实现。年度计划控制主要包括四个环节。

1. 分解目标

在市场调研与预测的基础上，旅游企业管理高层把年度计划目标分解成季度与月份的目标，再把季度与月份目标进一步分解到各业务部门，作为目标管理基点，并为各业务部门配置相应的资源，采取相应的保障措施。

2. 监测绩效

旅游企业各级管理者必须严密监测年度计划的执行过程及其绩效，力求准确、及时地搜集和反馈各种关键信息。

3. 发现问题

在年度计划执行过程中如果营销实绩与计划发生严重偏离，各级管理者必须对偏离情况进行分析、判断，探查其主要原因。

4. 修正措施

对于营销实绩与年度计划的严重偏离，各级管理者必须及时采取修正措施，改善营销执行，尽可能弥补其计划目标与营销实绩的差距，必要的时候，也可能修正年度计划目标。

在年度计划控制中，用于评估营销实绩的方法主要有：营销分析、市场份额分析、营销费用——营销额分析、财务分析以及顾客态度分析等，根据具体情况结合使用。

（二）利润控制

旅游企业的利润来源于向旅游消费者提供的产品和服务，因此，旅游企业在实行年度计划控制之外，还必须衡量与市场营销计划密切相关的不同旅游产品、不同地区、不同目标市场、不同营销渠道等方面的赢利能力。通过分析，决定对各种产品的增减、对各个细分市场的开拓或放弃、对各条营销渠道的扩张或缩减。通过这些方面的控制，保证市场营销计划目标的最终实现。赢利能力控制主要包括三个环节。

①营销费用分摊。将市场营销活动所产生的全部费用分摊到市场营销的各项职能工作上。营销费用主要包括广告费用、公共关系费用、人员推销费用、营销促进费用、市场调研费用等，要将这些费用分摊到不同旅游产品、不同目标市场、不同营销渠道等方面，衡量各项活动引起的费用。

②根据各项营销活动的次数，计算每次营销活动的费用。

③为每条营销渠道（客户）编制损益表，反映各类产品、渠道、目标市场的赢利状况，以此为依据进行决策，也就是通过损益表进行各方面的赢利控制。

（三）战略控制

旅游企业的战略主要涉及企业的远期发展方向和范围，力求使企业资源

与变化的环境，尤其是市场、消费者或客户相匹配，以达到企业的目标。因此，旅游企业对营销的战略控制是旅游营销计划中的高层次计划执行控制方式，通常可以使用两种工具，即营销效果等级评价和营销审计。

1. 营销效果等级评价

营销效果等级评价可以通过衡量营销导向的五种主要属性来进行：营销哲学、整合营销组织、营销信息、营销战略导向和营销工作效率。衡量这五种属性后，分别确定它们的等级，从而有针对性地采取措施、提高效率。

2. 营销审计

营销审计是旅游企业对营销环境、营销目标、营销战略、营销组织和营销策略等进行全面、系统的审查，保证旅游企业在不断变化的环境下及时调整各项可控因素，使内、外部环境保持协调，以利于营销计划的推进。营销审计主要包括：旅游市场环境审计、旅游营销战略审计、营销组织机构审计、营销信息系统审计、营销效益审计和营销策略审计。

第三节　旅游市场营销组织

一、旅游市场营销组织的概念及特点

（一）旅游市场营销组织的概念

旅游市场营销组织是指旅游企业或旅游目的地为了实现营销目标，完成营销任务，通过职能分配和人员分工，授予相关人员相应的权利与职责，承担企业或目的地营销职能的组织机构。如旅游企业设立的营销部、市场推广部，各地旅游行政管理机构中的市场开发处等。营销组织是制定并执行营销计划、服务旅游消费者的职能部门，其组织形式受宏观市场营销环境、企业自身所处阶段等因素的影响，经历了单纯销售部门、兼有附属职能的销售部门、独立的市场营销部门和现代市场营销部门几个主要的发展阶段。

（二）旅游市场营销组织的特点

旅游营销组织是指旅游目的地或旅游企业内部设立的，从整体上平衡、协调、执行和管理其市场营销活动，实现营销目标的机构。同其他组织相比，旅游市场营销组织有四个特点。

1. 灵活性

一个良好的营销组织必须具有一定的灵活性，易于适应迅速变化的市场情况和执行各种计划。对于旅游业而言，主要面临的是短平快经营项目，一个精练、多能、机动性强、反应快的组织是营销成功的保证。同时，灵活性

还指组织本身应能够随着市场变化而进行自我调整的弹性。

2. 协调性

市场营销组织虽在旅游企业中起主导作用，但它毕竟只是企业经营工作的一个组成部分，而营销工作涉及企业管理的方方面面，因而营销组织必须与所有其他组织部门相联系，与其他各个部门密切配合，使各部门之间的冲突降至最低程度。因此，一个有效的市场营销组织应具备良好的协调功能。

资料12-4

缺乏协调酿恶果

顾先生是一家中型旅行社的总经理。他面前的办公桌上放着一份由几十名旅游者联合签名的投诉信。信中抱怨，他们受该旅行社发行的旅游小册子的吸引参加了该社新推出的假日旅游，结果却大失所望：下榻饭店的客房里没有图册照片中的鲜花和水果，第一晚用餐时，客人发现餐位和食物供应量不足，原来饭店餐厅从销售部接到的通知是该团总共有 40 人，而实际人数却是 46 人；全陪导游在来时路上大力推荐介绍的某一景点，到达后却被当地导游告知临时取消，组团社和接团社的导游为此争执不下；后来增加参观一个景点，却又因为交通堵塞让游客在半山腰等了将近一个小时。这条旅游线路本来前景不错，但现在看来，顾先生觉得有必要召集营销经理和其他主管好好商量一下如何解决各环节的配合问题。

资料来源：吴金林，旅游市场营销．北京：高等教育出版社，2007.

3. 信息传递的快速性

营销组织应能迅速地传递信息。营销组织直接与市场和消费者接触，掌握第一手的信息资料。营销组织不仅能够科学地分析、整理有关资料，还应该将市场环境信息迅速反馈给决策部门，做好信息传递的桥梁和中介，保持信息渠道的畅通，与其他部门充分共享销售资料，预测分析市场发展趋势。

4. 有效性

营销组织不仅能够将营销计划贯彻落实、及时实施，并迅速传递和反馈信息，而且能够通过对开展的各项活动进行详细的可行性论证，取得良好的效益。

资料12-5

一次租出60间客房

一天傍晚，美国某饭店的总经理唐娜·爱因斯华兹来到前台，对当班职员说："这几天我们的生意不好，大家动动脑筋，争取一些客源，想办法多租出一些客房，我想你们肯定能行的。"说完，她就出去开会了。

乍一看，总经理把如此重要的事情交给前台职员，似乎不够稳妥。其实，这正说明总经理深谙授权之道。果然，总经理刚离开，前台的员工们就聚集起来商议对策。前台主管约翰逊想到一个办法：主动与各大航空公司联系，寻找因误机而需要住店的客人。这一招果然奏效，他们很快与一家航空公司说定，立即派车去接滞留在机场的一批客人。

饭店司机正要下班，听到消息，立即加班赶往机场，前台总管率领职员到前厅迎接客人，登记入住，很快将这批客人安置妥当。饭店、航空公司、旅客皆大欢喜。该饭店在傍晚5点钟租出60间客房房源的成功之举，被业界传为佳话。

资料来源：吴金林．旅游市场营销．北京：高等教育出版社，2007.

二、旅游市场营销组织的任务

市场营销不仅仅是某一个部门的职责，而是整个企业各个部门的工作信念和行为准则。如一个旅游企业要在恰当的时间、恰当的地点，以恰当的价格向恰当的消费者推出恰当的产品以及这些产品让消费者满意，这一切都不是哪一个部门所能独立做到的。

市场营销部门作为企业与市场之间的桥梁，其根本任务在于围绕满足旅游消费者的需要，指导和协调企业的经营活动，以保证企业经营目标的顺利实现。就市场营销部门直接承担并为之负责的具体任务而言，大致可以划分为三个领域，即计划与管理性任务、执行性任务和协调性任务。下面简单地进行归类，以便使人们对市场营销部门所应承担的任务范围有一个总体的了解。

（一）计划与管理性任务

计划与管理性任务主要包括：①市场调研。包括组织调研项目、收集市场情报以及分析调查结果。具体的市场调研工作可由市场营销部门自己承担，也可委托外界有关的专业机构进行。②市场预测。包括确定预测目标，收集有关资料，选择某种定性或定量的预测方法或模型对营销环境、市场需求等进行预测，并对预测结果进行分析和修正。③拟订营销计划，包括选择目标市场、策划营销战略和战术以及制定营销组合实施方案。④策划产品的介绍与宣传方案。包括确定信息沟通的对象和目标，设计促销信息，选择信息沟通渠道，进行促销预算，决定沟通与促销组合，衡量沟通与促销效果等。⑤策划产品的销售渠道。包括营销渠道的类型、如何选择中间商、中间商管理等。⑥计划和编制营销预算。指在旅游市场调研、预测的基础上，利用合适的预算方法，测算出在确保目标利润的前提下计划期的营销费用和收支状况。⑦评价和控制营销结果。指根据所制定的计划目标，对计划期内每一项计划措施的执行状况进行评价，及时发现问题并采取措施进行纠正。计划期结束后，通过总体工作评价来总结经验教训，为以后的计划工作积累经验。

（二）执行性任务

执行性任务主要包括以下几方面：出席业务洽谈和交易会；对旅游中间商开展推销性外联；对已建立业务合作关系的中间商进行定期访问；开展广告、公共关系等沟通与促销活动。

（三）协调性任务

协调性任务主要是指同营业部门、财务部门、人事部门以及其他有关部门的管理人员进行联络，就可能影响营销效率和效果的有关问题进行沟通、说服和协商，以保证产品的推出时间、产品的质量和价格同促销宣传中所介绍的情况不出现矛盾。此外，对于顾客消费后的信息反馈中提出的问题，营销部门亦须传知各有关部门，以便及时采取纠正措施。

三、旅游营销经理人员的素质

营销经理人员是指各级营销主管人员，既包括旅游企业或旅游行政组织中的市场营销部门经理，也包括受命全面负责某一产品或目标市场营销工作的主管人员。营销经理人员其主要任务就是负责组织策划、实施、协调和控制营销工作的开展。这就决定了营销经理应当是通晓市场营销业务工作的管理全才，而不能只是某一方面营销工作的技术专家。

市场营销经理人员都必须具备的基本素质包括以下方面。

（一）主动进取精神

市场营销经理人员在思想上应当具有强烈的竞争意识，市场营销工作是积极进攻，而不是消极防守。面对竞争者的攻势进行积极反击实际上也是进攻。如果营销经理人员思想上缺乏主动的进取精神，则不可能带领营销班子

在竞争中积极开拓。

(二) 思维创造力

营销经理人员应当目光敏锐和富有远见，能够透过市场状况的表象和变化迹象寻觅到可加以开发和利用的机会。有人也把这种创造力称为想象力。

(三) 判断力

所谓判断力是一种在营销决策过程中面对众多无法确切估量的因素选定某一决策方案的能力。营销经理人员面对不确定因素进行合理判断的能力，对于营销决策具有至关重要的意义。正因为如此，也有人把这一能力表述为决策能力。

(四) 语言沟通能力

语言沟通能力不仅是营销经理人员对外开展工作的需要，而且也是对内开展工作所不可缺少的能力。特别是在围绕市场营销协调各部门的有关活动方面更是如此。营销经理对其他部门并无指挥权或控制权，其任务主要是通过联络和说服来实现企业各部门之间的协调，因而营销经理人员的说服能力的高低对于能否顺利获得其他部门的合作具有非常重要的影响。

(五) 计算能力

市场营销工作离不开信息数据。这些信息数据不仅数量多，而且随着经营工作的开展而不断变化。面对不断涌来的大量数据，营销经理人员应当能够分析出这些数据变化的意义。这就需要营销经理人员具备一定的统计知识和计算能力。

(六) 管理能力

市场营销经理人员除了参与某些具体的执行性营销工作外，更重要的任务是负责计划和指挥有关市场营销计划的实施。这不仅需要涉及大量的组织工作，而且需要针对营销工作进展中的问题开展大量的管理工作。因此他们必须具有一定的组织和管理能力。

四、旅游市场营销部门的组织形式

(一) 职能型组织形式

职能型组织形式是适应不同的旅游市场营销活动功能而建立的相应组织形式。这种形式较为常见，是在营销副总裁（或副总经理）的统一领导下，协调各职能部门的工作。其主要优点是简便易行，各职能部门专业分工明确，能够发挥营销人员的专业才能，便于集中管理、统一指挥，有利于管理者指挥和控制营销活动。其不足在于各职能部门缺乏横向联系，难以做到整体上的配合，因为没有人对某种旅游产品或某个旅游细分市场完全负责，不受职能性专业人员欢迎的旅游产品常被漏掉；每个职能部门都强调自己的重要性、争取更多的预算和地位，不利于旅游企业内部的协调；同时因营销人员职责明确、任务具体，并要对其业务成果负责，因此，不利于充分调动营销者的主动性和创造性，不利于经营创新。它的组织形式如图 12 - 2 所示。

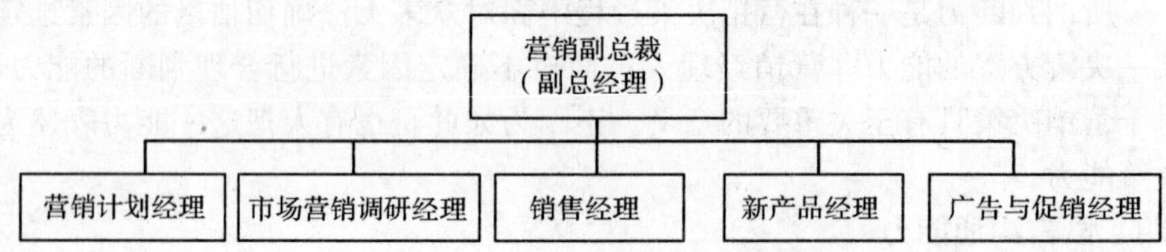

图 12 - 2　职能型组织形式示意图

（二）地区型组织形式

旅游企业的市场营销活动通常是跨地区的，因而旅游企业常按地理区域安排自己的市场营销组织，从较大区域依次到较小地区设置，依据一定的管理幅度确定营销人员数量，形成一个严密的网络。该机构设置包括：1 名负责所有销售业务的销售经理，若干名区域销售经理、地区销售经理、分区销售经理和销售代表。这种形式适合销售地域较广、营销人员任务复杂、营销人员对旅游企业的营销目标影响较大的情况，其组织形式如图 12 - 3 所示。

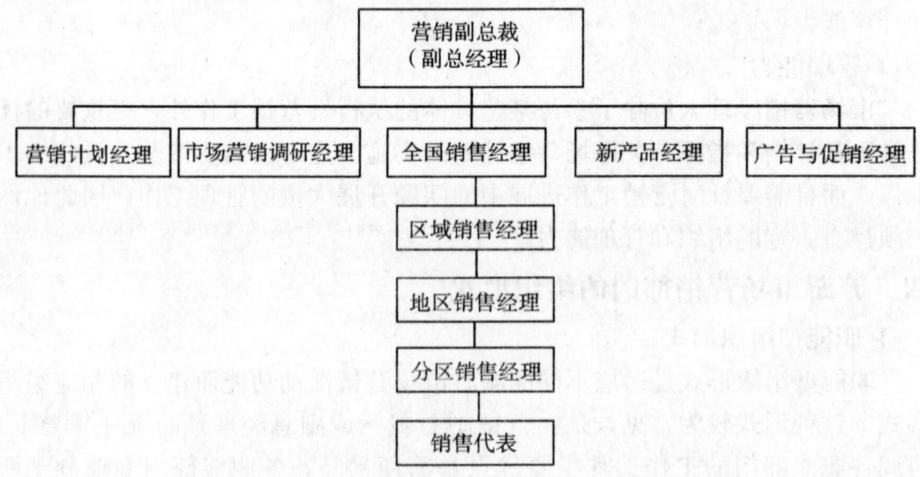

图 12 - 3　地区型组织形式示意图

（三）产品管理型组织形式

产品管理型组织形式是根据旅游产品或品牌的类别来设置旅游企业的营销组织，即在旅游企业内部建立产品经理组织制度，以协调职能型组织中的部门冲突。在旅游企业所生产的各产品线差异大，产品品种多，以致在按职能设置的市场营销组织无法处理的情况下，建立产品经理组织制度是适宜的。其基本做法：由1名产品市场营销经理负责，下设几个产品大类经理，产品大类经理之下再设几个具体产品经理去负责各具体旅游产品。其优点：具有高度的灵活性；产品经理可协调负责旅游产品的营销组合策略，及时反映旅游产品在市场营销中可能出现的问题，并对市场变化作出积极反应；所有旅游产品均有专人负责，便于全面、针对性地促进旅游产品的销售。其缺点：因旅游产品销售人员增加，会加大营销费用，在一定程度上提高了销售成本；由于过多强调产品销售的个人负责制，有时会造成推销与广告、促销等职能部门的冲突，导致协调上的困难。其组织形式如图12-4所示。

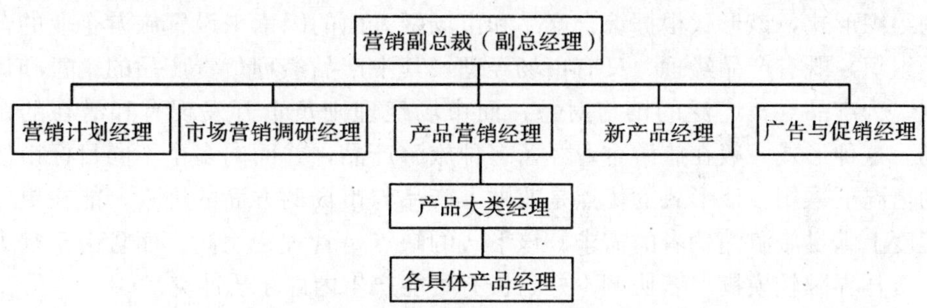

图12-4　产品管理型组织形式示意图

（四）市场管理型组织形式

根据旅游消费者的不同来设置旅游企业的营销组织。这种组织形式与产品管理型组织形式相似，只是由面对不同类型的产品改为面对不同类型的市场。当旅游企业面临如下情况时，建立市场管理型组织是较为合适的：拥有单一的产品线；市场各种各样，即不同偏好的消费群体；不同的营销渠道。许多旅游企业都在按照市场系统安排其市场营销机构，使市场成为旅游企业各部门为之服务的中心。该组织形式由旅游企业负责人统一领导，协调各职能部门的活动，一名市场主管经理管理几名市场经理，市场经理开展工作所需要的职能性服务由其他职能性组织提供并保证，市场经理的职责是负责制定所辖市场的长期计划和年度计划，分析市场动向及旅游企业应该为市场提供什么新产品等。他们的工作成绩常用市场占有率的增加情况来判断，而不是看其市场现有赢利情况。其优点：旅游企业的市场营销活动是按照满足各类不同旅游消费者的需求来组织和安排的，更能体现“以消费者为中心”的经营理念，有利于旅游企业加强销售和市场开拓。其缺点：存在权责不清和多头领导的矛盾，这和产品型组织类似。其组织形式如图 12－5 所示。

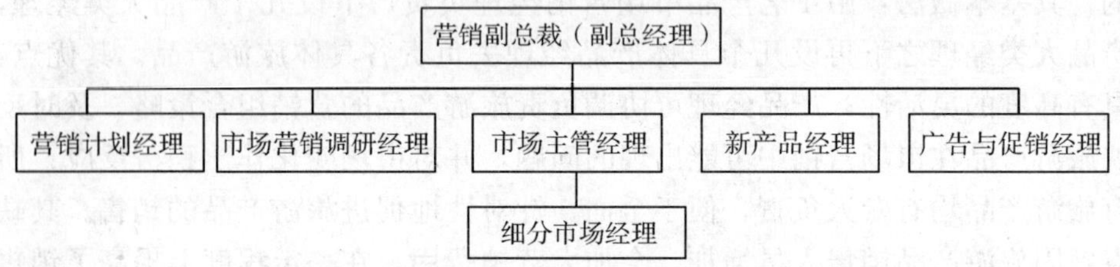

图 12－5　市场管理型组织形式示意图

除上述四类旅游市场营销组织之外，一些旅游企业还采用矩阵型市场营销组织形式，该形式根据综合产品和市场两方面的因素来设置旅游企业的营销组织，既有产品经理，又有市场经理，其中产品经理负责产品的销售和计划，为产品寻找广泛的销售对象；而市场经理则负责开发现有和潜在的市场。这种形式一般在旅游企业经营多种旅游产品，并面向多个不同目标市场的情况下采用。该形式的优点是兼顾了产品与市场两方面的因素，能在更大程度上满足旅游消费者的需求。该形式的缺点是管理费用高，而且由于权力和责任界限较模糊，若协调不好，极有可能产生内部矛盾冲突。

思考与习题

❶ 旅游市场营销管理过程一般包括哪几个步骤？

❷ 旅游市场营销计划有哪些类型？旅游市场营销计划的控制有哪几种方式？

❸ 旅游市场营销部门的组织形式有哪些？其优缺点是什么？

❹ 旅游营销组织的任务是什么？

❺ 旅游营销经理人员应具备哪些素质？

❻ 实地调研一家旅游企业，并为该旅游企业制定一份营销计划书。

参考文献

[1] 陈国柱．旅游市场营销学［M］．天津：天津大学出版社，2010.

[2] 贾利军．旅游市场营销学［M］．上海：华东师范大学出版社，2017.

[3] 魏正兴．旅游市场营销学［M］．北京：电子工业出版社，2017.

[4] 郭英之．旅游市场营销［M］．沈阳：东北财经大学出版社，2017.

[5] 宋国琴．旅游市场营销学［M］．杭州：浙江大学出版社，2016.

[6] 安贺新．旅游市场营销学［M］．北京：清华大学出版社，2016.

[7] 许剑雄，张纯．大学校园市场营销若干问题研究［M］．北京：北京理工大学出版社，2016.

[8] 王文彬．旅游市场营销［M］．济南：山东大学出版社，2016.

[9] 胡亚光，胡建华．旅游市场营销学［M］．北京：旅游教育出版社，2015.

[10] 刘德光．旅游市场营销学［M］．北京：旅游教育出版社，2015.

[11] 舒伯阳．旅游市场营销案例实训［M］．北京：清华大学出版社，2015.

[12] 王守书，贺学良．旅游市场营销原理与实务［M］．北京：清华大学出版社，2015.

[13] 张玉明，陈鸣．旅游市场营销［M］．广州：华南理工大学出版社，2005.

[14] 韩勇，丛庆．旅游市场营销学［M］．北京大学出版社，2006.

[15] 赵西萍．旅游市场营销学［M］．北京：高等教育出版社，2002.

[16] 赵西萍．旅游市场营销［M］．天津：南开大学出版社，2000.

[17] 吴金林，李丹．旅游市场营销［M］．北京：高等教育出版社，2010.

[18] 吴金林，黄继元．旅游市场营销［M］．重庆：重庆大学出版社，2003.

[19] 李肇荣，陈学清，张显春．旅游市场营销［M］．武汉：武汉大学出版社，2006.

[20] 魏日，程丛喜．旅游市场营销［M］．武汉：武汉大学出版社，2012.

[21] 吴金林．旅游市场营销［M］．北京：高等教育出版社，2007.

[22] 姚小远，康善招．市场营销学［M］．上海：华东理工大学出版社，2015.

[23] 石美玉，孙梦阳．旅游市场营销学［M］．北京：北京大学出版社，2013.

[24] 刘亚轩，贺红茹．旅游市场营销［M］．桂林：广西师范大学出版社，2015.

[25] M. J. 埃策尔，B. J. 沃克，W. J. 斯坦顿著．新时代的市场营销［M］．张平淡，牛海鹏译. 北京：企业管理出版社，2004.

[26] 鲁峰．旅游市场营销——理论与案例［M］．上海：上海财经大学出版社，2015.

[27] 赵毅，叶红．新编旅游市场营销学［M］．北京：清华大学出版社，2006.

[28] 程道品，伍进．旅游市场营销学［M］．北京：中国林业出版社，2009.

[29] 谢冽，马芳．旅游市场营销［M］．长沙：湖南大学出版社，2010.

[30] 郭英，潘娅．市场营销理论与实务［M］．北京：北京理工大学出版社，2017.